ヤマケイ文庫

穂高に死す

Yasukawa Shigeo 安川茂雄

YL
Yamakei Library

穂高に死す　**目次**

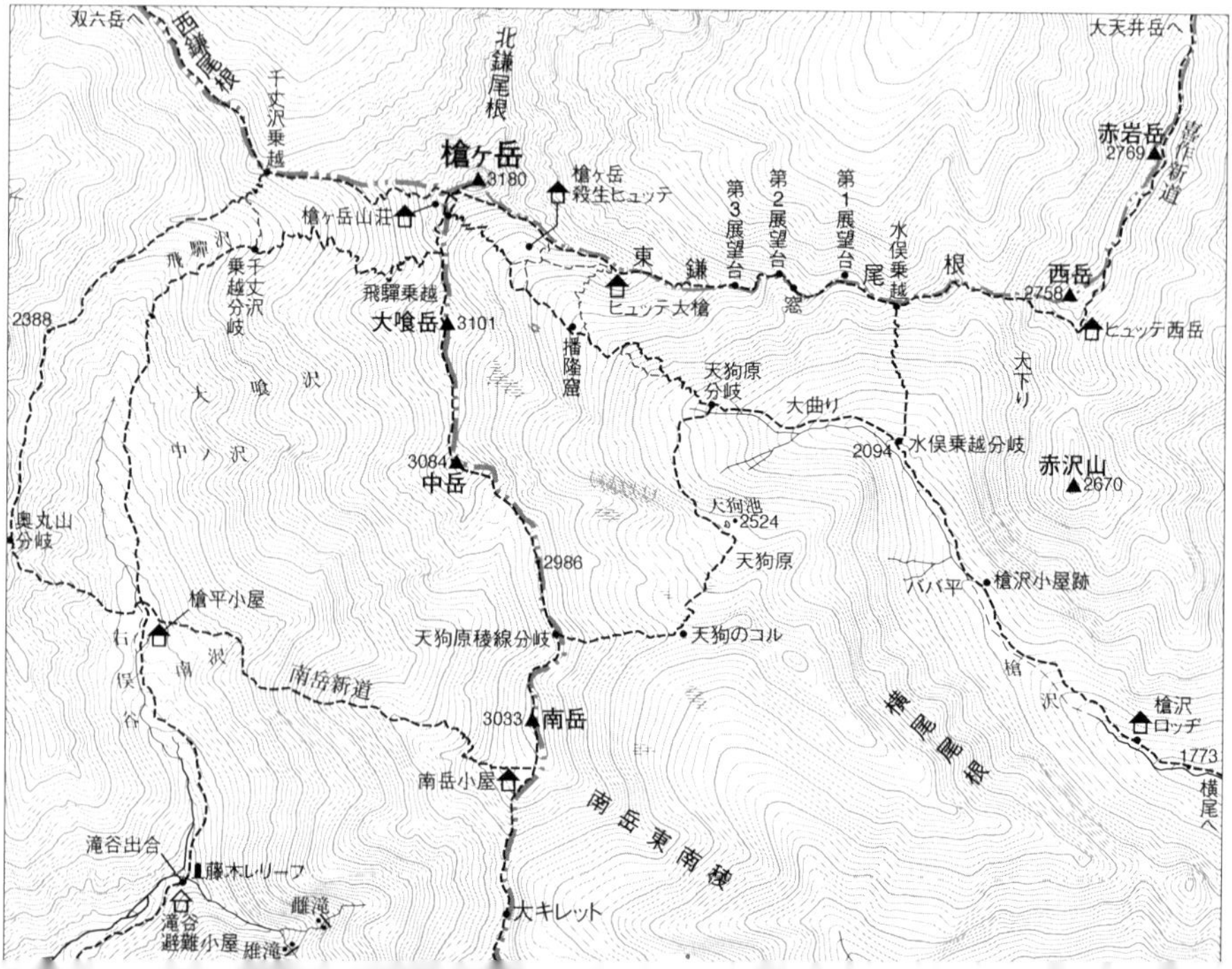

双六岳へ
西鎌尾根
千丈沢乗越
北鎌尾根
槍ヶ岳
3180
槍ヶ岳山荘
槍ヶ岳殺生ヒュッテ
第3展望台
第2展望台
第1展望台
水俣乗越
大天井岳へ
赤岩岳
2769
喜作新道
飛騨沢
千丈沢乗越分岐
飛騨乗越
東鎌尾根
窓
西岳
2758
ヒュッテ大槍
ヒュッテ西岳
2388
大喰岳
3101
播隆窟
天狗原分岐
大下り
大喰沢
大曲り
中ノ沢
2094
水俣乗越分岐
3084
中岳
赤沢山
2670
奥丸山分岐
天狗池
2524
天狗原
2986
ババ平
槍沢小屋跡
槍平小屋
天狗原稜線分岐
天狗のコル
右俣谷
南沢
南岳新道
横尾尾根
槍沢
槍沢ロッヂ
3033
南岳
1773
南岳小屋
横尾へ
南岳東南稜
滝谷出合
藤木レリーフ
滝谷避難小屋
雌滝
雄滝
大キレット

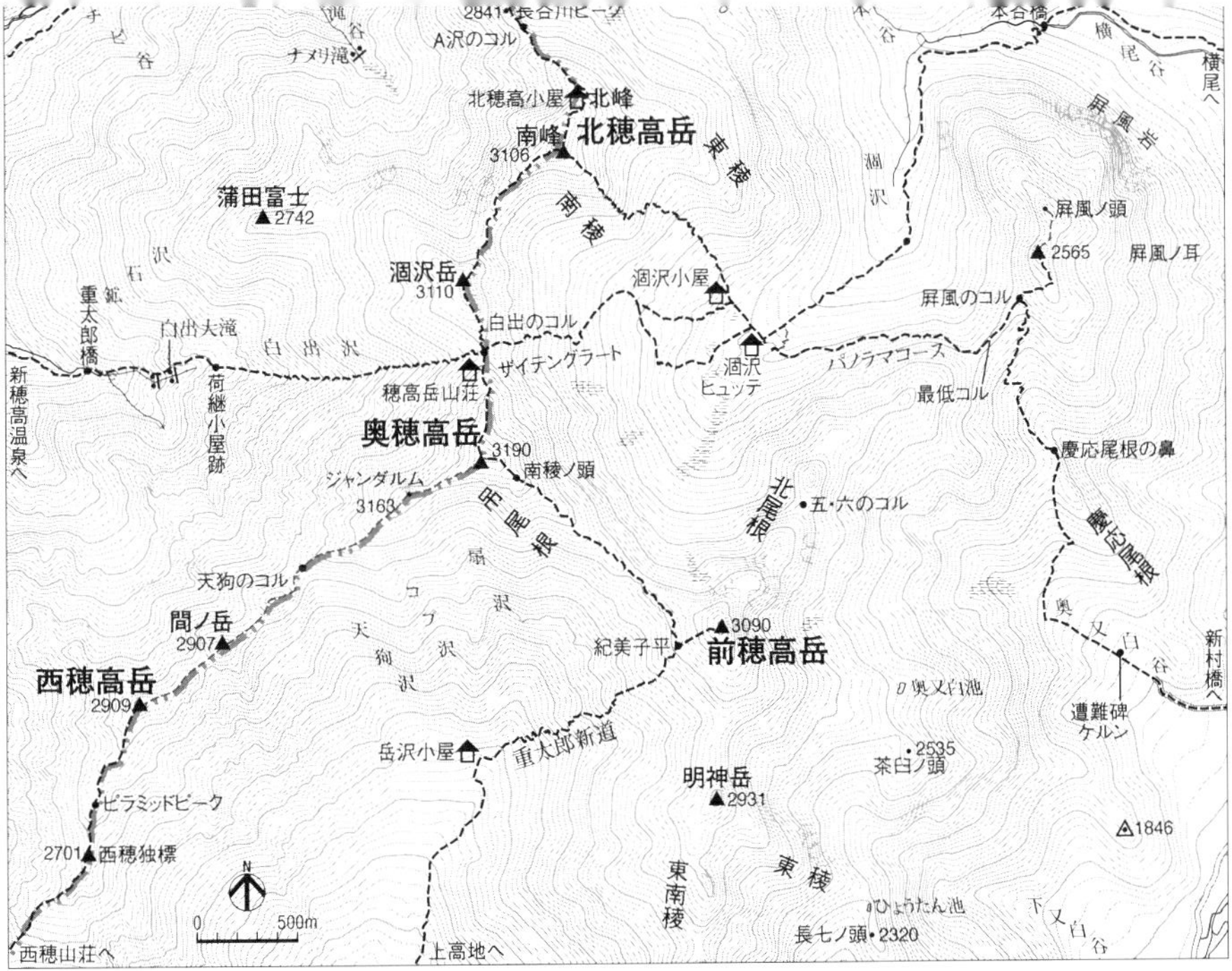

2841•長谷川ピーク
A沢のコル
ナメリ滝
北穂高小屋
北峰
南峰
北穂高岳
3106
東稜
南稜
蒲田富士
2742
涸沢岳
3110
涸沢小屋
白出のコル
ザイテングラート
涸沢
ヒュッテ
パノラマコース
最低コル
屏風のコル
屏風ノ頭
2565
屏風ノ耳
屏風岩
本谷橋
横尾谷
横尾へ
重太郎橋
白出大滝
白出沢
荷継小屋跡
新穂高温泉へ
穂高岳山荘
奥穂高岳
3190
南稜ノ頭
ジャンダルム
3163
吊尾根
北尾根
五・六のコル
慶応尾根の鼻
慶応尾根
天狗のコル
間ノ岳
2907
西穂高岳
2909
天狗沢
コブ沢
扇沢
紀美子平
3090
前穂高岳
奥又白池
奥又白谷
新村橋へ
遭難碑
ケルン
岳沢小屋
重太郎新道
2535
茶臼ノ頭
明神岳
2931
1846
ピラミッドピーク
2701
西穂独標
N
0
500m
東南稜
東稜
ひょうたん池
長七ノ頭•2320
下又白谷
西穂山荘へ
上高地へ

＊本書は一九六五年七月、三笠書房より出版された『穂高に死す』を底本といたしました。

＊今日の人権意識に照らして考えた場合、不適切と思われる語句や表現がありますが、本著作の時代背景とその文学的価値に鑑み、そのまま掲載してあります。

＊文字づかいに関しては、原文の趣を損なわぬように配慮しつつ、読みやすいように表記をかえた部分があります。また難読漢字にはルビをふり、旧漢字は新漢字に改めました。

乗鞍山上の氷雨

明治三十八年八月、府立一中生小牧厚彦ひとり飛
驒路へ入り乗鞍登頂を志す
小島烏水の『文庫』に「登山凍死学生伝」を発表
川崎令二、十日後に乗鞍を目指す
小牧一行の大丹生池付近の惨事の詳報
同年十月、高頭式、原因究明のために越中より乗
鞍へ登り、小牧厚彦一行の追悼標を山頂に建てる

1

飛騨・信濃の国境に沿って、越中の一角から日本海岸まで、標高三〇〇〇メートル前後の高峻な山岳が、巨大な爬虫類の脊《せ》のように重畳と連なっている。日本列島中の最高最大の山岳地帯であり、南から北方へ御岳、乗鞍岳、穂高岳、槍ヶ岳、双六岳、薬師岳、さらに常念岳、白馬岳、立山、剱岳などの峻岳名峰が妍《けん》を競うかのように峰頂を天に聳えさせていた。当時「飛騨山脈」と原田豊吉理学博士によって命名されていたが、今日では「日本アルプス」あるいは「北アルプス」との名称がすでに一般人口に膾炙《かいしゃ》しており馴染《なじみ》ぶかいはずである。

この山域における最初の遭難は、明治三十八年八月九日、暴風雨の乗鞍山上で不幸にも惹起《じゃっき》せられた。日露戦役の捷利《しょうり》も大方すでに掌中にして平和の到来もやがて間近いはずのこの夏、東京府立一中五年生小牧厚彦をはじめ四人が山頂付近で凍死体となって発見された。その惨事は、「乗鞍山上、貴族院議員小牧昌業氏令息の凍死」などと全国の新聞紙上に大きく報道され、登山の危険についての警鐘がはじめて大小の活字を媒体として朝野《ちょうや》に喧伝せられたのである。見方によっては、登山が危険きわまりない人命軽視の自殺的行動とも誤解されがちな記事も中にはあった。それというのも、あたかも日清戦役についで未曾有の国難ともいえる日露戦争下のことでもあり、戦場における多数の兵士にみる尽忠報国の戦死と対照して、犬死とみられ、批難された傾向も多分にみとめられた。それだけに登山趣味の同好者たちは、この風潮を憂慮し、安全な登山の普及に努めねばならないと反省して、世間からの誤解を防ごうと腐心した。雑誌『文庫』の編集者であり山岳紀行家小島烏水もその一人で、ただちに明治三十八年十一月号の『文庫』に「登山凍死学生伝」なる一文を記したが、すでに九月号にも「本年の登山」と題して、この乗鞍遭難の概要について述べており、この遭難が小島烏水にとって想像以上の痛恨事であったことが十分に察せられる。

「余は前々号に『本年の登山』と題し、乗鞍岳の犠牲小牧厚彦氏の事に言ひ及ぼしたが、その後又京都美術学校の生徒某氏が、同山で凍死したといふことが新聞に見えたので、余は実にすくなからず痛胆を感じたのである。余は山を愛し、自ら登山すると共に、他にも熱心に登山を勧奨するもので、登山のことたる、百利ありて一

穂高岳へ
上高地へ
富山へ
2455
焼岳
471
中ノ湯
平湯温泉
安房峠
高山へ
平湯峠
十石山 2525
158
沢渡
白骨温泉
松本へ
大丹生岳
恵比須岳
亀ヶ池
乗鞍高原
鶴ヶ池
奈川渡ダム
3026
剣ヶ峰
乗鞍岳
長野県
松本市
岐阜県
高山市
寄合渡
野麦
野麦峠
川浦
木曽福島へ
高山へ
野麦街道
N
0
5km

害なしと信じてゐるものである。鄙著《ひちょ》『不二山』、『日本山水論』等に、一瞥《いちべつ》を賜ればば諸君は、余がいかに登山奨励のために悶々の情に堪へない態度を示してゐるかを、諒とせられるであらう。殊に余は頭脳の清新なる、眼光の尖鋭なる体軀の健捷なる、青年学生の多きを望んでゐる。故にいきほひ日本内地での冒険登山ぐらゐは、何でもないやうに言ふ、又実際何でもないのである。然るに右の如く有望なる青年学者、青年美術家を、山岳に殺すこと相踵《つ》ぐに至りては、余はおのづから、四肢を截《き》らるるの感なきを得ない」

と、その冒頭に述べて、その後調査研究したとうかがえる三件にわたる山岳遭難について列記している。明治三十年ごろの信州蓼科山での長野県知事令息の死から、明治三十一年十二月二十八日の小牧厚彦の先輩多田賢護、井上貞一両名による秩父仙元峠付近での凍死などについてである。その三件目に乗鞍の惨事について報知新聞の記事全文を引用しているが、同文の末尾に筆者は次のように警告と哀悼の文字で結んでいる。

「以上の三件を査するに、第一は崖から墜落（と仮定して）、第二は師走月、雪中の登山で、いずれも案内者を雇はなかったために、路を失したので、これは少しく気を遣ふ必要があったのではあるまいか、第三は不意の暴風雨で、何とも準備がなかったためであるが、夏の薄衣で、寒気に耐へなかったのが最大原因で、これは予じめ携帯品は、工夫をしてあらまほしいところであった。故に我々は決してこの災厄の前例のために、怯むべきではない。／日本の山嶽にて、学術その他のために玉の緒を断った上記四五氏は、我等愛山党の最も真心を傾けて且つ弔し、且つ悼むところ、ここに終焉記を作ったのも登山史の一節を補ふ用意である」

このような小島烏水の同遭難によせる関心の一つには飛騨山脈中の高峻山岳における最初の遭難（史実としては明治二十四年九月に木曽駒での安東準平の疲労凍死による遭難がある）であったことにもよるのであろう。同時に彼が登山趣味を鼓吹《こすい》すべく同年七月に上梓した登山普及書ともいえる『日本山水論』の目次中に、登山準備その他にはふれていたが、山岳遭難については一項目もなかっただけに補足の意味もあったかも知れない。ともあれ、明治開化の新時代の到来から近代的市民社会の誕生は平行して、ようやく登山趣味もその黎明期から、さらに日本山岳会の設立と揺籃期にうつろうとしていた。その折だけに乗鞍惨事は本邦の登山史上においても「遭難事始《ことはじめ》」ともいうべきであるが、遭難資料についてはそれぞれに異説誤報があるらしく、なお他日を期したいおもいである。たとえば小島烏水が文中に遭難者として掲げた京都美校の画学生の死は後日誤報と判明しており、なんらかの流言臆説《おくせつ》とみられる。

乗鞍岳は標高三〇二七メートル――越中の立山、木曽の御岳などと共に飛驒山脈中においては古くよりその山名は信仰登山、講中登山者などに知られている。飛驒側は益田、大野、吉城の三郡にまたがり、阿多野、小八賀、高原三郷の村落が山麓に散在している。往昔は「鞍ヶ嶺」とも呼ばれて、山上にはいくつかの火口湖があって俗にその数四十八などというが、なかでも大丹生池《おおにゅういけ》は、高原郷の山民が日照りのおりには、ここに登って雨乞の儀式をしたとも伝えられた。同岳の開山は僧円空といわれており、史実に乏しいが元禄年間と推定、登山口は一般に平湯温泉口より攀じたとされている。「乗鞍岳」にせよ、「鞍ヶ嶺」にせよ、その山名の由来は鞍をおいた馬の背を彷彿させるといわれ、ことに飛驒高山盆地から遠望するとき、南北に長く、いくらか「くびれ」をもった山上のシルエットは乗鞍の山名にふさわしい眺めであった。

2

小牧厚彦一行の遭難から旬日もたたない八月十七日の朝まだき、篠つく雨のなかを乗合馬車が一台、旧木曽街道を福島の町から東へ藪原に向かってのろのろと走っていた。馬車の客席にはネズミ色の小倉の洋服に、牧野式の平べったい植物採集用の胴乱を肩にした川崎令二が友人と同乗していた。二人とも頬から顎にかけて髯をたくわえており、いかにも冒険旅行を試みる勇者らしい決意を眉宇《びう》にみなぎらせているものの、どこかにまだ若い学生らしい稚さが面貌ににじんでいた。終点の藪原へ着いたが雨はいぜんやまなかった。二人は馬車から降りると着蓙《きござ》をすっぽりと身にまとい桧笠を目ぶかくかぶり、島居峠へたどる木曽路から外れて、左手の境峠への登り口に向かって元気な足どりで歩きはじめた。

登り一里、下り二里といわれる峠路を雨にうたれながら越えて木曽から信濃路に出た。そこは奈川村の寄合渡《ど》という野麦街道の一集落である。村の脇には信濃川上流の梓川が雨後のために増水して濁流となって、万緑にいろどられた岸辺にまで氾濫していた。ちょうど折悪しく養蚕期にあたり、どこの農家も猫の手も借りたい忙しさで、二人は宿を頼んでみたものの一軒として泊めてくれる家も見つからなかった。雨の中をあちこち宿を探しあぐねた挙句、やっと哀訴歎願して亀屋という宿に草鞋を脱ぐことができた。

彼らは尾張の学生で、暑中休暇を利用して植物採集のために乗鞍岳と御岳登山にやってきたのだ。かねてから博物や山好きのグループである東京府立一中生徒を中心にして設立された「日本博物学同志会」にも入会しており、乗鞍登山コースについても経験者の城数馬、武田久吉などから詳しく聴取検討して準備に怠りはなかった。はじめ大野川口から登山する予定でいたが、あとに御岳登山のプランもあり、亀屋の主人の話によると飛驒の野麦口からの方が登路も楽だし、御岳へ行くにも便宜が良いとの意見なので、大野川口からの登山計画を野麦口から登ることに変更したわけだ。

翌十八日、二人は「野麦街道」と呼ばれて江戸時代から飛驒との交易路であった古い道を寄合渡、川浦から野麦峠を越えて、信濃から飛驒へ向かった。標高一七〇〇メートルの峠の上には飛驒側に一軒の茶屋があり、御岳と乗鞍を結ぶ山背が、もっとも深くくびれて自然の地形が生んだ峠路である。夕刻近い午後四時、二人は野麦の山村に辿りつき、奥原藤太郎という農家に投宿した。

川崎は、夕食のあと翌日の登山のための準備を整えると、案内者を一人雇い同行させようと考えた。初めての入山ではあるし、信頼できるこの宿の主人を煩わす以外に手段がないので、初老に近い主人を招いて、乗鞍登山のためにこの村に来た旨を告げ、適当な山案内者を一人雇ってくれるように頼んでみた。すると相手の主人は眉を曇らせ、深刻な表情をつくり川崎たちを諭すように言った。

「客人方は益田川沿いに飛騨高山へ行かれるんではないんで……乗鞍へ登るつもりですか。わざわざ遠方から来られたらしいが、そりゃ滅相もないことで、申さずともこの乗鞍岳がどれほど恐ろしい山であるかは、話にも聞き新聞でもご覧になっていましょう。ただでさえそうであるのに、今年は殊更で、この八月五日の暴風雨の凄まじかったことは、この世界が崩れるのではないかと思えるくらいの恐ろしさだったそうじゃ。その日も客人のように遠方からやってきた人たちが案内を連れて平湯口から登り、あの暴風雨に曝されて無事なはずもない。なんでも東京からやってきなすった、お父さんが貴族院議員という偉い人の息子さんに、京都の学生さん、ほかに高山の客人なんぞ五人まであたら命を失くしてしまい、死骸となって山を下りられたそうな。それからというものは村じゅう一同こわがって今日まで一人として山へ登った者もいないし、頼んだからとて案内者など引受け手がいようわけもない。客人方も御用で山に登らっしゃる御役人衆でもないらしいし、早く言えば物好きの山登りじゃ。それなら今年は見合わした方が大丈夫じゃ。まだこの天気はどんなことになるのか、土地の者にもさっぱり見極めつかん有様だし、万一にも間違いがあれば村の者も掛り合いで、客人方も馬鹿気たわけになる。まあ明日の登山は来年に延ばさっしゃれ」

若い二人への主人の実直な忠告は、素朴な山人の善意として道理にかなった言葉だった。だが、乗鞍山麓のこの山深い村までやってきながら、今さら登山を思い諦める気持ちにはどうしてもなれなかった。彼らは、八月八日の乗鞍山上の惨事については出発前、すでに新聞記事などで読んでいたし、尾張から木曽福島、寄合渡まで来る途上で、折にふれ耳の痛くなるほど遭難についての一部始終を、あれこれと尾鰭《おひれ》のつけられた話題として聴かされていた。寄合渡に泊まって乗鞍登山について亀屋の主人に打ち明けたときにも、やはりこの家の主人の忠告そっくりの趣旨で執拗に延期を勧告されてきた。それらの忠告を鼻の先であしらい平然としていたわけでは決してなかったが、彼らは山を恐怖する以上に乗鞍登山への憧憬と渇望がつよく一途だった。それに標高三〇〇〇メートルの飛騨山脈中の高峰に登山しようというからには、物見遊山の旅とは比較にならない危険や困難が待ちうけているのを、あえて覚悟のうえの計画だった。それだけに川崎たちは、万難を排除してでも乗鞍の山頂を踏み、さらに御岳にも登って、この夏の壮挙をかざりたかった。ここで挫《くじ》けてはならないと二人は心に誓ったのである。

「山に登るいよいよ高ければ、いよいよ困難に、ますます登ればますます危険に、いよいよますます万象の変幻に遭遇して、いよいよますます快楽の度を加信す。これ要するに山は自然界の最も興味あるもの、最も豪健なるもの、最も神聖なるもの、登山の気風興作せざるべからず、大いに興作せざるべからず」

とは明治二十七年に刊行された志賀重昂の『日本風景論』中の一文であるが、さらにこの年の七月一日に隆文館より発刊された『日本山水論』もすでに入手し読了していた。同書の著者は「日本博物学同志会」の同じ会員小島烏水で、登山趣味について詳細に記述されてあった。

「天は或時代を限りては人間に特殊の快楽を付与す、青年の運動遊戯などにおけるは、その特権の一つなり、等しく運動といい遊戯という。人おのおの嗜好あり、端艇《ボート》を競うも球戯を闘わすもみな可なりといえども、これらは先づ相応の相手を作らざれば試みあたわざるところ。且《か》つその遊戯たる比較的単純にしてなおかつ或は劇甚に過ぐるあり、夏期六旬のごときに、毎日反覆されうべきにあらず、いわんや識を収むるの広狭、学に資するの大小、又自ら遊戯の中より得来るを思えば、諸遊戯のごときは旅行ことに登山に及ばざること遠し……」とあり、さらに、実際の登山準備など綿密をきわめて、一部の進歩的な若い学生たちの冒険心をそそる愛読書となった。彼もいくども熱心に熟読して山における危険、困難は、そのまま登山の快楽に通じる戸口とかたく信じていた。乗鞍岳は、この飛騨山脈中でも、比較的ひらけた山であってさらに奥地には槍ヶ岳、穂高岳その他数知れない道の峻険な山々の聳え立っているのも知っていた。

左右から彼らは主人をあれこれと説き伏せて、乗鞍行きの案内者を探してもらうことに懸命に努めてみた。そのあげくに「まあ一応あたってはみるけど、わしには自信はないですよ」と主人は言うと、渋々と戸口をあけて出ていった。

一時間足らずで主人は戻ってきたが、果たして案内を買って出てくれる村人がいたかどうか、やはり彼らも大きな期待は抱きえなかったが、それでも主人のもたらした報告は、さほど絶望的ではなく見込みは十分にある口吻だった。つまり、一人で案内する勇気のある者はいないが、四人か五人で同行してもよいのであるなら登ってもよい——と応ずる者がいたというのだ。まったく頭から拒絶されたわけではないのだから僥倖《ぎょうこう》とでもいうべきかも知れなかったが、学生の分際で旅費も豊富ではないので相手の条件を丸呑みにしての大名登山もできかねた。困惑した二人は額を寄せあって打開策について協議した結果、ともかく登ってもよいと応じてくれた案内者に直接会って交渉してみることになった。主人は、すぐに案内者の一人を雨の中に呼びにいってくれた。川崎は山の危険について安心させるべく、自分たちの経験やら装備などについてあれこれと案内者を説得してみた。だが今夏の遭難は、よほど乗鞍山麓の村の人びとを恐怖のどん底に追いこんだとみえて、案内一人だけを雇うことは諦めなくてはならなかった。譲歩して妥協するか、それとも思い切って中止するか、二者択一を迫られてみると、彼らはやはり妥協してでも乗鞍に登ってみたかった。この信濃路の奥まで分け入り、すぐ頭上に目的の山頂を仰望《ぎょうぼう》しながら引き返すなど、彼らの若やいだ勇猛心からもとうてい我慢できなかった。

そう方針が決定すると主人によって案内者が三人選ばれた。助九郎という六十四歳の老爺で、以前はコマクサ採集に乗鞍山中を自分の家の庭のように跋捗《ばっしょう》していた、村随一の「乗鞍通」だとのことだった。だが、年齢が年齢なので荷物は担げないというので、別に強力二人を雇い、同勢五人で出発することに相談がまとまった。

出発が早いので二人は話がまとまるとすぐに寝床に入った。だが川崎令二は、軒をうつ雨の音を聞きながら輾転《てんてん》反側して真夜中を過ぎても寝つかれなかった。無意識の緊張のためか頭蓋の一隅が冷く冴えかえっている感じなのだ。つい十日前に乗鞍の山上で凍死した四人の犠牲者のことが頻《しき》りと彼の脳裡に泛《うか》んでくる。その中には東京府立一中の生徒や、京都の画学生もまじっていたのだと想い出してくると、明日同じ山頂を目指す自分たちの運命についてあれこれと臆測し、そこはかとなく自然への威怖と不安の思いに駆られてくるのである。

3

野麦村から川崎令二の一行五人が乗鞍山頂を目指して出発したのが八月十九日早朝、小牧厚彦他三名の惨事は八月九日で、ちょうど十日後にあたるわけだ。

その年（明治三十八年）の夏は、七月からすでに天候不順で雨が多かった。小牧厚彦は、八月の声をきくと、天気など案じている余裕もなく、毎年の暑中休暇のように七月二十日に上野を発ち、信越の山々を植物や鉱物などの採集をしながら一人旅をつづけてきた。前年の夏は、やはり一人で東北旅行に出かけて仙台から蔵王越えをして山形へぬけたし、富士山などへは小学生時分から登っていた。ことしは評判の飛騨山脈の麓でも歩いてみたいと思っていた。志賀重昂の『日本風景論』や文庫に連載中の小島烏水の「鎗ヶ嶽紀行」などを読んで、この山域の未知の高峰によく惹《ひ》かれていたのである。そこで彼は松本から梓川沿いに島々谷へ入り白骨温泉に一泊した後、八月七日安房峠から飛騨高山へ抜けてみた。乗鞍や御岳はいくらか見えたが、槍や穂高などは濃密な雨雲にさえぎられて見られなかった。高山に着くとの古い町に一泊して後、彼は白川越えから加賀の白山にでも登るつもりでいた。

平湯からの途次にやはり高山へ出るという農夫と少年二人がいっしょになって、いろいろと山の話を聞いた。ことに乗鞍登山についての知識もあれこれと耳にしたあげく、自分でも登れるのではないかと考えるにいたった。高山でもう一度熟考して自信が湧いたら平湯へ戻り山頂を踏んでみたいものだ——と内心で目論んでみた。

高山へ着くと、そんな彼の気持ちを伝えるように、宿で芝三田綱町九番地に住む級友萩原真宛に次のような端書《はがき》を彼は記して送っている。

——今日は高山見物へでかけて来た。四十位の百姓と十四、五の小僧と一緒に、平湯峠を越えてから乗鞍岳から発する小八賀川に沿ふて進む旗鉾といふ所の近所に平金鉱山がある。高山方面から乗鞍へ登るには此処からするのだ。明日は乗鞍祭なので高山の方から大勢人が来た。みんな明日登るのだそうだ。トボトボと牛の歩くように歩いてきたので六時頃ようやく高山へ着いた。但し里程八里半（平湯よりなり）此処は思ったより大きいが、屋根が瓦でないので汚い。人によると此処を小京都だなどと褒めるが、松本だの甲府の方が景気が好い。此処は余り山が迫りすぎて居て平原がないので物足りない。明日は平湯へ帰るか此処を見物するか分らない」

小牧自身も乗鞍登山を決行すべきかどうか発意しかねていた。だが夕食後に宿の番頭の話などから、しだいに彼は自信を抱きはじめた。山も、七、八月ならば小学生ぐらいの子供でも高山から御岳講などの信者として乗鞍登山へ参加して、みんな二、三日にして元気に戻ってくるほどで、平湯温泉で山に習熟した先達さえ雇えば危険はないというのだ――。宿の番頭に、そう言われてみると、脚力にも自信があり山歩きの経験もある。彼はすっかり乗り気になって乗鞍行を決意したのである。

それに白骨温泉から安房峠を越えて高山へ下るあいだに時おり雲の切れめから乗鞍が見られたが、富士に似て裾野のながい優雅な山容を示し、さらに高山盆地から眺めると山頂がその山名の示すように馬の背に鞍を置いたみたいに扁平で、さほど登り難い山には見えなかった。それでも標高三〇二二・八メートルの乗鞍へ登るのだと考えると、小牧厚彦の胸にふつふつと冒険心が熱っぽくふくれあがり、白山行など忘れ去ったように勇躍前日下ってきたばかりの安房峠への道を、小八賀川沿いにとってかえした。天気はいぜん回復しきってはいなかったが、それでも四囲の樹々の緑は眩《くら》むように鮮やかで、飛騨山脈の奥の山々が時おり青黒い山容を険しくのぞかせていた。

八月八日の夕刻、平湯の村山本館へ辿りつくと、彼は旅装をとき汗を流して、二階の一室で横になった。平湯は標高一三〇〇メートルの山中にあるが、昔から信飛をむすぶ街道の要衝にあたり、温泉としても栄えていた。四方山々に囲まれた盆地に十数戸の人家や旅舎が小さな部落をつくってきた。いぜん天気はぐずついており鉛色の雲が厚く、夏らしい紺碧の空はどこにも見えなかった。宿の人の話でも、ことしは乗鞍登山の人数は悪天候のために半分にも足りないということで、平常ならば七月下旬から八月にかけて五〇〇人ぐらい平湯から登るとの話である。ことにこの一、二年は白装束の講中の外に、学生さんのような趣味登山の登山者が東京や大阪、名古屋などからみえて、年ごとに増加しているとも言っていた。

厚彦は、一人旅が好きなくらいであるからどちらかといえば寡黙な性格で、むしろ孤独好きの少年である。一中に山好きのグループ「日本博物学同志会」の存在しているのも知っていたが、あえて入会しようとも考えなかった。黙って自然の中を歩きたいので、できれば乗鞍へも一人で登りたいと望んでいたが、目的の山が、いかに女子供でも登れるといっても飛驒山脈中の高峰なので、さすがに躊躇せざるを得なかった。そこであれこれ番頭や女中から乗鞍登山についての知識を蓄えてみたあげく、一日二円前後だというのでやはり案内者を一人雇おうと思った。特に高山に登るための特別の身支度もしてこなかったので一層心細く、折をみて番頭に依頼してみようかと思案していた。ひと眠りしてから温泉に入ろうと外の風呂場に下りてゆくと、湯槽に一人の男が背中をこちらに見せて湯につかっていた。男は四十年輩で小柄ではあるが胸の厚い日灼けした身体をしており、いかにも山国の人間らしく逞しくみえた。男は話好きらしく、この温泉は脚気に効能があると話しかけてきた。他に湯客もいなかったせいもあろうが、いつか厚彦も気をゆるして話相手になり、あげく乗鞍登山についての話題にまで進展をみたのである。

相手の男は、平湯の下の飛驒の南長森村という土地に住んでいて柳原亀吉といった。商売は瓦屋であったが、山好きでこの乗鞍はすでに十回以上も登っていると誇らしげに吹聴した。たしかに平湯から乗鞍への登り道について詳しく、山上の光景などの説明も微に入り細をうがっている。御岳講の講中などに頼まれて屢々《しばしば》先達役でも登っているとの話なので、彼は明日の登山の案内に頼んでみる気持ちになり、「もしも閑でしたら、あしたの乗鞍登山に同行して頂けませんか、僕一人きりで心細いもんだから」

と言うと、相手は二つ返事で先達役を引き受けてくれた。

小牧厚彦は、料金は一日二円が相場だと知ってはいたが、ひどく簡単に案内者が雇えたので、もはや乗鞍登山も半ば成功した思いであった。夜になって雨が降り出したが、ほんの小雨程度で、少しぐらいの雨なら登山に支障はないという亀吉の話なので安心して寝床にもぐった。

翌八月九日、二人は早朝平湯を出発した。午前十時、森林帯を抜けて山腹へ這い出ると、雨もやんできて大きくひろがった空には薄日さえ射しはじめてきた。亀吉は陽気な性格の男らしく歩きながらも飛騨訛《なまり》のアクセントで珍しい山の話をあれこれと間断なく喋りつづけている。北の方角にあたって尖った山頂をもった山が見えるので質問すると「飛騨の笠ヶ岳だ」と亀吉は答えた。さらに白い煙をあげているのが焼岳で、その奥が穂高岳だと説明してくれた。やがて平湯鉱山に辿りついて休息し、早めに昼食をとったあと二人が出発しようとすると、下から十人の一行が登ってきた。列の先頭には三十五、六歳ぐらいの行者姿の先達が白装束で悠然と闊歩してくる。そのあとには老人や中学生などの一群が賑やかにつづいていた。

厚彦は自分たちの他にもこれだけの同行者がいるのだとわかると一層力強い気分になり、二人は一足先へ山頂を目指した。喬木帯を出ると険しい溝状の石のゴロゴロした窪地を登った。大谷河原という地点で、右手は四ヶ岳となり道の両側はびっしりハイマツに覆われていた。どうやら乗鞍山頂も間近いらしく道の勾配も険しさを増した。この急坂を登り切ると標高二五四五メートルの巨岩の群立する地域に出た。四ヶ岳を背にして登ると恵比須岳が前面に大きくせりあがり、やがて小さな窪地が見えてきた。この頃から再び天候が悪化しはじめ、眼下の森や谷間に霧がはげしく彷徨しはじめたと見る間に、せっかく薄日の出はじめた空もみるみる墨を流したように昏《くら》くなってきた。

「またひと雨くるな。もう山頂も室の下の方のお籠り堂までなら一里ちょっとぐらいだし、降られてもまあ心配ないわ」

亀吉はさりげなく言ったが、濃霧のために視界はみるみる閉ざされ、頭上で風が唸り声をあげはじめた。厚彦は、先達の自信ありげな足どりに黙々と従っていたが、気温は急激に下り汗も引っこんで冷えきってきた。腕時計を覗いてみると、午後二時をいくらか回っている。すでに大丹生池も過ぎたし、次は鶴ヶ池が見えてくるはずだったが、やがて歩行困難なほどの激しい横なぐりの風雨となった。

「こりゃ堪らんわい、どこか岩蔭でも見つけてちょっと雨やどりしましょうね」

亀吉も雨と風の凄まじさに背を丸め閉口して匍匐《ほふく》するようにして歩いた。だが四囲は高原状の芝草の生えた平坦地で、避難用の大岩などどこにも見あたらなかった。それでも鶴ヶ池を越えて小さな岩峰の下でやっと恰好の大岩を見つけた。時刻は二時半に近かった。二人は全身濡れネズミになり唇も脱色したように白くなっている。それでも岩蔭にもぐりこむと風も弱まったが、雨はいぜん容赦なく降りこめて焚火など燃やしようもない。寒気のきびしさは夏とは信じられなかった。

「いやあ、本当にことしの山の天気は気違いじみていて、さっぱりわからんねえ。いつもの年だったら、七、八月にこんなバカげたことはないぜ」

亀吉は鉈豆煙管《なたまめきせる》を取り出し火もつけずに独白するように言った。地べたに油紙を敷き着蓙《きござ》ですっぽり簑虫のようにくるまって、呪わしげに外の風雨に眼をやっている。天気さえよければ前方に不動、摩利支天の岩峰が聳えており、山頂の剣ヶ峰も眼前に仰望できるはずなのだ。横なぐりの風雨の跳梁《ちょうりょう》は一向に衰えをみせず、刻一刻さらに兇暴になってくるようにさえ思えた。小牧厚彦は小倉地の学生服に着蓙をまとい、菅笠をかぶり、草鞋ばきのまま濡れた岩に背をもたせかけていた。口をきくのも億劫なほど疲労困憊して、じいっと瞼《まぶた》を閉ざしていたが、彼にとってはじめて経験する山での辛酸だった。あえて計画を変更してまで乗鞍への登山を志したことにことさらに悔いを抱いているわけではなかったが、貴族院議員小牧昌業文学博士の三男として蝶よ花よと手篤く育てられてきただけに、いかに旅行好きで冒険心のつよい少年でも、三〇〇〇メートルの暴風雨下の山上での着のみ着のままの避難露営は想像を絶する痛苦だった。

だが一時間ほどすると、途切れ途切れに人声がして、風雨の向こうから十人の一行がやはりずぶ濡れになって、二人のいる岩陰へ転げ込むように飛びこんできた。先刻平湯鉱山を出発するとき下から登ってきた人びとである。六十一歳の高山町の地主の奥原吉左衛門と四十六歳上野源左衛門を年長者に、導者として同行してきた御岳行者山田土太郎、船津の山田惣太郎、高原川畔柳橋の茶店主人、高山の中学生数名など乗鞍周辺の土地の人びとばかりだった。それだけに暴風雨を冒して逃げこんできたが、高山の二人の老人を除くと一同の気力は十分で軍歌を合唱したりして元気一杯だった。突然の暴風雨なので、一刻吹きまくればやがて静穏に復すだろうと楽観して、それほど絶望的になっている気配もみえなかった。御岳行者は必ず仏陀の加護があるからと熱心に祈禱をあげながら泰然と座っていた。

しかし風雨は夕刻近くなっても一向に衰えをみせず、午後四時を過ぎると雨は大粒の雹《ひょう》をまじえ、音をたてて付近の岩上を叩きはじめた。日ながの八月なのに、山上は冬の黄昏のように薄昏く寒気は一段と厳しさをましてきた。一行は、しだいに口数もすくなくなり、御岳行者もすでに仏陀の加護を諦めきったかのように、洞窟内には沈黙がおもく淀みはじめていた。刻一刻、寒さがノミのように鋭く肢体を刺しつらぬき、骨の芯まで凍りつくす思いだった。すでに小牧厚彦の濡れた学生服は、糊でもつけたようにバリバリに凍結しはじめてきた。

十二人の誰の面上にも憔悴の翳《かげ》が分厚くじっとりと覆いはじめてきた。ことに乗鞍岳に精通している船津の先達上田与兵衛、柳原亀吉それに中学生の数人は、このままあてもなく風雨のやむのを待って座っていたら、やがて夜となり凍死は必然の成行なのだから、むしろこの際一気に山上の室堂まで強硬避難すべきだと主張しはじめた。小屋は山頂には二軒あって上の方の小屋は六間四方の立派な建物で、下の方は籠り堂といった規模で二間に三間の広さで避難所として十分だった。この下の室堂までは距離にして一里あるかなしかであり、ことに体力に自信のある人びとはこの洞窟の苦難に堪えかねていた。だが体力の衰弱しきっている高山の二人の年輩者をどうするかとなると、誰も口を閉じてその対策について発言する者はいなかった。再び沈鬱な空気が脱出路を封鎖されたかのように、人びとを絶望の淵に陥れた。

そのとき小牧厚彦は、暗い片隅から身を起こすと、

「ここから山上の室堂まで安全確実に避難できるという保証は困難でしょう。むしろんこの岩陰にいても、絶対安全とはいえません。全員の生命を保証する決定的な処置はないのですから、ここに集まっている幾つかのグループ別の意見で今後行動したらどうでしょう。ぼくたち二人は、ここにあくまで残留して天候の回復を待つことにします」――そうきっぱり言ったので、一同はこの東京から来た一中学生の冷静な意見に合点し頷くと、活気づいたようにガヤガヤと行動の決着について相談しはじめた。その挙句、老人二人を含めた高山の三人と小牧厚彦たちが残留することとなり、他の七人は山頂の室堂を目指すことになった。さすがに悲愴で、送る人も送られる人も蒼ざめている。「さあ行こう」という誰かの声に応じて七人が一斉に起ちあがった。

午後五時二十五分、岩陰の十二人は二つに分離した。すでに山は日暮れたように昏かった。柳橋の茶店の主人を中心とした船津のグループと中学生達が、いくどとなく別れの挨拶を交して、風雨の唸る山上に呑まれるように姿を消していった。危急の際には冷静沈着であらねばならない――と厚彦は胸裡でつぶやきながら七人を見送った。同行の柳原亀吉は残留したことが不満であるらしく、怒ったように黙りこくっていた。高山の老人の先達で来た御岳行者山田土太郎も、「旦那さん達も、もう少し風がやんだら室堂まで登りましょう」と、それとなく自分の底意を告げていた。

山頂を目指した七人は、死に物狂いになって登った。壮年、青年、少年と体力も十分な七人だったので登りははかどり、一時間余で目的の室堂が石垣に囲まれて前方に見えてきた。途中いくどとなく彼らは木の葉のように風に吹き倒されたり、岩角に蹣《よろめ》いたりしながらも一人の落伍者もなく六時四十五分に安着した。すぐ火を燃やし濡れた衣料を乾かしてどうやら人心地がつくと、あの岩陰での数時間の辛酸が信じがたい夢魔のように一同の胸に想い出されてくるのである。すると未だ残っている五人の安否が気づまりでならなかった。二人の老人を残してきたことへの良心の呵責《かしゃく》かも知れない。逸《いち》早く元気になった中学生長谷川民造と船津の青年吉田東三郎の二人が、午後七時すぎに篠つく雨の中を探索しに下っていった。だが横なぐりの雨と風に顔もあげていられず、四丁ほど下って戻ろうかと躊躇していると、高山の奥原、上野の二老人が抱き合い折り重なるようにして倒れていた。はじめは幻覚かと手さぐりで老人の胸に掌をあててみると、両人とも事切れて身体は凍りつくように冷たくなっていた。発見者の二人は、この最悪の事態に動顛し、呆としたまま手の施しようもなかった。すぐに室堂までとって返し一同に報告したが、なぜ体力のない二人の老人だけが凍死しているのか誰にも説明はつかず、七人は夜の明けるまでまんじりともせずに過ごした。

八月十日の朝になっても、風雨はいぜんとして猛威を逞しくしていた。乗鞍全山が激しく怒号し痙攣しているようで、頑丈な室堂の太い梁や柱までギイギイと薄気味悪く軋《きし》みつづけている。すぐ四丁も下方の風雨の山上に二人の屍体が曝《さら》されたままになっているのだと想起すると、さらに残りの三人の生死についてもいまや絶望視せざるを得なかった。やがて死の触手は、さらにこの室堂の七人にも犇々《ひしひし》と迫ってくる……彼らはその予覚に怯え、午前四時半戸外が薄明るくなると理性を喪失した者のように、再び往路を風雨に叩かれながら下山にかかった。

途中、二人の老人の亡骸《なきがら》に合掌して生きた心地もなく下ると、不動、悪魔の峰の右の小さな岩峰の裾に小牧厚彦、柳原亀吉の悲惨な姿を発見した。水溜まりの中に亀吉は座りこみ、その膝を枕にして厚彦は「く」の字に脚をちぢめて仰向いたまま、両眼を一杯に空虚に開いて悶死していた。だが亀吉の方は微かではあるが脈膊もあり、心臓の動悸も刻んでいる気配だった。つまり仮死の状態だったので、七人は懸命になって介抱しながら下山した。この二人のさらに二丁下方に山田土太郎が御岳行者の白装束のまま、岩の間に横向きになってすでに凍死していた。

この五人の犠牲者をもって山霊は満足したものか、さすがの暴風雨も午前六時には雨も小やみとなり、やがて風もおさまった。七人は煉獄からの脱出者のように一人の頻死の犠牲者を中心にして、よろよろと陽ざしの明るみはじめた山道を平湯へ下っていった。

4

川崎令二一行は、助九郎の案内で八月十九日好天に恵まれて無事に山頂に辿りついた。山上の観望も爽快そのもので、北の越中立山から南の木曽駒まで一望に収められ、たった十日前に同じこの山上に繰りひろげられた惨事など信じがたいほどの四囲の長閑《のどか》さである。思いのまま高山植物採集を実施して、その夜は野麦へ山頂から数町下った廃屋同然の「旧小屋」に一泊した。翌日は前日の好天から反転して朝から小雨が降りしきっていた。すると強力たちは、まるで臆病な子供のように下山するよううるさくせがみはじめた。薄日はさしているし、荒天になる疑念などまるでないのに、彼らはやたらと十日前の惨事の一件を持ちだしてくる。その言動は、死を招く山霊が実在するかのように恐懼《きょうく》し畏怖《いふ》してやまないので、遂に予定の植物採集も切りあげて下山せざるを得なかった。

その年十月、やはり川崎令二と同じ日本山岳会々員となる越後の登山家高頭《たかとう》式《しょく》が富山経由で平湯へやってきた。乗鞍登山のためであったが、単純に山頂だけが目的ではなかった。彼も小島烏水同様に八月の小牧厚彦の一行の遭難が今後の登山普及のための障害になりはしまいかと憂慮した一人である。越後の豪農で、山好きのあまりに自費で『日本山嶽志』の尨大な原稿を書きあげて出版にとりかかっていた折だけに、乗鞍の惨事に登山の危険性が果たして不可避なものかどうか自身で体験しようと思いたったのである。そこで同遭難の原因を現地で究明しつつ、十月下旬の山上で一泊してつぶさにその苦難のほどを味わおうと、彼はこの決意を同志である小島烏水にも愬《うった》えた。同時に愛山家として若くして逝った小牧厚彦の霊にたいして哀悼したいと思い立った山行である。

それだけに彼は緊張しつつ飛驒路にはいると、乗鞍岳惨事についての原因究明のためにさまざまな里人に当時の模様などを調査しつつ平湯へ向かった。

だが途中茶店などで屢々《しばしば》乗鞍登山の無謀さを指摘され、八月九日の四人の惨事について忠告される始末だった。十月十七日天候の回復をまって小牧厚彦一行と同じ登山路で早朝平湯を出立し、夕刻五時に七人の避難した室堂に辿りついた。翌十八日、高頭は小牧厚彦他三名の惨事の現場を訪れてみた。すると付近には一行の遺物と思われる櫛、煙管、風呂敷、盃、菅笠の台などが散乱したままで、その惨《むご》たらしさに彼はしばらく慄然とした思いで佇立《ちょりつ》していた。

この四人の死については、蘇生した小牧厚彦の同行者の記憶によっても曖昧で、真相は判然としがたい。新聞も惨事そのものについてははじめは報道したが、後日遭難の原因真相については、日露戦役の大捷利《しょうり》などに目を奪われて取材対象とはなりえなかったらしく、今は解明すべき文献もない。あれほど冷静沈着だった少年も、ついに寒気の酷烈さに堪えかねて脱出を試み、死に近づいたとみるより手蔓《てづる》はないようだ。だが老人二人だけ前方で、その先達役のはずの御岳行者が最後尾で凍死したのも不可解といえば不可解である。先へ高山の三人が脱出して、途中老人二人が倒れたので、行者だけ小牧厚彦たちのいる岩窟にまで引返して救援を求めたとも推理できぬことはない。そこで二人で出かけたが、途中で精根つき果てて倒れたのだとみるのは一応の順序だてではあるが――。

高頭式（仁兵衛）はこの受難地点に一本の唐桧の幹を人夫に伐らせ、木標を建てた。表に「凍死者小牧厚彦君外三名追悼の標」、左面に「明治三十八年十月十八日」、裏手に「日本山嶽志編纂者高頭仁兵衛建之」と書して、一行は合掌黙禱して下山したのであった。

この翌年、小島烏水、高頭などの努力で日本山岳会が設立されて、飛驒山脈への登山はようやく創成期から揺籃期を迎えるわけである。

北尾根に死す

昭和三年三月、慶応大学山岳部ＯＢ大島亮吉、前穂高北尾根に遭難の悲報
近代スポーツアルピニズムの伝統と共に
針ノ木の早大パーティの雪崩遭難から三カ月
兵営生活一年から再び穂高へ
二十五日、北尾根へ出発し、午前十一時五十分四峰付近より滑落
大正十五年七月、三高パーティ井上金蔵の遭難と同地点付近か？
『山』、『先蹤者』の遺著にこめた二十九年の山への真摯な生涯

1

「――〈松本電話〉　北アルプスの峻険、槍・穂高のスキー踏破のため十七日朝飯田町から松本に来た慶応山岳部大島亮吉氏（三十歳）をリーダーとする一行四名は、同日島々口から登山し上高地でスキー練習の上、二十四日天候の晴間を見て上高地を出発、穂高を踏破中、同岳の岩小屋を距《へだ》る程遠からぬ北尾根の岩壁から一行のリーダーたる大島氏は過って千丈の谷間に墜落行方不明となった……（以下略）」

昭和三年三月二十六日付の東京朝日新聞にその第一報として以上のように報じられたが、この悲報は二十五日深夜、芝区西久保桜川町二十三番地の父親大島善太郎宅にも電報で知らされた。彼の母親さくは、もう十数年山へ出かけるたびに息子のために陰膳までしつらえて、登山の無事を気づかっていた。それだけに「大島亮吉君二十五日穂高岳北尾根にて行方不明」の突然の報らせは、一瞬彼女を腑《ふ》ぬけたように呆然とさせた。老いた両親にとって、彼は文字どおり目に入れてもいたくない一人息子だったのである。どうやら四月から母校の慶応大学高等部に教職の勤め口も内定して、この正月はめずらしく山にも出かけず、家にいて親子三人水いらずで過ごした。そんな数え年三十歳の春を迎えた息子のこれまでに見られない素振りに、老夫婦は安堵の胸をなでおろしていた矢先の不幸であった。大学卒業以来、会社の就職試験に目もくれず、外国語学校へ通ったり外交官試験を受験したりしていた。家にいても、自室に閉じこもり山の洋書ばかり読みふけっていたし、閑があるとリュックザックを背に飄然《ひょうぜん》と山へ出かけた。時折知人や先輩からもちかけられる縁談なども、まるで取りあおうとはしないのだ。外交官になりたいという希望もヨーロッパの本場のアルプスを登りたいからの方便である。だが、両親にしてみれば、どんな平凡な勤め先でもよいから就職して一日も早く身をかため、大島家の嫡子として家に居ついてもらい、初孫の可愛いい顔を見たい気持ちだった。ことに父親の善太郎は、七十五歳の老齢でもあるし、口にこそ出さなかったが秘かに彼もそんな一家団欒の光景を心のうちに切望していた。

こんどの山行前にしても一月針ノ木峠で早稲田大学山岳部の雪崩による遭難があり、亮吉は冬山の危険についてくどくどと山の知識のない両親にも懇切に説明してくれたし、山の遭難の恐しさについても十分に熟知している口吻であった。それだけに彼らには息子の奇禍《きか》がどうしても信じがたかったのも当然で、誤報ではあるまいかと疑ってみるほどだった。善太郎も心配顔をしながらも「行方不明といったって、山は広く深いんだし、どこかで生きていないとも限らないさ」と怒ったふうに言った。やはり息子の死をてんから信じかねているのだ。だが、母親さくには一抹の不安があった。息子が山にも出かけずに正月じゅう家から一歩も出ずに、いつになく炬燵《こたつ》にもぐり父母と歓談したり、「学校から最初の月給をもらったらおふくろになにをプレゼントしてやろうかな」などと冗談まじりに言っていたことである。そんな事々が虫のしらせでもあったのではないかと、さくは疑心暗鬼の思いにかられてならなかった。たとえケガをしていてでもよいから生命さえ無事であってくれたら――とせめてもの親心で祈らずにはいられなかった。

その夜さくは寝もやらず仏壇に燈明をあげて息子亮吉への加護を祈願しつづけた。翌日、その霊顕のあらわれかどうか、松本から一通の電報が届けられた。電文は簡単だったが、このうえない朗報で、二十六日夜、捜索隊によって発見され、身柄は岩小舎で手当中――というのだ。その負傷の詳細は不明だったが、一応生存している報らせに善太郎夫婦は「やはり生きていたのだ」と息子の無事を喜びあったのであるが、それも束の間の糠《ぬか》喜びにすぎなかった。踵《きびす》を接するように前着の電文は全文誤聞との打消し電報が届き、以後なんらの情報もないままに過ぎていった。

遭難のあった二十四日から三日を経過していたが、情報はどれもこれも曖昧で不正確だった。捜索本部はすでに松本の飯田屋旅館内に設置されてあったが、雪に埋もれたアルプス山中から下界まで、高山深谷に幾重にも隔てられたその距離は余りに遥かであり、その道は険しかった。山からの正確な情報がもたらされたのは、二十七日夜八時である。遭難時に北穂に入山中だった甲南高校山岳部員伊藤愿と、慶大山岳部の後発パーティ中の望月太郎の二人が、大島亮吉の前穂北尾根四峰での墜落死の詳報をたずさえて松本の捜索本部に姿を見せた。

二十八日朝、桜川町の大島宅にも亮吉死亡の詳報が届けられたが、すでに門をかたく閉ざして、喪の家そのままに春めいた日ざしに背を向けて冷たく森閑としていた。それでも新聞社の取材記者の求めに応じたのか、次のような記事が目についた。

――大島氏の厳父善太郎（七五）翁は、亮吉は三男ですが四人あった子供のうち当人を残して他の三人は失くなってしまったので、現在ではたった一人の伜《せがれ》なのです。それだけに余り山の方に熱中して、もし間違いでもあってはと心配し、少し控えてくれるようにいっていましたが、「好きなことをしていて、そのために死ねば満足です」と言って勝手に山登りをしていたような有様です、と老の眼に涙を浮べながら語った――。

その死は、善太郎夫婦にとっては掌中の珠玉を失ったと形容しても足りない惨事なのである。亮吉は明治三十二年九月四日、善太郎の三男として東京芝で生まれた。幼児の頃から脾弱《びじゃく》で、下町で育ちながら、いつも家の中で暮らして近所に遊び仲間の子供さえもいなかった。父善太郎の家は、明治初年に祖父の善十郎とともに越中の八尾から上京してきた。目ざとく民営タバコの販売に専心してかなりの資産をつくり、明治十一年専売制が実施されたので、やむなく廃業した。それ以後、これといった商売もせず祖父から受け継いだ遺産や数軒の借家からあがる家賃でのんきに仕舞屋《しもたや》暮しをしていた。母親さくは、茨城県鹿島の士族の出身で信心ぶかく、気性は勝気のわりに淡白だった。父の善太郎は至って無口な性格で酒も飲まず盆栽いじりをしながら隠居同然の日々を送っていた。

亮吉が十二歳になったとき瀕死の大病を患い、予後を父の故郷富山県八尾で送った。明治四十四年から大正三年までの四年間の山国生活は、四季さまざまに変貌する立山や剱の山々を仰望し、あるいは彼の心に山への思慕をかき立てたにちがいない。八尾高等小学校一年を修了して、慶応商工部（中等部）一年に入学。この頃、島崎藤村の詩を愛読する多感な少年に成長していた。同時に体力を錬成すべく柔道やボート部などに所属して、性格も以前よりは明るく陽気になっていた。やがて徒歩旅行に興味をおぼえて、横山久、八木橋豊吉、西宮元之助などのクラスメートと多摩川へキャンピングに出かけ、しだいに山への関心をいだきはじめていた。すでに慶応義塾山岳会は、鹿子木教授の提唱で、槙有恒、内田節二などの尽力によって大正四年に発足しており、彼も商工部の仲間たちと同六年に十六歳で入会した。その年の夏、はじめて中房温泉から常念山脈を越え、槍、上高地と縦走してアルプスでの月なみな洗礼を受けたわけだ。この折の「先達《リーダー》」が槙有恒で、ヤンチャな大島はリーダーをひどく困らせたといわれている。

以後、大島の山への献身ぶりと会へのたゆまぬ精励ぶりは同時代の仲間でも一人群を抜いていた。昭和三年三月二十四日前穂北尾根に逝くまでの十二年間、彼はつねに慶応義塾山岳部の一員として本邦登山界の第一線を歩みつづけた。スキー登山に岩登りに、近代スポーツ・アルピニズムの旗手として、慶応義塾山岳部の生んだ有能なるアルピニストの一人として数えられていた。そればかりでなく紀文家として、山岳研究家としても『登高行』『山とスキー』などでの精力的な執筆活動は同時代の第一人者として瞠目すべきものがあった。

2

この北尾根での遭難の三月前に、同じ北アルプスの冬空の下に四人の早大山岳部員が雪崩の犠牲となっていた。針ノ木峠信州側の籠川谷で十二月三十一日、スキー練習中の事故であったが、奇しくも早慶二つの山岳部パーティの雪山遭難がその年の雪山に相次いだわけだ。大正十二年一月十七日、立山松尾峠における槙有恒一行の吹雪による板倉勝宣の凍死以来の惨事とみられ、大正十年前後から勃興しつつあったアルプス風登山の果敢な実践がもたらした貴重な犠牲であった。

早大パーティの遭難のあった前年の師走、大島亮吉は、二十日から二十六日まで関温泉のスキー練習会に参加し、二十六日から猫岳でスキーをたのしんだのち、大晦日の夕刻帰宅した。正月休みの部の計画は前穂高北尾根と白峰三山の二つの山行であった。彼は、できたら穂高へ入山したいとも思案したが、来学期から慶応の勤めが内定していたし、殊勝にも正月は町で両親と暮らそうと思った。商工部時代から山に熱中して以来この十年以上というもの、入営した年を除いて年末から正月の休みあけまで、かつて一日として家で父母と新年の雑煮を食べるなどなかったことだ。そう反芻すると彼自身でも数え年三十歳の声をきく昭和三年の新年ぐらい、年老いた両親にせめてもの孝養を尽して、日頃からの両親の愚痴にも報いてやりたいと考えたのである。

はじめて亮吉がスキーを履いたのが大正八年の正月だった。将来のアルプス・スキー登山の訓練のために関温泉で数年以前から毎冬のように講習会が催されていた。彼が入会して三年目で、スキーはリリヤンフェルト式のビンディングに単杖だった。関山スキークラブの小林達也の指導で、はじめて雪の斜面を滑降したが、その爽快感は彼をスキーの虜にした。春休みの三月にも彼は講習会に参加してスキー技術はめきめき上達を示した。その挙句、小林講師と松本信広、斎藤茂と共に徳本峠を越えて上高地へスキーで入山したが、当時のスキー登山としては記録的な壮挙だった。さらに大正九年三月には白馬の途中までスキーで登っている。五色温泉のスキー講習会、蔵王山、吾妻山など彼の年末年始は、つねに雪の斜面を求めてスキーに明け暮れていた。

だが、まだ本格的スキー登山の機は熟していなかった。大正十年を迎えると、四月北大スキー部の板倉勝宣が槍沢を槍山頂直下までスキーで登り、はじめて黎明期を画した。同時にその年の師走、ヨーロッパの峻峰アイガー東山稜初登攀に成功した槙有恒が帰朝して、登山界は強烈な刺戟をうけた。ことに慶応の山岳部は、それを契機にスキー登山へ意欲的な計画を実践にうつしたのである。大正十一年三月、槙有恒をリーダーに学習院ＯＢ、慶応の混合パーティによって積雪期の槍ヶ岳山頂が踏まれた。大島亮吉も、その一員として参加したし、さらに五月下旬には立山・剱へのスキー登山のリーダーとして、残雪期のこの山域へ積雪期登山への貴重な踏跡を刻んだのである。

積雪期はスキー登山、無雪期は岩登りと明治以来の登山は一新し、近代スポーツ・アルピニズムの様式は、この頃より学生登山者のあいだで明晰に意識化され、実践されはじめた。槍ヶ岳北鎌尾根での早大パーティと、北大板倉勝宣一行とが、あたかも競技スポーツのごとくにその初登攀を争ったと喧伝されたのも、また、涸沢圏谷の岩小舎をベースキャンプとして槇有恒、板倉勝宣、三田幸夫、大島亮吉などが穂高連峰の岩稜に欧州仕込みの岩登り技術によって、数々のバリエーション・ルートを開拓したのも、この年の夏の顕著な傾向であった。

大学を卒業して大正十三年十二月麻布三連隊の一年志願兵となるまでの二年間、彼はさらに精力的に四季の山々に出かけた。登頂はできなかったが白馬岳スキー登山（大正十二年一月）、飛騨槍平よりする春の槍ヶ岳（四月）、二回目の北海道然別山塊行（七月）。翌十三年には卒業を控えて三月下旬から四月上旬にかけて穂高岳スキー登山にリーダーとして先頭に立ち、涸沢より奥穂、横尾本谷よりの北穂と積雪期登山の輝かしいケルンを積むことに成功した後、彼は学窓を去った。その後十月になって銀山平、尾瀬、秩父などいくつかの漂泊的山行をかさねて十二月入隊した。

商工部で山をはじめて以来八年、まさしく彼は山のみに没頭した。山を一種の原始宗教のごとく信じた。授業がなければ、必ず部室に座りこみ火鉢を囲んで山の話題に熱中していたし、家にいれば睡眠と食事の時間以外は、二階の勉強部屋に独り閉じこもり山の原稿書きや、研究に専念していた。その残りの時間は下界をはなれて山に在るのだといっても過言ではないくらいに、山の霊気は彼の日常に横溢し支配していた。その熱っぽい時間が軍隊生活において果たして、どれだけ遮断され封鎖をうけるか彼自身でもはじめは不安であり予測できなかった。だが、入営してみると新兵といっても一年志願の幹部候補であり、軍務の余暇は予期以上に幅をもって残されていた。まだ山の霊気は十分に営内の机上登山によって呼吸できる確信を抱くにいたり、山仲間の豊辺国臣に、「軍隊のことは一切、ごまかして、いま山のことを勉強してゐる。高山植物のことと歴史のことを――」と記した手紙を送るほどだった。

登山が軍事訓練にとって代った以外は、閑をみつけては一途、山の本を読み耽り、原稿の執筆に没頭した。はじめは部で建てようという山小屋について、また秩父の山々について専らプランをねり思索した。むろん娑婆《しゃば》におけるほど自由ではなかったが、山は無限に兵営生活を豊かにし、彼自身にも意義あらしめた。いま兵舎の鉄格子のはまった窓や、分厚いコンクリートの高い塀の彼方に遠のいた山々を想いやりながら彼は、よく自己の山の人生に占める位置について考えることがあった。憑《つ》かれた者のごとく一途に山を凝視しつづけてきた七年の青春期の歳月を冷静に彼は反省してみた。氷雪と烈風に閉ざされた厳寒の山や、険しい岩壁に微妙なバランスを保ちながらザイルを操る自己。また、牧場の芝草に、地図にもない峠路を辿って鄙びた山村の木賃宿に憩う自己――と、その都度における自然への姿勢のうつろいに彼は心に潜在する二つの山への心を切実に感じないわけにはゆかなかった。それは若くしてアルプスに逝ったエミール・ツグンモンディの「登山家の神は、二つ容貌をもっている」という指摘そのままなのかも知れないと感得した。それなら現在この兵営生活における「神の容貌」は一体どちらなのかと、ふと彼は思い惑うことがあった。寂しがりやの自分には、到底かの闘将マンマリーなり得ず、むしろアルプスの典雅な詩人たりしエミール・ジャヴェル的であろうかとも夢想してみるのである。

大正十四年六月、かねてから計画されていたカナディアン・ロッキー遠征がにわかに実現される旨の手紙を槇有恒から受けとった。槇をリーダーに三田幸夫、早川種三といった仲間たちが参加して実行に移されたのだ。入営中の彼は切歯扼腕したが見送らざるを得なかった。兵役にさえなければ彼は当然メンバーの一人となるはずだった。その遠征に刺戟されたかのように、彼も兵営内でたった一人の机上エキスペディションを企図した。かねてから腹案にあった欧州近代登山史研究に果敢にとりかかったのである。後年『先蹤者』一冊に収録された尨大な原稿およびノートは、この折の貴重な収穫となった。

3

昭和三年の正月を町中で彼は父母とのどかに過ごそうとした。大晦日は炬燵にあたり、母校に勤めてからの希望などを母としゃべりあった。だが、元旦早々に各新聞は北アルプス籠川谷における早大山岳部一行の雪崩遭難について一斉に書きたてたのである。高峻山岳における雪崩の危険について各紙は様々な論評で飾り、なかには雪崩についての荒唐無稽な解説などがもっともらしく記事となっていた。そこで大島亮吉は、正月の休暇中にこれまでの雪崩研究を整理し、さらに一歩すすめ、「本邦における雪崩方言」なる命題のもとに、北アルプスを中心にした雪崩の実態について執筆に没頭した。針ノ木での遭難から積雪期登山における雪崩の危険について再確認しようと、さらに彼は二月初旬、三日間にわたってルームにおいて部員を前に正月中かかりきってやりとげた「雪崩研究」の詳細な講述を発表した。

大正十五年麻布三連隊を除隊になって以来、山岳部OBという身分からいくらか遠慮もあったのだろうか、彼の山行は少人数主義となり、シーズンの合宿などには以前ほどには顔を見せなくなった。むしろ田部重治、武田久吉、木暮理太郎などにつよい感化を受けて、登る山も上信越国境の僻地の山域に興味をいだくようになり、二、三人のパーティで屢々出かけた。守門、浅草岳、両神、小倉山、七ッ岳、苗場、岩菅山、武尊山、四阿山、八海山、さらに湯桧曽川上流の谷川、武能岳など未開の山域へのパイオニアワークに専念した。同時に田部重治が秩父を自己の山たらしめたように、彼も魅力ある新しい山を求めてやまなかった。とくに谷川岳東面の岩場に示した関心は、この岩壁の紹介者、先駆者としての大島亮吉の名前を上越山域においても不朽な存在たらしめたものだ。

だが、北アルプスの高峻山岳に彼がまったく興味を喪失したわけではなかった。十月の声をきくと十六日から十月二十八日にかけて、パーティ三名と共に御岳、乗鞍、穂高と縦走した。その間に英国製羽毛入寝袋の試用効果、ツェルトザックの避難露営における居住性など真剣に実験を試みてみたのも、ある山行計画の野心が彼の胸にひそんでいたからである。入隊から除隊、そして一年余り、スポーツ・アルピニズムのメッカである北アルプスの連嶺から遠ざかり、その山行は上信越、秩父、東北などの山域に志向されたかに見えた。静謐な自然の観照者として、一介の山岳旅行者として彼の山は在った。だが、再び彼の脳裡に眠りかけていたもう一つの山が峻烈な息づきをもって眼覚めはじめた。未開の谷川岳東面岩壁に挑んだ闘志は、すでに一介の旅行者ではなく、尖鋭なるアルピニスト、それはツグンモンディのいう「あらゆる困難の征服、生死を賭ける刺戟的魅力、勇気にたいする試練を夢みる」もう一人の「神」なのかも知れない。同時に「ベルクシュタイガーはみな山のなかにおのおののハイマートをもっている」という言葉そのままに、この数年間上越や東北の山域に己が山を索《もと》めて歩きつづけてきたのだが、再び彼は穂高への郷愁にかられてやまないのだった。それまで除隊後二年ちかく卒業の年の春、穂高へスキー登山を試みて以来、あの山々を忘れ去ったかのように一度として徳本峠を越えたことはなかった。本邦の山における西欧風アルピニズムの正確な実践と消化の至難さを感じ、日本の山岳には、日本固有の東洋風アルピニズムがあるべきではないかとの疑問は、かねてから板倉勝宣の一文「登山法についての希望」により彼はつよい共鳴を感じていた。ことに入営中の机上登山により西欧風土と東洋風土の異質性を学べば学ぶほどに、つよい違和感をぬぐうことができず、彼のアルプス疎外の一要因となっていたのだ。ウィンパー、チンダル、ジャヴェル、マンマリー、ツグンモンディ、ノルマン・ネルダ、ウィンクラー、クーリッヂと西欧アルプスの騎士たちの舞台たるべき氷河の山々を憶《おも》うと、そのかんはさらに彼の違和感をふかめた。だが同時に東洋の一小島中にありながら、彼のアルプス風登山への渇仰はいやしがたかった。

冬山計画の二隊は、いずれも収穫を得て帰京した。ことに前穂高北尾根をめざした一行は、冬山としては稀有な好天に恵まれてその難ルートの積雪期開拓に成功した。大正十三年夏、青木勝、佐藤久一朗などの山仲間によって無雪期のケルンを積んで以来の壮挙である。いまや難攻不落を誇った槍・穂高をめぐる雪と氷と岩の城砦は、北尾根の一角から崩壊の兆候をみせている。槍よりする北穂、奥穂、前穂、西穂と連なる山稜の縦走計画が、大島亮吉の脳裡に鮮烈な闘志の火花と共に描き出されていた。かつての日、雪の槍山頂を目ざした感動に勝るとも劣らない壮大なる目標であった。それ以上にこの縦走は大正十二年の春、板倉パーティによって計画されたが、松尾峠の惨事のために不可能となっている宿縁の山稜なのだ。彼は亡友のためにもなんとか成功したかった。

二月の声をきくと斎藤長寿郎、後藤宗七など四人といっしょに彼はスキーで夏沢温泉から八ヶ岳に登った。夏沢峠から天狗岳や硫黄岳などに登って雪山で数日を過ごし、二月十二日に帰京した。

それから約一カ月した三月十六日午後十時、彼は夜行列車で懸案の穂高へ出発した。中央線の飯田橋駅は彼にとって想い出多いプラットホームだった。商工部の生徒だった頃、入会してはじめて北アルプス縦走にでかけたときもこの駅からである。そして翌大正七年夏には、リーダーとして大町から針ノ木峠を越えて立山、剱、白馬と半月ちかく灼けつく山々の背を汗にまみれて歩きに歩いた。その出発の日は七月末のひどく暑い夜だった。クラスメートの西宮などが見送りに来てくれたが、はじめてのリーダーとしての山行であり、得意であると同時にいくらか面映ゆかった。発車間際になると、彼は興奮にかられて鉢巻に襦袢一枚になって、やたらと大声で見送りの連中と握手をかわし、手を振ったり子供のようにはしゃいだものである。もうあの時から十年以上の年月が経過しているのだと反芻すると、山一途に過ごした青春のあわただしさが、今さらのようにはかなく思われた。その間、やはり山好きで啄木好きの歌人だった商工部以来の友人、横山久は病没しているし、山こそいっしょにあまり登らなかったけれども傑出したアルピニストであった板倉勝宣も、松尾峠の吹雪中に急逝しているのだと暗然と憶った。それにまた桜川町の母は母で、今夜から相変らず自分のために陰膳を据えて息子の山行の無事を願ってくれるのだろうと考えてみた。そんな感傷とも反省ともつかない想念に囚われるのは、いつも発車間際の列車中においてで、そんな心理の機微が不可思議だった。そのくせ発車のベルが響き、汽車がいったんガタンと北の闇に向かって動き出すと、もはやなんの躊躇《ためらい》もなく山の虜になってしまうのだ――そう彼は考えながら窓外にひろがるめっきりと春めいた夜の街衢《がいく》に眼をやってみた。

4

汽車は翌朝七時十分に松本駅に到着した。一行は気心の知れた本郷常幸、槙弘、それに若手の山田善一、渡辺英次郎の五人である。いわば今度の春山登山の先発隊で、本隊は三月下旬入山の予定となっていた。

三月といっても山国の朝は、冬そのままの寒さだった。東京はすでにめっきり春めいた日和であったのに、安曇野の野づらには霜柱さえたっていた。前山に見える日陰の斜面には水溜りのように残雪が白く凍りついて、どこもかしこも蕭条《しゅくじょう》としている。その日は島々の清水屋で休憩してから、冬枯れの谷沿いの道を荷担ぎの人夫と鮖止《いわな》めまで登った。昼間は晴れていた空も、夕刻から寒くなり羽毛のような雪がちらつき出した。山に入ると一片の春の気ざしも周囲の自然からは察知できない。それでも天候は心配するほどではなく、夜は凍りつくような星座が、せばまった島々谷の上空に蒼白く所せましと瞬《また》いていた。

翌朝も快晴で朝七時五分に峠に向かったが、積雪は例年よりも多く谷筋を分厚く埋めていた。途中で雇う約束の人夫杉本為四郎に出会って、一行は六人となった。鮖止めから五時間で徳本峠へ着いた。峠の上はかなりの雪で、峠の茶屋もすっぽり家ごと埋まっている。僅かに屋根の一部が露岩のように見えているだけで、峠の北側上部には、つい最近降ったらしい新雪が五寸ほど積もっているし、表層雪崩の痕跡らしい箇所も一部にうかがえた。六人はスキーの使用に注意しながら下った。例年よりも雪量は多いために、眼前に聳える穂高連峰は白く脂肪をつけたように雪で大きくふくれあがっていた。梓川畔へ一気にスキーで滑降し吉城屋到着が午後二時三十分。一時間ほど休憩して河童橋たもとの常さんの小屋に着いたのは夕暮で、没日は山の背後に沈みかけていた。人っ子ひとりいない雪に閉ざされた蒼白の上高地は、まさに仙境というにふさわしく、梓川の流れも川床から凍りついたように寂《じゃく》寞《まく》としている。

掘立小屋同然の半ば雪に埋もれた常さんの小屋に入り、囲炉裏の端に座りこむと、はっきりと下界での時間が遮断されて、別次元の濃密な山の時間が新たなセコンドを刻みはじめるのだ。仄暗いランプの下で榾《ほだ》火に顔をかざしていると、胸にこみあげてくる山の霊気に意気地ないくらいに陶然となってくる。この雪の上高地へはじめて入山したのは、大正八年のやはり春、たしか四月だった。関温泉でのスキー講習会のあと、スキー講師小林達也の案内で徳本峠を越えて、この別世界を訪れた。そのときもこの常さんの小屋で一泊している。その後いくど彼はこの掘立小屋の厄介になったか知れなかった。

翌日から天気は常念の背後から崩れ気味だった。それでも行動できないほどの荒模様ではないので、ベースキャンプになる横尾の岩小舎まで一日がかりでのんびり梓川沿いにスキーを滑らせた。その途中でも彼は周囲の山や谷に眼をやり、積雪状況についてつぶさに観察を怠らなかった。例年より積雪も多いし、最近に新雪も降ったらしいので表層雪崩の危険がないとはいえなかったからだ。岩小舎の周辺も積雪は深い。午後三時四十五分に到着したが、設営準備は夜までかかった。

天候は、どうやら落ち目らしく夜になると風が唸りはじめた。先発隊の任務として積雪の状況を調べておかなければならなかったし、ことに雪崩については細心の注意をもって偵察する必要があった。そこで二十日、大島亮吉は、槙、山田の三人で奥又白へ登ってみた。スキーを履いたまま谷の入口上部まで登り、あと又白から北尾根六・七峰のコルまでワカンで登ってみた。その辺りはすでに鉛色のガスに包まれており、前穂も見えなかった。風も南西で妙に生温かく雪質も良好とはいえない。午後三時二十分コルから下り岩小舎へ戻ったが、三月下旬ともいえない不安定な気候だった。彼としては、本隊の入山する前に前穂付近と南岳付近を登ってじっくりと偵察しておきたかった。ことに北尾根はこの一月に山岳部パーティが開拓に成功したばかりだ。その折にリーダーをつとめた本郷常幸も一緒に入山しているし、あとから斎藤長寿郎も参加するだけに、この際トレースしておきたかった。北尾根、槍・穂高縦走、そしてさらに転進して鹿島槍の信州側の岩壁よりの登頂が、大島亮吉が、このシーズンに目指す収穫予定の目録だったのである。

予期したごとく、翌二十一日天候は悪化して昼過ぎ頃から吹雪となった。やむなく岩小舎で沈澱していると、夕刻になって止んだ。そこで対岸の屏風岩の裾で暗くなるまでスキー練習に励んだが、一刻の吹雪で新雪が一尺以上も積もっていた。翌日横尾谷から南岳へ登る予定を降雪のための雪崩の危険から中止して、二十二日は、熊倉沢からワカンで背後の蝶ヶ岳に登った。岩小舎を朝八時に出発して、山頂に到達したのは午後一時四十五分。この地点からの前穂奥又白側の岩壁の大観に一同は息をのんで眺め入った。同日夜九時、斎藤長寿郎がひとり入山してきた。天候は回復するらしく、気温も低下して夜は星が満天に美しく瞬いていた。

二十三日は、快晴。前夜強行軍で入山した斎藤を休養のために岩小舎に人夫の杉本と残して、大島、本郷、槙、山田、渡辺の五名は前日の延期した計画どおり横尾本谷をスキーでつめ、南岳直下の圏谷からその山頂を目指した。このルートはすでに大正十三年四月六日大島も本郷も登攀している。前年も十月だが同じルートから北穂へ登っているので馴染み深かった。だがこんどは北穂ではなく南岳の稜線の偵察である。

一行は六時四十五分岩小舎を出発、本谷出合に八時三十分到着した。午前中は無風快晴だったが、春山らしく気温が上昇して汗ばむくらいだった。雪崩の危険もあると予測して出合付近をスキーデポにして、ワカンに履きかえて南岳と北穂のキレット直下まで一気に登った。肩の部分からアイゼンに替えて雪と氷のはりついた南岳山頂へつづく刃のような岩稜をザイルを使用し、時に硬氷にピッケルを振って登った。槍・穂高縦走の折にこの山稜の部分だけが積雪状況が不明だったために一応偵察を試みたのだが、困難というほどのピッチはなかった。南岳山頂に午後二時四十三分辿りついた。時折乳白色の霧が湧いたが天候は申し分ない。山頂は風もなくまどろむような明るい春の日ざしに、一行は三十分近く休息をとった。背後は切りたった飛騨側の滝谷の岩と雪の奈落であり、前方には円錐形の常念山頂に安曇野から吹きあげてくる風圧に絹のような淡い雲が乱舞している。さらに眼ざしを北に向けると、雪をかぶった槍の尖塔が春めいた藍色の空の彼方に蜃気楼のようにうかんでいた。あの山頂から……幾日かのちに歩みはじめるであろう、この山頂につづく雪の尾根筋に彼は視線を走らせていた。そして南岳から北穂、奥穂、前穂、西穂の各山頂をむすぶ岩尾根を丹念に脳裡でたどりながら、縦走への期待に胸をふくらましていた。帰途は山頂より雪の痩尾根づたいにスキーデポまで下ったが、春山気分をたっぷりと満喫した一日であった。

この二日間、精一杯うごきづめだったので翌二十四日は晴天だったがのんびりと休養をとり、パーティ全員で岩小舎前の日だまりで記念撮影などしてのどかに終日を過ごした。

5

三月二十五日、午前二時二十五分全員六名は岩小舎を出発した。ヘッドライトをつけて梓川の雪に埋もれた川原を横尾谷の分岐より涸沢へ、屏風岩の裾をからむようにして登った。常念上空の東の山上から夜がしらみはじめたが天候は良好とはいえず雲が濃く、黎明は遅々として山際に跼《せぐくま》っていて仲々にめざめてはくれない。スキーでいくどとなくジグザクを切り、キックターンを繰り返して涸沢の急勾配の雪の斜面を六人は黙々と登った。明るくなると東の空に暗雲が一条漂って、気温も三月の高山の朝としてはかなり暖かすぎた。大島亮吉の脳裡の片隅には、雪崩への警戒心が根づよく巣くっており、早大パーティの針ノ木での惨事が忘れがたく、彼は四囲の岩峰や谷間の積雪状況の変化に鋭い監視の眼をひからせていた。

「雪崩はどうだろうかね……いやに朝っぱらから暖かいし薄気味わるいぜ」

涸沢圏谷は乳白色の霧が視界をとざして囲繞《いじょう》する岩稜はどこも見えない。まるで擂鉢の底のような地形だけに、雪崩が発生したら逃げ場のない危険地域なのだ。休息もろくにとらずに一同は足早にスキーを運んだ。だいたい五・六峰のコルに達するルンゼの入口付近をデポとして、スキーを脱ぎワカンに履きかえた。北尾根に出ないかぎり雪崩への警戒は寸刻もゆるめることはできないものと判断して、コルまで慎重に登った。午前七時二十五分——ここで新人の山田、渡辺の両人を下山させて、デポの四人のスキーは岩小舎へ運ばせることにした。帰途におけるスキーの使用は危険と推測したからである。残った四人はアイゼンを靴に結びつけると、風を避けて又白側の岩陰で第一回の食事をとった。鉛色の雨雲がしだいに東からひろがりはじめ霧も湧き出したし、三月にしては気温の高いのがなんとも気がかりである。

「正月には、ここからの眺望はよかったな」

「うん、あの日は晴れていて風もなかったし、雲海の上に南アルプスや富士、八ヶ岳なんかはっきり見えたんだ。それに荒船山や浅間の噴煙まで見えるんだから、あんな上天気は冬山シーズン中にも幾日もないんだろう」

つい今年の一月九日に北尾根を登っている本郷と斎藤が、過ぐる日の回想をなつかしむかのように話し合っていた。その一月の北尾根に較べて、三月だというのに山の状況はまったく悪い。すでに涸沢を登るときの雪質状態からして良好とはいえなかった。まだ天候悪化の兆候とはっきり認めがたいのだが、正月と比較してみると明らかに不安定だった。だからといってすぐ退却するほどの天候ではない。夜中の午前二時に岩小舎を出発して、夜をかけてようやく北尾根の一端に辿りついただけに、そう簡単に尻尾を巻いておめおめ引き上げるのも業腹だと大島亮吉は思った。春の山だし万一にも天気が好転するかも知れないという一縷《いちる》の期待が内心に潜んでいたのだ。やがて食事を済ますと「さあ登ってみるか」という大島の声に斎藤、大島、本郷、槇の順序で五峰にとりついた。

岩に積もった雪の状態は予想どおりよくない。積雪は一尺ぐらいだが、じっとり水をふくんだ湿潤雪で、アイゼンの爪先にたちまち雪ダンゴが丸くふくれあがった。

五峰を登り切った頃に、先頭の斎藤が一同を振り返って、「きょうはダメらしいよ。ほら焼の硫黄の臭みがここまでにおってくる」と大声で言った。この辺りの猟師や杣夫は、焼岳の噴煙のたなびく方向によって天候を予知しているが、その判断はあたるのだ。「どうだい諦めるかい？」大島が三人に尋ねたのは、五峰を下って四峰とのコルに辿りついたときである。

「ガスも大分濃くなってきたし、ちょっと暖かすぎるね。転ばぬ先の杖で退却するか？」

大島の磊落《らいらく》な口吻に三人とも黙って頷いた。つい先刻まで足下に俯瞰された銀の盆をおいたような涸沢も、いつの間にか濃い霧の底に埋没していた。本郷、斎藤の意見を総合しても、一月の折には五峰の下りなどピッケルも使用せずアイゼンを効かして十分間もかからないほど簡単であったという。それがこんどは雪質が悪くてピッケルでバランスを保ちながら緊張して下る始末だった。

「下るのなら三・四のコルからの方が涸沢へ簡単に下れるだろう」と本郷と斎藤の一致した意見である。「じゃ、四峰だけでも越えよう」と大島はすぐに応じた。オーダーは斎藤、大島と変らず本郷と槙が後尾を交替した。

一月の折のルート通りに斎藤は又白側の四峰をからむように登り、スラブ状の岩を右に見て雪上に足場を丹念に刻んだ。この頃から小雨が降りはじめ、霧はますます濃密となった。前後の仲間の姿もシルエットになって模糊としていた。先頭はピッケルを振っているが、湿雪のためか確実な足場がつけにくいらしい。一月のときには五分で突破できた部分なのに、斎藤にはまるで別の山を登っているように雪質と地形が変わって見えた。四人のパーティのうち、二人までが三峰以外の北尾根登攀の容易さを体験しているので、ザイルを結んでいなかった。一同が四峰の稜上に到達したのが十一時半。

「意外に悪かったけど、三・四峰のコルまではもうすぐですわ」濃い霧の中であったが、いぜん雨はしとしとと降りつづいて夕暮のように暗かった。

「いや油断は禁物だ。以前三高の連中もここの雪渓でやられているし、かのマンマリー氏も言っているよ。危険区域を過ぎてから往々過失はあるもんだとね」

大島は、おどけたように言って笑った。たしかに北尾根も又白側は断崖絶壁だが、涸沢側は比較的に斜面もなだらかである。それだけに、無意識にいくらか一行の緊張心もほどけていた。

先頭の斎藤は、硬い順層岩の足場伝いに涸沢側から四峰を斜めにからむように攀じはじめた。その動作には、もはや先刻の焦燥感はなく十分な自信と余裕が感じられた。幾許かの距離をとると、すぐ大島があとからつづいた。霧はいよいよ濃く、三人目の槙の視野には先頭の斎藤の姿はすでに消えかかっていた。それでも大島は黒いシルエットとなってまだはっきりと視野にあった。――すると一瞬、そのシルエットが乳白色の霧の彼方で、手足をふるわせたかと思うと五体が折れ曲がったように感じられた。同時に誰の叫びとも悲鳴ともつかない異様な声がした。なにか柔かな物体が急速度で落下するらしい底ふかい響きを三人は足下の岩壁で聴いた「墜ちた、大島さんが！」槙の叫び声が不吉な黒い翅《はね》をひろげたように霧の中でした。「大丈夫？　大島さん」「どこに居るんですか？」三人の声が混じり合って響く。応答はない、微かに霧の底で雪の崩れる音にまじり合って石の音がつづいた。

「どうしたんだ、一体？」怒ったように斎藤が背後の二人に訊いた。

「分らんよ。墜ちたときも、はっきり見えなかった」

一瞬の夢魔のように誰かが答えたものの、三人とも呆としていた。

のちに発表された正式報告（『登高行第七年』）において、同行の本郷常幸は次のように記述している。

「――一行はシュタイグアイゼンに代へ又白側の岩の下にて第一回の食事を摂りたる後、斎藤、大島、本郷、槙の順を以て第五峰を登る。雪の状態甚だ悪るし、岩石上に約一尺の湿潤雪ありて比較的困難なり。気温昇騰し且つ焼岳の硫黄臭を感ずるに至る。暫くして濃霧かかる。第四、五峰間の鞍部より涸沢に下ることは困難なるが故《ゆえ》第四、第三峰間鞍部より下ることに決める。此時《このとき》本郷と槙とは順位を変えて本郷最後となり第四峰を攀ず、直ちに又白側に出てスラブを右に見て急雪面に足場を刻む。霧益々濃くなり小雨を伴ふに至る。この面倒なる登高に相当時間を費したる後、稜に出る。足場確実の為め綱を結ばず、涸沢側の固き岩石上を絡み居りし時第二位にありたる大島氏突如涸沢側に転落し濃霧の中に没す。午前十一時五十分」

「ザイルを出してくれ、下ってみるから……」

本郷が斎藤に言った。大島の墜落経路をたどって忠実に涸沢側の壁を下降してみるというのだ。その地点は岩も硬く足場も堅固で、特にひどい悪場とは考えられなかった。バランスを崩して墜ちるにしては納得のゆかない破局である。たしかにアイゼンを履いていたので岩場では、いくぶん不自由であったかも知れないが、大島

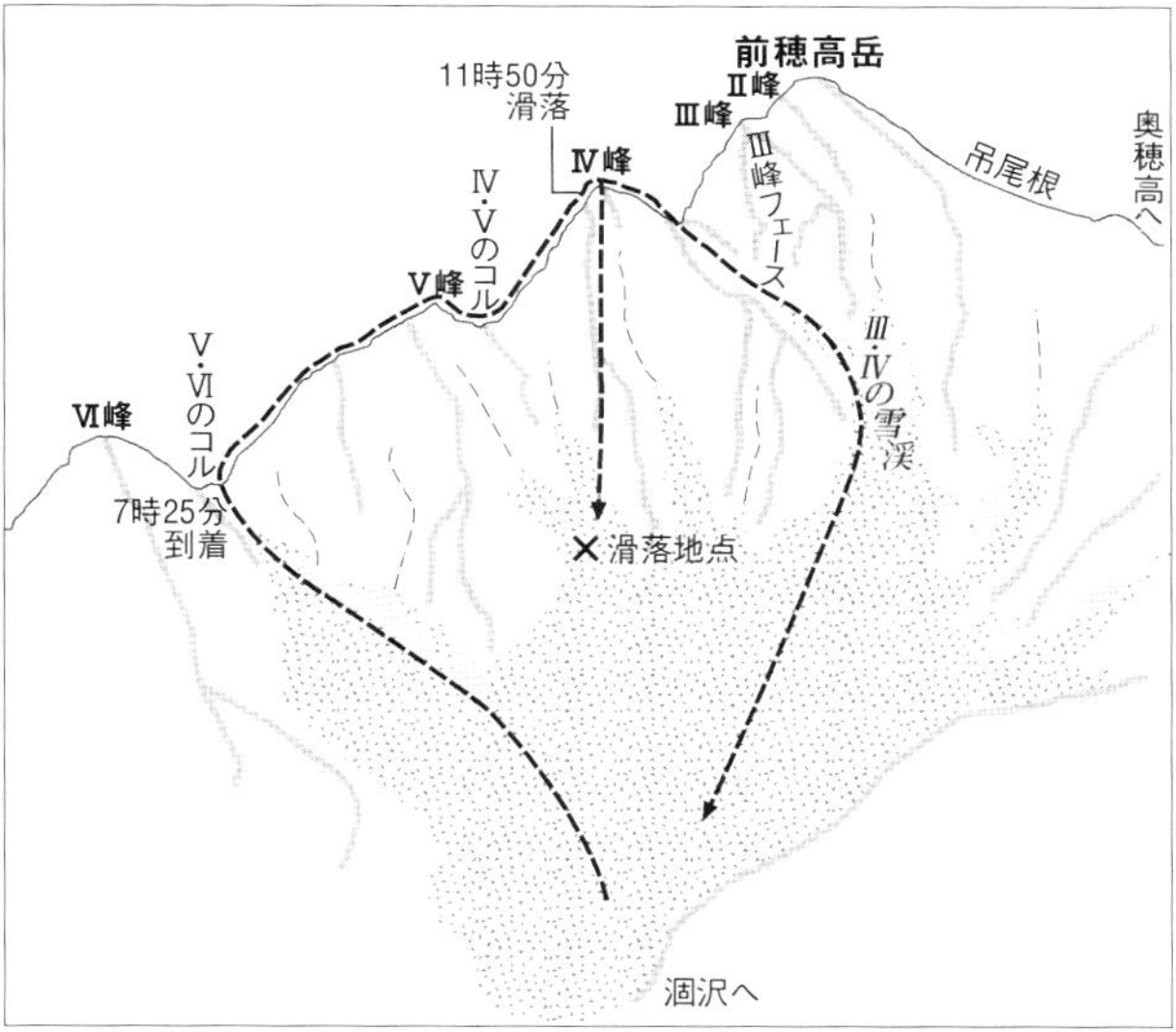
前穂高岳
Ⅱ峰
Ⅲ峰
11時50分
滑落
Ⅳ峰
Ⅳ・Ⅴのコル
Ⅴ峰
Ⅲ峰フェース
吊尾根
奥穂高へ
Ⅲ・Ⅳの雪渓
Ⅵ峰
Ⅴ・Ⅵのコル
7時25分
到着
×滑落地点
涸沢へ

亮吉ほどの熟練者であれば直接の原因とは信じられなかった。もしもアイゼンが原因だとしたら、アイゼンをあげた瞬間、その爪先を片方の脛《すね》に巻いたゲートルの一端にでも引っかけて、バランスを失って墜落したとしか推測しがたいのである。だが現場の三人は、墜落の原因について考究している余裕などなかった。

ザイルに確保され、本郷は大島の墜落したと推測される方角に沿って慎重に一歩一歩下りはじめた。霧は濃くなる一方で一メートル四方がやっと見えるくらいで、いくら眼を凝らしてみてもなかば盲目同然だった。十メートルほど下降してみたが、辺りには墜落した形跡もない。諦めて戻ろうと、ふと斜め下方の雪渓上を見るとピッケルがあった。白い雪面にくっきりと、まるで墓標のように大島の愛用していたピッケルが突き刺さっていた。彼は唇を噛んで、その不吉な風景から視線をそらした。三人は三・四峰のコルから涸沢へ下ると、四峰直下の雪の急斜面をさらに捜索したが、墜落の痕跡すら探し出し得なかった。小雨は降っているし気温はいぜん高い。いつ雪崩が発生するかも知れない周囲の様相なので、一応諦めて涸沢の底まで下ってみた。霧の奈落へもぐりこんで圏谷を下りきると、雪上にリュックザック、上着などが散乱している。一見して大島亮吉がつい最前まで身につけていた品物だった。

もはや遭難の事実は疑う余地はない。すぐ斎藤が岩小舎へ連絡のために下った。

残った槙と本郷は、もはやこれ以上大島の生存を空頼みする気分にはなれなかった。いまは雪の底に埋もれているが、涸沢のあの岩小舎は近いはずだった。あの岩小舎でワンデー（板倉勝宣）の死をマンマリーのナンガ・パルバットの悲劇と比較していた。その折の「涸沢の岩小舎のある夜のこと」の一文中には、「ついに山は自分にとってひとつの疑いぶかい吸引力であり、山での死はおそらくその来るときは自分の満足して受けいれらるべき運命のみちびきであると思った」と述懐しているが、その「運命のみちびき」はあまりに早すぎた。彼の愛した十九歳の天才クライマー、ウインクラーも雪のワイスホルンにひとり消えていった。そして、ツグンモンディ、ノルマン・ネルダも若くして、アルプスの岩と雪に運命のみちびきを受けねばならなかった。大島亮吉もまた自若《じじゃく》として山に召されたのであろうか――。

圏谷の雪のおもい沈黙がとぎれて、背後の北穂沢を二人の登山者が折よく下ってくるのに出会った。すぐに救援をもとめることにしたが、彼らは甲南高校山岳部の伊藤愿と飛驒蒲田のガイド今田重太郎の二人で、遭難者が大島亮吉と聴いていたく驚くと共に快く協力を約してくれた。

6

今田は、かつて大島が北穂高北壁でザイルを結んだ松井憲三とともに飛騨の代表的ガイドで、この付近山域の精通者で、のちに穂高小屋の主人となっている。また伊藤愿は甲南から京大へ進み、R・C・Cにも参加した関西学生登山界屈指のファイターだ。小槍、滝谷の単独行など数々の傑出した登攀によって、のちに加藤文太郎と共に藤木九三の「単独登攀考想」の一文中に「日本のウィンクラー」と称揚されている。

二人は三月二十日に入山して一ノ俣より槍を登頂し、さらに二十五日一ノ俣小屋より涸沢をスキーデポとして北穂を登ろうとした。ちょうど池ノ平にさしかかると二人の登山者がスキーで制動をかけながら下ってくるのに彼らは出会った。各自背中に二台ずつのスキーをくくりつけている。挨拶すると相手の二人も停止して、彼らは慶応大学山岳部パーティであり、大島亮吉一行が北尾根を登っていることなど手短かに話してくれた。池ノ平で黒パンをかじり、焼豚を食べてからアイゼンを履いていると、北尾根から「エッホー」の声がきこえてきた。五峰に何か黒いものがうごくのでプリズムを出してみると四人の姿が望見され、一行が四峰と五峰の鞍部に進むまで見届けてから二人は北穂に登りはじめた。コルで濃霧の晴れるのを待ちあぐみ十二時四十五分に涸沢へ下ると、北尾根の下の雪渓に三人のパーティが下ってくるのに出会い、そこで大島亮吉遭難の報らせを耳にしたのだ。

「遭難の地点は?」と訊くと四峰のほとんど頂上付近から墜落したので、四・五峰間のルンゼ付近だろうという推定である。伊藤も今田もそう聴くと、ふとその地点に不吉な暗合を心にいだかざるを得なかった。すでに大島亮吉も北尾根上で漏らしていたように、つい三年ばかり以前の三高パーティのアクシデントについてであった。

大正十五年七月の三高山岳部パーティが四・五峰間の雪渓の下降にかからんとして滑落遭難しており、今西錦司、奥貞雄、酒戸弥二郎、上林明（以上OBで京大生）と井上金蔵の五人の中で、井上のみ死亡している。この遭難は、単に大島亮吉の事故地点に近いということだけではなく、大正十年以降のスポーツ・アルピニズムの興隆期においてもたらされた初期的惨事だった。日本山岳会の早期会員による無雪期の探検的登山がほぼ完了したあと、スキー登山、岩登りが新たなアルピニズムとして慶応、学習院、さらに早稲田などの学生登山者によって華々しく展開された。その発達の途上、スキー登山の最初の犠牲として大正十二年一月の立山松尾峠における板倉勝宣の凍死遭難があり、一方岩登りにおける犠牲としては、この三高生井上金蔵の死がもっとも古いものとして対照されている。ことにこの七月三十一日の登攀は、梓川より奥又白谷をつめ、さらに北尾根の四・五峰のコルに辿りついたものだが、その記録が収録された『三高山岳部々報第六号』によると、当日の行動及び遭難の状況についてはほぼ次のような概要であった。

奥又白谷を登りつめて前穂東面の小さな池のある台地に到達した一行は、さらに北尾根にとりついて四・五峰間の鞍部に出た。すでに目標とする登攀の大部分は終わり、あとは涸沢側の雪渓から池ノ平へ下る行程が残されていた。その頃から天候はいくらか崩れはじめて霧がしきりと湧きはじめてきた。そこで五人は、しばらく休息すると、四・五峰間のルンゼを埋めた雪渓を井上金蔵を先頭にして、上林、今西、酒戸、奥の順序でグリセードにうつるべく下降ぎみにルンゼの雪渓上をトラバースをはじめた。霧は濃く足下を埋めて雪渓はかなりの勾配である。アイゼンを履いていなかったのでバランスが不安定になり、まず二番目の上林がぐらっと傾き倒れると先頭の井上の足下を抜け落石のように滑落していった。すぐあとの今西が叫び声をあげたと見るまに、彼も上林を追いかけるように雪渓上を滑りおちていった。それから最後に井上が引きずられるごとく霧の中に消えてゆくのを、奥と酒戸はその視野に一瞬とらえた。ことに井上は落ちるとき手にしたピッケルを放したらしく、ピッケルが空しく雪渓上に放棄されてある。しばらく呆然とした二人は、事態の重大さに気づくと大声で霧にぬりこめられたルンゼに向かって三人の名前をいくどとなく叫んでみた。すると下方で風の音にまじりあって人のうめき声を耳にした。今西錦司がまずクレバスから救出され、つづいて上林明もいくらか打撲を受けていたが引きあげられた。三人目のピッケルをもたない井上金蔵は、もっとも落下速度が早かったのもしごく当然で、全身打撲のうえ口から血を吐いていた。すぐ奥が医師を呼ぶべく上高地に下ったが、翌八月一日午前二時に絶命した——。

四人で再び綿密に捜索すると四峰上より一条の落下の痕跡を発見——さらに雪眼鏡などの所持品を拾得した。だが大島亮吉の姿は、神隠しにでもあったようにまるでなんの手掛りもなかった。午後四時、降雨と気温の状況から雪崩の確率はきわめて高くなったので、いったん四人は岩小舎へ引揚げた。

一方、岩小舎に戻った斎藤長寿郎は、留守番の人夫杉本に命じて東京と連絡をとるために島々に向かわせた。彼は徳本峠を越えたが、雪崩の危険もあり島々まで下れず鮎止めで泊まった。ちょうどそこで入山の後発隊、後藤宗七他六名のパーティに出会った。すぐ北尾根での事態について告げたが、一同の表情には信じがたいらしく、驚駭《きょうがい》の色さえうかんでこなかった。ことにリーダー後藤宗七には大島先輩だけ遭難したなど、冗談めいていてかつがれているのではないかと疑っていた。だが杉本がそんな冗談を言う人柄ではないし、この山の奥でおこった悲劇が事実だとすれば、死なないできっとどこか岩陰にでも沈着冷静に避難しているのだと信じたかった。それほど大島亮吉の山における沈着さは、感銘ふかく後藤宗七の胸に刻みつけられており、その折の印象が山における偉大な先輩の唯一の記憶なのだ。

たしか昭和二年二月八日のことだった。部のスキー練習会として吾妻の青木小舎で登高会の先輩と現役とで合宿した折のことだ。先輩としてはこんど北尾根へ同行しているはずの槙、斎藤、現役では後発隊としていっしょに入山した中村知一がいた。合宿の六日目、どうやら連日の吹雪もやんだので家形山、東大巓へスキー・ツアーに出かけたときのことだ。一行十五人、スキーの初心者もまじっていたが天気は上々で二月としては暖かい日和だった。家形山から東大巓へ出て、さらに栂森へ下ろうとした。しかし積雪が深くラッセルで苦労したうえに霧が湧き出したため、コースを誤って栂森へつづく尾根を左に下りすぎてしまった。そのうちに日没となり温度も急激に下りはじめ、パーティ中には疲労した者、凍傷に罹《かか》った者などもいて雪洞で一夜を明かさざるを得なくなった。はじめは一定のリーダーもなく行動したのであるが、迷いはじめたのをきっかけに大島亮吉がリーダーとなり、以後指令を仰ぐことになった。天気は好転してきたし十五人の多人数であり心細くはなかったが、大島リーダーの処置の的確さへの信頼は感銘ふかいものがあった。ことに雪洞の中で一同に告げた演説と泰然自若とした風姿は、今でも忘れがたい。

「――とうとう此処《ここ》で夜を明かさねばならなくなった。しかし大丈夫です。こういうことになったのは僕らの責任です。僕の責任です。しかし僕らはできるだけのことをしました。これからもします。ただ現在では此処で時間をつぶして夜の明けるのを待たねばならぬ状態です。大丈夫です。ただ少し心配なのは食い物の少ないことです。大丈夫です。それに栂森はすぐそこです。われわれは実に良い経験を得たわけです。得ようとして得られぬ体験を得ました。山を馬鹿にしたのが悪かったんです。しかし大丈夫です。眠りさえしなければ、大丈夫です。この場合一番危険なことは、凍傷を起こすことです。しかし手や足を乾かして、こすっていれば大丈夫です」

リーダーは、一同の顔に威厳にみちた視線を向けゆっくりゆっくりと言った。スキーはじめての初心者もまじえた十五人のパーティを、一人の落伍者も出さずに懸命に引率してきたのだから疲れていても当然だった。だが彼は一行に不安を抱かせないために「大丈夫です」といくどとなく話の間に挿入して、リーダーとしての自信のほどを十分に示してくれた。あのときほどリーダーという存在への信頼感と先輩への畏敬心をいだいたことはなかった——。

前日の雨は翌二十六日になっても降りやまない。昼近く霙《みぞれ》まじりの雪になり午後三時三十分頃になってやんだ。雨の後は積雪もゆるみ雪崩の危険も増大しているので捜索は見合せて、二十七日に本郷、槙、中島の三名で涸沢に向かった。予期通り雪崩があちこちから落下する。圏谷は崩落雪《でぶり》の坩堝《るつぼ》となっていた。懸命の捜索はつづけられたが、二十六日の降雪のために山は極度に険悪な相貌を呈しはじめて、大規模な徹底的探索は不可能だった。それでも梓川電力の人夫十人の参加を得て、連日いつ雪崩のおちるか知れない谷間にスコップを振るい、躍起となって発見に努力したが効果は空しかった。三月三十一日、前夜より猛吹雪となり、ついに涙をのんで捜索の中止を決定した。四月一日、一行は下山の途についたが、徳本峠の積雪は二尺に近く、峠から一眸《いちぼう》される穂高のあたりの谷には雪崩が弔砲《ちょうほう》のように憂鬱にとどろいていた。

7

五月中旬、第二回捜索隊として斎藤長寿郎、国分貫一、青木孝二、後藤宗七の四人が入山した。十七日徳本峠を越えたが、島々谷は目くらむような新緑に色どられて、雪解けの流れが溢れんばかりにみどりに縁どられた岸辺を洗っている。山々の残雪は例年より多量で、峠の茶屋など軒半分が雪に埋もれていた。だが、もはや雪崩の危険はなく、スキーもつけず堅雪の上を歩行ははかどった。常さんを混じえて横尾岩小舎を根拠地として二十一日まで捜索したが、有力な手掛りはなにひとつ得られなかった。すでに四峰の岩峰は黒々と岩肌を見せており、岩溝に数条の残雪がこびりついているのみである。涸沢は分厚く積雪に溢れかえり、この底に遺骸が埋もれているのだと想像すると、気のとおくなる思いで誰の胸にも捜索の困難さについて呆然とならざるを得なかった。

もはや大島亮吉の死は疑うべくもなかった――捜索パーティの一人斎藤長寿郎は、そう心でつぶやきながらも一方では心の片隅に、まだこの山々のどこかに大島亮吉が生きており、三月から捜索中も突然眼前に奇声をはりあげて笑いながら躍り出してきそうな錯覚にとらわれてならなかった。昭和二年二月はじめ吾妻の青木小舎でのスキー合宿に参加したときが山での最初の出会いだった。一晩雪洞で避難露営したときリーダーとしてその沈着な態度は、これまでの彼の畏敬心をさらにつよめた。本郷常幸、片山弘、大賀道昺、中村邦之助と大島亮吉をめぐる親しい山仲間と山行を共にして斎藤は、いくどとなくその稀有な詩人的才気と、実践家としての赫々《かっかく》たる経歴を耳にしている。部誌『登高行』を一瞥しただけでも、その才幹の容易でないことは彼にもすぐ理解できたが、あの一夜の出来事はやはり忘れがたかった。

はじめて彼が大島と二人きりで山行をともにしたのは、昭和二年五月下旬、上越谷川岳周辺の山にでかけた折である。たった四日間の山行であったが、この未知の岩壁にたいする周到な観察力と果敢な情熱に、その偉大な個性を真底から彼は感じざるを得なかった。つづいて十月の御岳より穂高までの縦走、さらに昭和三年二月の八ヶ岳にも行をともにした。片山弘、後藤宗七、安東省史もその晩年のパートナーとなる光栄に屢々浴していたが、彼は三月の北尾根に悲運の名登山家の踏跡をついに見失うまで追いつづけたのだと考えざるを得なかった。期間にしたら僅かに一年余りにしかならない果敢ない想い出ではあったが、その間に受けた有形無形の影響力は測り知れなかった。五月二十三日、初夏の微風に頬をうたれながら四人は空しく島々へ新緑の徳本峠を越えた。もしかしたら遺骸は、もはや二度と発見できないのではないかとさえ予感させられた。

あれほど墜落地点は明確なのであり遺品も拾得されながら、なぜ今日まで身柄が発見されないのか不可思議であった。だが故人がかくまで愛していた穂高連峰であり、涸沢であってみれば、亡魂が敢えてそこを久遠の奥津城《おくつき》として望んだとしても当然のようにも思えてくるのだ。しかし、かつて大島亮吉が英国山岳会の長老クーリッジが、晩年をグリンデルワルトの谷間に過ごして若き日々の登攀の想い出に耽ったしだいを知って、ひどく感銘を受けたらしく、「登山者は老ゆるにしたがって、現実の山登りよりはなれて浪曼的におのれが所有する山登りの回想のたのしみをそのおのおのの山のふもとに於て求めようとする。おそらく幸福なる彼れらはその想い出ふかき峰のすがたの前にしづかに座して彼れらの最後の夕映までをたのしもう」との感想をしたためたことがあった。

その言葉は大島亮吉も好きで翻訳しているほどだが、彼自身涸沢岩小舎付近に、あるいは上高地の一角においてクーリッジのごとく、その晩年の山との至福を憶《おも》ったであろうし、さらにその生涯に、数人の好める人の伝記と、数十巻の詩集と旅行記と、数冊の登山記と案内書と一冊の登山史と、最後に晩年には一冊の人生哲学の書とをこの世に残したいと希《ねが》っていたのだ――。

第二回の捜索隊が下山して一週間した六月一日、かねてから捜索を依頼していた中畑政太郎、今田重太郎、内野常次郎の三人によって、北尾根四・五峰間雪渓の中段の雪中で遺骸は発見された。内野の連れていた猟用の仔犬が嗅ぎつけたと伝えられている。

遭難原因については、明確ではない。先輩槇有恒は六月四日の部の研究会席上で、大島亮吉の死を追悼すると同時に次のような要旨のスピーチをしている。

「まず第一に今度のはまったく本当の意味のアクシデントであったように思われる。しかもそのアクシデントはまったく全ての条件がそうなるようになっていたのである。まず先ず第一に大島さんは今度学校の方も決まったりして非常な喜びの、即ち非常な感激の最高点に達していたように思われる。そしてアクシデントは実際にそういう時に起り易いものである。次にアンザイレンをしていなかった事で、これは皆がその場所をよく知っているし又ザイルをつながないでも良いような場所であったろうが、アンザイレンをしていなかったことは実に残念である。例えばその場合ザイルをつないでいたために皆が一緒に落ちたかも知れないが、それは各自経験のある連中であるから或いは大島さんを引きとめ得たかも知れない。ただリーダーであった大島さんがアンザイレンを認めなかったのだからそう判然としたことはいえないが、又墜落の動機となったアイゼンのことであるが、あちらではアイゼンの使用を非常に嫌う人もあるほど、余程の時でないとアイゼンを使用しない。アイゼンはその使い方が非常に危険であるから充分気をつけた方が良い」

それにしても大正十二年、本邦近代登山の先駆者板倉勝宣が積雪期槍・穂高縦走を果たさんとしながら、その直前に風雪の松尾峠に倒れて再び起ちえず、さらに五年後、その遺鉢をつぐべき大島亮吉もその雄途を胸にしたまま北尾根四峰上より墜死せねばならなかった。不幸なる山での宿縁というべきだろうか。

死後、山仲間の友情により遺稿は整理されて、『山　研究と随想』（昭和五年岩波書店刊）、『先蹤者』（昭和十年梓書房刊）の二冊の遺著が上梓された。大島亮吉の存在は本邦における近代アルピニズムのかがやける先駆者として、後代の若い山好きの誰からもいつまでも忘れがたい名前となった。

「それは山岳の――そしてその山岳を通して人生深奥の秘を私らの前に実現したのであった。／或いは荒蓼たる山頂に、或いは静かなる森に、或いはまた晴れわたる高原に君は君の世界を創って行った。／限り無き憧憬にいつも清新なる努力を以て、語りなき山岳の感興を、激怒を、喜悦を、そして悲愁を美しい音楽として私らに読み聞かせた。君の映ずる山に生命があった。そしてその生命を決定的な力で把握して彫刻した。しかも或る時には繊細優雅なる情操をもって愛撫するようでもあった。全く山は君の生命であった」とは、前記の遺著『山　研究と随想』における槙有恒の序文の一節である。

アルプスの暗い夏

昭和六年七月、天候不順、付属中パーティ雨の涸沢生活
中野克明他二名と北尾根を攀じて四峰付近で奥又白側に
墜落
「シッカリ　シロ　チチ」も空しく、中野正剛愛児の死、
長い葬列を中ノ湯で見送る山田博二兄妹
〝憧れの山〟槍ヶ岳より燕岳へ
七月二十二日午後十二時五十分、霧と残雪の喜作新道に
コースを迷い山田博二転落し、十八歳で逝く

1

山での犠牲者に身分の貴賤貧富の隔りなどなんの意味ももたない。しかし、その召されし人びとの多くが前途有為の健気《けなげ》な若者であることは、遭難を一層非情な事故にしているようだ。某月某日、巌《いわお》のようにふくれあがったリュックザックを肩にして、元気に彼は手をふりながら家族に見送られて玄関先から山へ出立していったのに……そして再び彼は還ってこないという事実が、どうして骨肉の人びとに信じることができ得るであろうか。病気らしい病気もせず無事息災だったのに、なぜ山で死なねばならなかったのか、不条理きわまる悲劇にちがいない。昭和五、六年あたりから年ごとに登山がしだいに盛んになるにしたがって、毎夏のようにそれらの惨事は日本アルプスの山々の諸方に繰りひろげられはじめていた。

昭和六年――その年も登山シーズンの七月を迎えると、槍・穂高を中心とした日本アルプスのメッカはたいへんな賑いを呈しはじめた。だが、その年は七月になっても天候は梅雨そのままのようにぐずつきつづけて、夏らしい積乱雲のあふれた山の空はいつまでたっても展開されなかった。七月十五日の午後になってやっと青空が水たまりのようにうかびはじめ、アルプスに登山シーズンがやっと訪れてきたように山麓の山小屋は一斉に活気づき、長雨に閉じこめられていた登山者たちの顔に喜びが虹のようにあふれた。

涸沢小屋も毎日陰欝な日和にくさくさしていた若い登山者の群でふくれあがって、山の晴れる日を一日千秋のように待ちわびていたのだ。その中に東京高等師範付属中学山岳部のグループも屯《たむろ》していたが、一行は七人で七月十日飯田橋から松本に出発して以来、すでに一週間ちかくも雨に降りこめられていた。雨がやむと残雪の斜面でスキーを滑ったり、近くの岩場で岩登りの練習などしたくらいで、目的の穂高の岩場は、濃い鉛色のガスの中に沈みこんで顔さえ見せてくれなかった。

一行の中にその年の春、付属中学の四年終了から早稲田大学第一高等学院に入学したばかりの中野克明もいた。五尺五寸がっちりと分厚い肢体は、満十七歳の少年とは見えない逞しい体格である。付属中時代には、柔道と蹴球の選手で、ことに蹴球は主将でゴールキーパーをつとめていた。スポーツ万能といってよいほど運動神経も発達しており、小学生時代すでに乗馬、水泳、柔剣道、自転車などに習熟していた。山も十四、五歳の頃から興味をいだきはじめて、夏休みには付属中の仲間たちと磐梯山への貧乏旅行などを試みていた。中学二年のときには燕・槍の縦走をはじめておこない、翌年夏には烏帽子から槍を踏破しているし、さらに秩父にも登っていた。ことに昨年、先輩武光正一と北穂高に登った折に岩登りに興味をつよくいだいたらしい。険しい岩壁の小さな岩角や突起に全身をたくして、あたかも空の一角にまで攀じるかのようなスリリングな行為に、なにか彼なりに惹かれたのである。それは単にこれまでのように夏山歩きという以上に、つよく山の感触にめざめたといってよく、昭和六年七月のこの涸沢行には、中野克明は六月の声をきく頃からひどく熱っぽくひとり準備に計画に没頭していた。だが、同時にこの山への没入は、無意識な克明自身のある状況からの逃避だったかも知れなかった。

一週間ちかく涸沢小屋に降りこめられながら、まったく下界から隔離されている日常が、彼にはひどく呑気であると同時に不安でならないのだ。一抹なにか良心の苛責にたえないような重苦しい気分になった。いまも巷には失業者が青白い群をつくり、資本家は豚のように肥り脂ぎっている。政党政治は腐敗し軍部の横暴が日ごとに目だちはじめるといった混迷した世相——彼は父中野正剛の革新政治家としての苦悩と焦躁を思うと息子としてやりきれなかった。以前新聞記者だった父の影響を受けているせいであろうか、スポーツに劣らず文学や哲学が好きで、十二歳頃から日記や作文をよく書いていた。旅行や山登りに来れば必ず紀行は書きとめておくし、時には芥川竜之介風の短篇小説まで書くほどである。彼の書棚には、ドストエフスキーの『虐げられた人々』もあれば、ツルゲーネフ、チェホフの小説もあった。『登山とキャンピング』と一緒に英文のブハーソン著『唯物史観』もならんでいるといったふうに、十八歳の中野克明もまぎれもないこの時代に生きる悩み多い多感な一少年だった。

七月十六日、昼下りから雨もあがり、常念山脈の上空から青空が見えはじめていたので、一行はジャダルムに登って足馴らしをした。どうやら天候も回復したらしく、夜になると満天に星がかがやきはじめた。涸沢小屋の弛緩していたそれまでの空気は、たちまち一変して緊張と充足による若やいだものとなった。付属中パーティも翌十七日の計画を再検討し、装備の点検に熱中していた。予定だと二隊に分けて、一隊は寺岡、越、中野で北尾根、もう一隊は一高山岳部の武光先輩をリーダーに頼んで、槙、桑田、大崎の四人で東稜に出かけることに決定していた。リーダー寺岡は、すでに北尾根には二度登攀しているし、ルートについても十分に自信があった。だが、この岩尾根は涸沢でももっとも遭難が多く、古くは大正十五年七月京大、三高の五人がクレバスに墜ちて一人が死亡しているし、また夏ではないが昭和三年三月、慶応大学山岳部ＯＢの熟達したアルピニスト大島亮吉を四峰から墜死させた不吉な岩稜であった。そればかりではなく、彼ら付属中学生にとっては、この年はさらに苦い想い出があるのだ。つい三カ月前の四月一日付属中の先生二人、生徒十八名が春休みを利用して佐渡へわたり、雪中妙見山に登ろうとして暴風のために遭難、二名の犠牲者を出した一件である。このために学校当局も父兄も登山には極力警戒的になり、こんどの七人の穂高行も大なり小なり家の反対を押しきるようにして出奔してきたのである。

2

翌七月十七日は雲一つない快晴だった。これまでの半月近い梅雨空は嘘のように山野の隅々まで清冽にかがやいていた。前夜は三人とも八時間はたっぷり熟睡して朝食も美味しかった。午前七時二十分に彼らは涸沢小屋を出発し、アイゼンをつけて雪渓を五・六峰中間のルンゼを目ざして横断した。他の四人は、他の天幕にいる武光先輩の来るのを待っているらしく、こちらに向かってしきりと掌をふっている。さすがに連日の雨のために雪渓はグズグズに水っぽくくさっているが、灼けつくような夏の日ざしを全身に浴びて快い。圏谷を俯瞰すると、まるで冬眠からめざめたかのように、けさはあちこちの天幕から登山者の群が蟻のように山に向かって一斉に動きはじめていた。

五・六峰間の急勾配の雪渓を一気に登って、鞍部に着いたのが午前八時二十分。そこで十五分休憩したが三人とも快調だった。ことに中野克明は、前日のジャンダルム行の折にも、一行の先頭を切って疲れを知らぬかのように元気一杯で登った。もともと運動神経は人一倍活発なので、岩を攀じても経験者のようなバランスである。その実績で北尾根パーティの一員に彼は参加し得たのである。

たしかに期待どおり克明の登攀ぶりは見事だった。寺岡、越、中野のオーダーで、ザイルも結ばずに二十分で簡単に登り切った五峰上で、また十五分休息した。山上から眺めると涸沢小屋は犬小屋のように小さく見られ、下の仲間たちはまだ出発しないらしくスキーを滑っている。視線を転ずると、燕・常念から北穂、奥穂の三〇〇〇メートルの峰頂が一望された。北アルプスの初登山としてだれもが一度は縦走する山々で、克明にもその起伏はなつかしく忘れがたい山々だった。五峰から四・五峰のコルに下ったが、こんどは休息をとらずすぐ四峰の登りにかかった。このルートの悪場は三峰の登りのチムニーであるが、四峰の手前にもやや困難な地点があるので、そこで三人ザイルを結ぼうとリーダーは予定していた。

三人は約二メートルぐらいの間隔をもって四峰にとりついた。トップの寺岡はもの馴れた動作で、基部から奥又白側のかなり幅のある順層の岩棚づたいに四メートルほどからんだ。すぐ越がつづきさらに克明が二メートルほど後からなんのためらいもなく渡りにかかった。その瞬間、彼の足下のガレた小石が鈍い音をたててにわかに崩れはじめた。彼はとっさにその危険を察知して、身軽に傍らの大きな赫《あか》っぽい岩上に飛び移った。背後で岩のくずれる響きにふりかえった越は、克明が敏捷に跳躍して岩盤に避難した姿をみとめた。そのみごとな軽業師のような反射的な動作に掌を叩こうかと思った次の瞬間、信じがたい状況が惹起《じやっき》された。友が飛び移ってつかんだ一畳敷に近い大岩は、その重力を支えきれないのか、根なし草のように岩ごと弛《ゆる》んだと見るまに脆くも崩れはじめた。さすがの中野克明も、もはや全身をささえるのは至難で、岩を全身で抱えこんだ恰好になり、仰向けになってもんどりうった。その直下の六メートルほど下は奥又白側の雪渓が白い尖端を舌のように突き出していた。彼は岩を抱いたまま墜落し、その重量に加速されて弾丸のように一気に雪渓を滑りおちていった。その夢魔におかされたような事態に、岩上の一人は声をのんで佇立していた。すでに寺岡は尾根の上に辿りついて安全であったが、二番目の越は、一畳敷もあるその岩石の崩壊に危うく足場をうばわれ、克明同様に引きずりこまれるところであった。そこは大島亮吉の遭難地点の手前である。

「中野、大丈夫か？」と寺岡が奥又白側の谷間に向かって大声で呼んでみた。だが応答はなく、はるか下方に落石の余韻が尾をひいて聞こえてくるのみだ。もはや絶望と見たのか、リーダーは、「よし、おれが、下ってみるから、きみは涸沢の仲間に救援をたのんでくれ」と越に命じた後、鞍部まで戻り、そこから中野克明の墜ちた地点へ雪渓づたいに、あとを追うかのごとくグリセードで果敢に下っていった。

約二五〇メートルも下ったであろうか、雪渓の幅が極度にせばまり両岸から落ちかかるように岩壁の迫ったゴルジュの一端で、シュルンドに落ちこんでいる中野を発見したのである。午前九時三十二分で、墜落の七分後であった。二〇〇メートル以上の落下によって、克明は全身打撲傷をうけ瀕死の重傷である。それでも最悪の事態からはまぬがれ得たことに寺岡はまずまず安堵したが、彼一人では五尺五寸の偉丈夫を北尾根まで背負い揚げるなど不可能事だった。やむなく上着を彼にかぶせると、「頑張っていろよ」といくどとなく励まして、彼は現場で救援隊の到着を待つことにした。

この頃、涸沢へ救援をもとめた越は、四・五峰間の雪渓を下り、十二時半に到着して中野克明の遭難を告げ、その救援をもとめた。彼にしてみれば、遭難のあとを追うように雪渓を滑りおりていった寺岡の安否についても気がかりでならなかった。もしかしたら寺岡も中野と同じ運命をたどっている公算も大きかったからだ。そこでこんどの一行のリーダー木村武男と越の二人が薬品、飲料水、ビスケット、レモン、ピトン、捨縄、ザイルなどを携帯して現場へ急行した。一方、桑田は、穂高小屋の今田重太郎へ、先輩の武光は涸沢の登山者へ、槙、大崎は奥又白から人夫、医師の救援隊を編成し、現場に派遣の手配のために上高地へ下った。

北尾根へ向かった木村は越を鞍部に残して、午後十二時三十分に現場に到着した。

「中野は?」木村がまず尋ねた。

「頭、顔、肘などかなりの重傷だけど、意識ははっきりしてるし、救援隊が早く来て手当すれば大丈夫たすかるよ」寺岡は、さすがに疲労困憊した面持で言った。

「どうして墜ちたんだろう? あんな一畳敷もある大きな岩盤が崩れ落ちるなんて不運というより言葉がないよ。はじめ足もとがザレたとき、中野は反射的に難を避けてみごとに飛び移ったんだ。その飛び移って全身を支えたはずの大岩まで崩れたんだから……」

前穂の東壁から明神一帯の山々の空は、この三人の不幸など素知らぬふうに紺碧に澄みきっていた。

「ちょうど長雨のあとだし、きっと岩盤がゆるんでいたんだろうけど、そんな大きな岩が剝脱するなんて信じられん。この北尾根というのは、やっぱり悪いんだな」木村は、頭上を仰ぎ撫然として言った。

中野は蒼白い顔で苦痛にたえている。なんとか一刻も早く運び下ろしたかったが、二人では五尺五寸の重傷者をどうしようもなかった。午後一時三十分、穂高小屋から救援に山稜づたいにガイドの今田重太郎が内方重蔵を連れて登ってきた。そこで直ちに搬出について相談したが、今田の意見によると、奥又白を下降する困難さと比較したら、北尾根まで運びあげても涸沢へ下ろすべきだというのだ。二人は穂高の精通者の意見にしたがって北尾根まで背負いあげることになった。そこで小枝を切りあつめて器用に橇《そり》をつくり、毛布を敷いた上に中野を登載した。あとはザイルでくくりつけて雪渓づたいに押しあげたのである。作業開始が午後三時十五分、鞍部到着午後六時で二百数十メートルの急峻な雪渓の登りに三時間を費やした。

　すでに没日は、穂高の背後に傾きかけていたが、日脚のながい七月なので、まだ十分に行動可能だった。そこで休息して食事をとると涸沢へ下りはじめた。もう簡単だろうとたかをくくっていたが、岩溝《ルンゼ》中にはいくつかのクレバスが行手を拒んで意外なほど時間がかかった。涸沢にキャンプ中の一高、京都医大、早大などのパーティの支援を得てようやく午後九時闇夜の池ノ平に到着した。医者が姿を見せたのは翌未明の二時二十五分で、真夜中から降りはじめた雨の中を登ってきてくれたのだ。応急手当の結果は十分に下山に堪えられるというので、午前九時出発という予定だったが、彼の容態が急変したので再び応急の手当をせねばならなくなった。

　その間、彼は「海が見える」と譫言《うわごと》をいくどとなくつぶやいていた。ときには

「おでん、おでん」とも叫びつづけた。だが克明は全身打撲の重傷にもかかわらず、ついに一言の泣きごとも言わなかった。九州男児であり、清廉な武士道鼓吹者である父正剛の薫陶のせいかも知れなかった。なんとか上高地まで生きつづけてくれと祈るように、仲間たちは彼の容態をみまもりつづけていた。その仲間の中に先輩の武光正一もいた。

武光は山における克明の師だった。三年前の烏帽子・槍の縦走から、奥秩父、さらに前年の穂高と同行した仲である。それだけにこんどの遭難につよい責任を感じざるを得なかった。同時にいくたびかの山行での想い出が、生々しく鮮かに胸にうかんでくるのである。なかでも奥秩父の山中で一夜を明かしたとき、なんのきっかけからか彼と自殺の方法論について議論しあったことがあり、挙句に中野克明は「岩にガンと頭をぶつけて頭蓋骨のコナゴナになるのを意識しながら死んだら、さぞ気持ちがいいだろう。僕はときどきこんな衝動にかられるんだ」と言ったことがあった。いまその記憶がなんとも不吉な予感として、武光の頭上に黒い翼をひろげて重くのしかかっていた。

折から天候はふたたび崩れはじめていた。克明は、豪雨の中を十八日担架にゆられて上高地に向かって下りはじめた。彼は、父正剛、母たみ子の長男として、大正三年五月十日、朝鮮京城市の旭町で生まれた。当時二十九歳の父親が朝日新聞記者として京城に駐在中だったからだ。その後三人の息子を得たが、父は二年間の外遊と帰国後東方時論社に拠って刻苦《こっく》の浪人生活をしていたとき育てた子供であっただけにもっとも深く愛したし、またその才能にも将来を期待していたのである。彼が息子の遭難の報らせを受けたのは湯河原の旅館で、十八日の未明だった。正剛は片足を手術で切断し、療養のために湯治に来ていたのだ。すでに東京の留守宅には十七日午後三時「今朝九時カツアキ穂高ヨリ落ツ、捜索中、応援一人頼ム」の電報がとどいていたが、家人はあえて正剛に知らせなかった。ついで同日夜中近くになって、「発見シタ。命アルモ楽観ヲ許サズ」という二報後に、はじめて湯河原に電話で連絡をとったのである。彼は父親の情として「生命アリ」という一点のみを信じ、克明の死など考えなかった。友人にも平然として、「山に登らずとも、街頭だって死ぬときは死ぬ。大丈夫だろう、驚くことはない」などとうそぶいていたが、内心では息子の安否が気がかりでならなかった。そこで翌朝、帰京の折に湯河原駅で上高地宛に一通の激励電報を打ったわけである。

中野克明の生命の灯は、遭難後三十二時間も全身打撲の重傷に屈せず燃えつづけた。夕暮どき横尾谷の出合で、父よりの電報を手にした友人が雨の中を登ってきたのにぱったりと会った。

「中野君分る？　お父さまからの電報ですよ、読んでみるからね……シッカリシロチチ」

克明は、その友人の言葉が聴こえたのか低い呻き声をあげ、必死でなにかに向かって手を差し出そうとした。それから暫くして彼は、雨の降りしきる担架の上で濡れそぼりながらはかなくも十八歳の生涯を閉じた。昭和六年七月十八日午後六時十五分であった。

3

松本から島々まで雨にけむる安曇野は、朝だというのに黄昏《たそがれ》のようにくらい。山田博二、寿恵子の兄妹に、従兄の柳原勝世の三人は、電車の窓から外の景色を熱心に眺めつづけていたが、山は灰色の雨雲にとざされていてどこにも見えなかった。前夜大阪を夜行で発つときも街には小雨が降っていたが、三人はふくれあがったリュックザックを肩に元気一杯だった。日本アルプスも七月下旬が一年じゅうでももっとも上天気がつづくというので、はじめから十七日出発を予定していたのだ。新聞などでは、今シーズンのアルプスは近年になく残雪が多いうえに天候も雨つづきだが、それでも登山者は数百人もすでに山に殺到しているなどという記事が目にふれたが、計画を変更する気持ちなど三人には毛頭なかった。すっかりアルプス縦走に憑かれたかっこうなのである。街にいても十二日には松竹座で上映中の山岳映画『モンブランの嵐』を見にでかけたり、十五日には朝日会館での「山の夕べ」にも出席して講演を聴いたり、短篇山岳映画を見物してアルプスへの憧れをひたすら心に燃やしつづけていたのである。

三人は島々からバスへ乗りかえた。奈川渡でもう一度小型バスに乗りついで谷ぞいの道を上高地に向かった。中ノ湯に着いたのが午前八時、朝からの雨は山の深みに入るにしたがってひとしお雨脚が激しくなる。眼下の梓川渓谷も水かさをまし一条の濁流と化していた。彼らは中ノ湯で汗をながすつもりでバスから下車して宿への道を登ろうとすると、釜トンネルの向こうから一群の人びとが姿を見せた。登山のパーティではないらしく背広姿の人がめだち、雨の中を重い足どりでとぼとぼとその人の列が下ってくる。みんな申し合せたように俯向いて腑ぬけた人間のようにさえ見えた。雨の彼方で、それらの人びとは影絵のようにぼんやりと青黒っぽくゆらゆらと揺らいでいたが、ふと長い列の一隅に白い柩《ひつぎ》が三人の視野に入ってきた。「遭難者らしいね」と山田博二が低い声でつぶやいた。まさに山の犠牲者の葬列なのである。列はしだいにこちらにのろのろと近づいてきた。三人とも道の端に退くと柩に向かって黙礼した。葬列が行き過ぎたあと、あの柩の主が誰であるのか、そして一体どこの山で逝《い》ったのか想像もしかねたが、その列には報道関係の腕章をした人もまじっており、さらに連なる人びとの気配から推測して、彼らの眼には富豪か有名人の骨肉者のように思えた。そのとき一人の若者がその長い列を追いかけてくるように姿をみせた。目ざとくその姿をみとめた柳原が、「いまの亡くなった方は誰なのです？　どこで遭難したので……」と尋ねた。

相手は同じ年輩の登山者で全身濡れねずみになっていた。彼は立ちどまると、一瞬苦しげな表情になり口ごもっていたが、

「遭難者は、ぼくたち東京高師付属中学の山仲間で、おととい前穂北尾根四峰のピ

ークから岩がゆるんで崩れたために、岩と一緒に奥又白の谷底へ堕ちた中野克明というんです。中野正剛の息子で、きのう上高地へ下ろす途中でついに絶命しました」と、それだけ言うと雨の中へ振りむきもせずに彼は駆け出していったが、涙のためか雨のためか顔じゅう濡らして、ひどく疲れきっていた。

「中野正剛――」といえば、柳原も山田もよく新聞上で目にする高名な新進政治家の名前である。

「あんな偉い人の息子でも山で死ぬのかねえ、山というのは非情冷酷なものだな」

山田が深刻な口吻で言った。

「そうさ、ましてやわれわれは、そんな偉い人の息子じゃないんだから、遭難しないように十分に注意しなくちゃあね」

冗談まじりに柳原は答えた。

中ノ湯で温泉につかり朝食を腹一杯つめこんだ三人は、徒歩で雨の中を上高地へ登った。上高地の宿は清水小屋に予定しており、前日中野克明の通夜をいとなみ先刻柩の出た旅舎であったとは三人とも露知らなかった。彼らは到着すると同館の十七号室に案内された。雨のためか宿は満員で百人ちかい登山者が泊まっているという番頭の話だった。中ノ湯から上高地までは三人とも空身で来た。先刻葬列は中ノ湯で自動車に便乗したので数人の案内者の手が空いたらしく、すぐに宿にたのんでその一人を雇ったのである。

はじめから上高地へ着いたら、山田も柳原もなによりも先に頼りにできる案内者を一人雇う計画だったからだ。「山の夕べ」の講演でも高名なアルピニスト藤木九三は、「熟練した登山家は必ず名案内人を雇う。山に熟練すればするほど山の神秘を恐れ山の変態を疑うからだ」と忠告していた。それに出立前に山田博二の父からも老練な案内者を必ず雇うように厳命を受けていたのである。中ノ湯で雇った案内者は、その話の様子から推察してかなり熟練者らしく、十分に三人の生命をたくするに足る人物らしく見えたので、第一の山での目的は果したつもりで、三人は翌日の出立をたのしみに寝についた。

天気は相変らず回復せず、焼岳は真っ黒な不思議な色をした牛が寝そべっている恰好で雨に濡れている。山頂からは噴煙がしょぼしょぼと上っていて、眼にうつる風景もどことなく活気に乏しかった。それでも土砂降りという雨ではないし、一ノ俣小屋までぐらいならと三人は出発することになった。ところがその直前になって、案内者を穂高縦走の慶応大学生一行に横どりされてしまった。もともと穂高専門だと自慢していたから槍・燕縦走よりも山に馴れているので、案内者自身も気が変わったのかも知れない。そこで誰か代りの案内者を雇いたいと清水屋主人に依頼すると、あいにく一人の案内者もいなかった。それでも主人は「槍から燕の縦走でしたら案内人はいらないですよ。尾根つづきでアルプス銀座通りといわれるくらい立派な道なんですし、用心して行けば心配ありません。お客さんたちはみんな若いのですから」と励ますように言うので、三人は前途のコースへの自信を得たように案内者なしででかけることになった。

三人の縦走コースと日程は、上高地から槍ヶ岳、山頂から喜作新道をへて燕岳、中房温泉へ下山という初心者向のアルプス一巡で、山田兄妹はアルプスがはじめてだった。それでも登山がはじめてだというのではない。博二は満十八歳、大正二年九月七日大阪市南区難波桜川町二丁目に生まれた。惣太郎、信恵夫妻の二男として生まれたが、長男は夭折して事実上の嗣子であった。天王寺第五尋常小学校より天王子中学に入学し、昭和六年三月同校を卒業して予備校で勉学中だった。山は、幼い頃から登りはじめ、小学校三年のときに三笠山に出かけたのを最初に、箕面、生駒、吉野、信貴、麻耶、嵐山など関西周辺の山地を足まめに歩きまわった。アルプスは夏の立山に登ったくらいだったが、冬の伊吹山や金剛山にスキー登山を試みるなど休暇さえあればリュックザックを肩に山に出かけていった。つねに彼は一冊の皮表紙の懐中手帳をもっていて、山行をするたびに丹念に記録を書きこんで大切に所持しており、こんどのアルプス行にも手帳はリュックザックの底にしまいこまれてあった。

4

さすがに七月下旬のアルプスの賑いは下界なみであった。明神池のある徳本峠の分岐点に来ると、槍へ行くらしい野村銀行の五人連れや十二人の高女生の一団にも会った。ほかに若い夫婦づれのパーティもいた。徳沢の牧場には牛や馬が放し飼いになっていて、穂高を背景にするとヨーロッパに実在するというアルプスの風景を彷彿させる。昼すぎから雨はかなりはげしく降りはじめたが、三人の歩度はすこしも弛まなかった。横尾の出合から穂高へのコースと分かれて一ノ俣へ向かったが、降雨の増水のために梓川の丸木橋はあちこちで流失しており、一度など山田博二は流れにおちこみ濡れネズミになる始末だった。

その日は一ノ俣小屋泊まりで、雨にけむる白樺林の中に丸太づくりの二階建の小屋を発見したとき、三人はにわかに全身に疲労を感じた。小屋は満員らしく、登り下り往来する登山者でたいへんな賑いである。柳原勝世は足元に靴ずれの豆をつくり、かなり痛むらしく元気がなかった。山田兄妹は小屋へ着くとすぐ元気になり、泊まることになった。

雨の音は夜どおしやまなかった。翌二十一日、いよいよ今日は登りというので三人は不要な荷物はひとまとめにして、松本の駅へ人夫にたのんで持っていってもらった。前日からいっしょの野村銀行パーティ、若い大賀夫妻らと前後して雨の中を槍沢へ向かった。

槍沢小屋で小休止して、大槍に向かうとすぐ雪渓があらわれた。銀屏風をたてかけたような急勾配で、一里以上も雪渓がつづくと聞かされて、前日から元気のない柳原が、「大丈夫かね。天気はよくならないしこのまま引き返した方が安全じゃない?」と音をあげはじめた。だが前後して一ノ俣小屋を出発したパーティがみんな勇躍して雪渓を登りはじめるのに励まされて、三人も四本爪のアイゼンを靴にくくりつけた。雪渓を登りはじめると、前方から百人近い登山者がぞろぞろ下ってくる。みんな顔は雨に濡れそぼっていたが、槍を征服した満足感でもあるのかニコニコ顔で丁寧に挨拶していった。周囲の霧は濃くなる一方だし、雨もすこしも小やみにならない。足に豆をこしらえている柳原がもっとも遅れてのろのろと雪渓を攀じていた。時折「オーイ」「オーイ」と呼ぶ博二と寿恵子の声が濃い霧に閉ざされた上方から聞こえてきた。

この辺りになると柳原は、ひどく疲労困憊しはじめて一歩登っては一休みするといった状況だった。一人ぼっちで霧の中に残されて彼は、ぼんやり座りこみ全身で呼吸をしていると、下方から大賀夫妻の姿が近づいてきた。それに励まされた彼は昼すこし過ぎた頃に大槍小屋へ辿りついた。すると待っていたかのように山田兄妹が、「勝にいさん、先へ殺生まで行ってますよ」と言い残して小屋を出ていった。彼は水をあびたように濡れそぼり、七月だというのに寒くてならない。そこで熱いコーヒーやカルピスを飲んでいくらか元気になったが、もう一歩も登りたくなかった。ことに小屋で全身繃帯《ほうたい》でぐるぐるまきにされた学生を見て、一層彼は怖気づいていた。学生は霧に迷ったあげく殺生小屋の手前で急な雪渓に転落して大ケガをしたのだ。人夫に救助されてやっと一命をとりとめたが、すでに四日間もこの小屋で呻吟しているという話だった。よほど彼はこのまま大槍小屋でひとり泊まろうかと思案した。しかし、山田兄妹はすでに殺生小屋を目ざして元気に歩いているのだし、こんどの山行の保護者である責任を思い出した彼は、夫妻とも相談のあげく三人して深い霧の中を追いかけるように出発した。

雪渓の急登を二時間半、雨にうたれ霧にまかれながら殺生小屋に辿りついた。まるで山肌の一部でもあるかのように岩と雪の保塁に囲まれた小屋は、間口六間、奥行三間である。分厚い扉をあけると、内部は高さはやっと一間半ぐらいの壁ごとに仕切って蚕《かいこ》棚式のベッドになっていて、八十人ほどの登山者が鮨づめになっていた。囲炉裏端も満員で天井には塗れた衣料が一杯にたれさがり、満艦飾といった風景だった。榾火《ほだび》の煙が狭い室内に充満して息苦しく、いくらか酸素も不足しているようである。

夜になると雨脚はいっそう激しさをくわえてきて、豪雨にもなりかねない勢いだった。それでも二十二日の朝を迎えると、雨もやんで東の空は明るさをとり戻してきた。小屋の主人も出発のとき、「お客さん、今日は大丈夫晴れますじい」と言ってくれたが、まんざらのお世辞ばかりではないようだった。せっかく、夢にまで描いていた〝憧れの山〟である槍の山頂を踏むのだから、今日一日だけでも晴れてもらいたいと願うのは誰の気持ちも同じなのだ。それでも二日間も雨にうたれつづけて登ってきたので、妹寿恵子も柳原勝世も疲れきっていた。いぜん元気なのは山田博二だけだった。大賀夫人もやはり顔色がよくない。疲労と高山病のせいである。「天気はよくなったし、もう槍の穂先は目前なんだから頑張って頂上へ登ろう」と、山田博二は一行の先頭に立って歩き出した。

絶頂まで登ったのは山田兄妹と、大賀健太郎の三人だけ、あとの二人は登らずに肩ノ小屋で下ってくるのを待っていた。五人が集合すると記念写真をとったが、その頃からまた霧が濃くなりはじめた。いったん殺生小屋まで戻り、午前十時半に西岳小屋へ喜作新道を辿って出発した。先頭に山田博二、妹、柳原、大賀夫妻の順序で東鎌尾根にさしかかった。雨こそ降っていなかったが霧は濃密に四囲をおおい、視野にうつる万象を乳白色の粘膜で包みこんでいた。おまけに岩は脆く、足もとは切りたった崖になって落ちこんでいる。山田兄妹はどんどん先へ歩きつめてゆき、いつのまにか霧の中に姿を没してしまった。後の三人はかなり遅れており「オーイ」といくども呼んでみたが返事もない。ときたま霧の底、岩とハイマツのあいだでライチョウの啼き声がきこえてくるだけで一層さびしげであった。

5

山田博二は妹をあとに槍の山頂を踏んだ快感にひとしきり陶酔と興奮にかられていた。難事業を完遂したふうな心地で、脚もかろやかにはこび、少しも疲れていないのが不思議なくらいであった。すると前方の霧の向こうから人影がひとつぽっかりとうかんできた。山馴れた歩き方で近づいてくる。それは山小屋人夫である。なんでも二十五円の財布のはいったリュックザックをここの下の「上ノ窓」で雪渓に落とした学生にたのまれて拾いにきたのだが、危うく自分も落ちるところだった——と素朴な信州弁で話してくれた。

道はいよいよ険しくなり歩き辛かった。寿恵子は兄におくれがちとなり、いくども待ってもらった。やがて博二は当惑したように道に立ちどまり考えこんでいる。

すぐ前方では道は途絶えて崖になっているのだ。その一端に細い針金がわたされているが、登山路にしては危険すぎる。いったん戻ってきて針金のない方の道へ博二は下りかけたが、そこも土砂がやわらく相当に危険であった。進退きわまった恰好で二人が思案にくれていると後から三人が追いついた。

「どうしたんだ？」柳原が声をかけた。

「コースが分からないんだ……どっちへ行ったらよいのかね？」

「指導標か目印でもないのかい？」

すると大賀夫人が付近の岩を指して、「ここに矢印があるわ。ほら下の方に向いて……」と叫んだ。たしかに○印と矢印が岩に赤ペンキで明瞭に書かれてあった。

「でも下の道はとても危険みたいでしたよ」

先刻下りかけた山田博二が逡巡するように言った。それでも矢印があることが、この場合の唯一の五人の手掛りであり頼りどころである。この地点は先刻人夫が、リュックを拾いにきた「上ノ窓」で、高瀬川の源流にあたり、下流は奥天上沢にいたる東鎌随一の難所だった。それでも雪渓の端まで下ってくると、人の足跡とも見える一条の黒い縞模様が斜めに雪上に捺《お》されてある。

「あれ踏跡かなあ……岩の墜ちた跡じゃないかね？」山田博二は半信半疑で言った。他の四人も矢印以外にはなんらの確信はない。

「ぼくが先へ渡ってみるよ」と言って、リュックザックをおろし、四本爪のアイゼンを靴に結びつけた。そのとき年長の柳原勝世が、「博ちゃん、もう昼刻だし弁当でも食べながら、誰か来るのを待ったら……」と提唱した。「昼飯はもっと広い所で食べた方がいいよ。先へ渡ろう」と言って雪渓に足先をのばしたが、すぐ足を引っこめて、

「寿恵ちゃん、ピッケルをもう一本借してくれ。雪が柔らかくて一本では不安だ」と言って、手を差し出した。ピッケルを二本手にした彼は、松葉杖のように突いてそろそろと雪渓を歩き出し、「これならもう大丈夫だ」といくらか得意げに言った。

だが数歩もゆかないうちに彼は、なにかに躓《つまず》いたふうにぐらっと全身を揺らしたかと見るまに「アッ」という短い叫び声が聴こえた。同時に「兄さん！」と妹寿恵子の悲鳴がかさなりあった。

山田博二は雪渓で仰向けに転倒すると一本のピッケルは手離し、もう一本のピッケルで制動をかけようと雪面に突き立てた。しかし、十分な姿勢でないために彼の

身体のバランスはさらにそのために崩れて横向きになり、残った一本のピッケルも手放してしまった。それでも彼はなんとか雪渓にかじりつこうと必死でもがいたが、落下の速度はみるみる増した。仰向けになったと見るまに下の露岩に激突して、さらにマリのようにいくどか軽やかに弾んで転落し、たちまち四人の視野から彼は消え失せていった。

この一瞬の惨事を目撃した四人は呆然としていたが、すぐに救援をもとめた。三時間後に殺生小屋から中村盛栄など人夫三人がかけつけて、雪渓を山田博二の安否をたしかめるべく下ってくれた。妹寿恵子は、一縷《いちる》の期待を胸にいだきしめて兄を呑んだ谷間を見やっていた。

「坊ちゃんはダメでした。岩棚を五ツ六ツ越えて三百間も墜ちなすったからね……ここに腕時計を遺品として外してきました」

数時間後、彼女の足下の谷間から汗の光る顔を見せると、人夫の一人は最初に言った。それから胸のポケットから腕時計をとり出して差し出した。腕時計の針は午後一時五十分で停止している。妹の寿恵子はこの信じがたい夢魔のような出来事に呆然としていたが、やがて半狂乱になって身をよじり泣きはじめた。

この二十二日の午前中、大阪市天王寺区勝山通三丁目三十一番地の山田惣太郎宅には上高地から十九日に投函した梓川の絵葉書が届いていた。

「五千尺の地上にこの大川あり岩の魚をみやげに買いました。是非ご来遊を奨めます、槍行は好調三人共に元気です。元気横溢」といった文章でスケッチまで添えられてあった。両親は博二が中学二年生頃から登山にでかけるようになり、一冊の小型の皮表紙のついた手帳に丹念に山日記を書きこんでいるのも知っていた。はじめ関西の近郊の山々から歩きはじめて、四季にわたりリュックザックを肩にしてよくでかけた。先年夏は立山へでかけアルプスの魅力に憑かれて、ことしは〝憧れの山〟槍へ行った。彼ら一行は、二十三日下山してくるという予定だし、帰宅して山での土産話がさぞや賑かであろうと両親は待ち望んでいたのであるが——。

午後には十二人の人夫が博二の屍体の引き揚げ作業にかかり、夜中の十二時すぎになって二枚の毛布に包まれロープで巻きつけられて殺生小屋に収容された。

二十三日夕刻、葬列は雨の中を中ノ湯に下った。ついほんの数日前、山田博二が中野克明の葬列を見送り黙礼した、同じ梓川沿いの崖縁の道であった。

その年の夏山遭難は各地の山域で頻発して十指に余った。槍・穂高付近のみでも前記の二件の他に、七月二十六日黒部五郎付近で岐阜県斐太中学校山岳部一行が笠原烏丸山岳部長の引率のもとに暴風雨にあって、疲労と寒気のため生徒の一人箕谷勝次が死亡している。同じ頃、東京の久保田久孝が単独で上高地より一ノ俣へ向かう途中梓川中に転落して溺死。重傷者としては七月二十二日涸沢での糟谷伊佐久、八月十四日前穂高一枚岩で転落した岐阜高山の柿本喜代蔵など、枚挙にいとまないまでの事故つづきであった。

〝アルプスの暗い夏〟ともいうべき昭和六年のシーズンである。

雪山に逝ける人びと

昭和七年三月、神戸徒歩会パーティ二名槍山頂へ
大槍小屋での風雪の二昼夜
三谷慶三のみ二十二日一ノ俣小屋へ還らず
同じ頃に神戸B・K・Vパーティ、一ノ俣より常
念小屋へ登り、ガイド塚田清治、金光隼人の二名
が山頂付近で凍死
救援隊のR・C・C山埜三朗、有明ガイド中山彦
一など、三月二十九日、一ノ沢付近で休息中に新雪
表層雪崩のため埋没死亡した本邦最初の二重遭難

1

三谷慶三、宝積誠二の二人が槍沢を電光形《ジグザグ》にスキーで登り、大槍小屋に到着したのは昭和七年三月十九日午前八時三十分である。小屋は東南の雪上に軒の一部を露岩のようにのぞかせて、すっぽりと雪に覆われていた。戸締りは一見したところ厳重に閉じられていて小屋の内部を窺う術もない。また小屋の中がどんな状態であろうとも、いまゆっくりと休憩するわけでも今夜泊まる予定もないのだから、二人にとってはさほどの関心もなかった。けさ一ノ俣小屋を午前三時四十五分に十三夜の月明を浴びて出発したが、気温も低く星はせまい谷間の空に一杯にあふれていた。赤沢の岩小舎付近は払暁まだうす暗いうちに過ぎて、雪に埋もれた槍沢小屋もついぞ気づかないうちに通過してしまった。夜が明けると横尾や東鎌尾根など周囲の山々は薔薇《ばら》色に輝きはじめ、槍沢のゆるい雪の斜面に沈むスキーは、ラッセルするほどの苦労もなかった。だが槍沢も登るにしたがって勾配もつよまり、雪面は薄氷をはりめぐらしたように凍って、スキーのエッジングも心細い。大槍小屋が見えてきた頃、赤沢越しに常念岳が望見され、その上空にまるで黒い鳥が大きく翼をひろげたかのように薄気味わるい暗雲がひろがりはじめていた。

大槍小屋の東側は、風力による影響で畳一畳敷ぐらいの面積にわたって雪溝が掘られてある。この辺りは槍沢でもことに風がつよい。空模様がいくぶん怪しげになってきたし、二人は一刻も早く槍の山頂を踏みたかったので、そこでスキーを脱ぐと十分間ほど休息した。スキーは溝の底に倒し、ストックに赤い布片をつけて小屋の目印として突き立てておいた。堅パンとリンゴで腹ごしらえをすませると、まず宝積が立ちあがった。槍沢の上部は雪煙にけむり、大槍のピラミッドは氷雪の鎧をまとっていかめしく牙をむいている。

「三谷さん、天候はどうやら下り坂らしいですね。中ノ岳から東鎌尾根一帯だいぶん吹きまくってますわ」「まあ天下の槍なんだからハイキング気分では登らせてくれんだろうからな」二人はアイゼンのバンドを締めながら緊張に心をふるわせて話し合ったが、頭上にそびえる山々の風雪は、春山といった山麓ののどかさとはまるで別世界の凍りつくような光景だった。

「さあ行こう」と三谷が先頭に立って雪溝から槍沢の雪上に元気よくおどり出した。

広い雪の谷筋を大きくジグザグを切って登りはじめたが、三十分ほどすると、勾配が急になり、その雪質はにわかに一変した。雪面のクラストは、うわべだけ薄い雲母のように凍っているが、すぐ下はサラサラの粉雪で踏み出すごとに膝ちかくまでもぐりはじめた。まだ本当ならアイゼンで歩む領域ではなく、スキーかワカンの雪質である。一般に三、四月になれば殺生小屋まではスキーで登っているので、大槍小屋周辺のクラストした雪面の状態に彼らはすっかり惑わされて、ついスキーを脱いでしまったのである。

急斜面をラッセルする恰好になった。いまさら下ってスキーに履きかえる気分にもなれず、やがて雪質もウインドクラストに変化するであろうと期待しながら二人は登りつづけた。だが雪の状況はいっこうに変化せず、十歩登っては立ち止まり、二十歩行っては腰をおろすといったあんばいで、大槍の小屋までのピッチとは問題にならないくらい歩度は緩慢となっていた。それでも九時三十分には屋根の見える殺生小屋の横を通過した。小屋のすぐ上部は肩の山稜なので、休息もとらずにピッケルを両手に握りしめ四つん這いになりながら鉄砲のぼりで一直線に攀じていった。いくらか雪もクラストしてきたが、同時に風が身近に渦巻き、激しく吹きはじめた。

上半身をこごめるようにしていても、五体ごと空に吹き飛ばされそうな風力である。風速ばかりではなく寒さもそれに乗じてきびしさを加え、四肢の尖端にキリで刺すような痛みさえおぼえた。二人はもう無我夢中で一散に肩の小屋をめざして駆けこんでいった。風雪は横なぐりというよりは下方から、伏せた顔にも容赦なく針を吹きつけてくるのであった。

小屋は屋根の棟が岩角のように見えるだけで、雪の底に埋没している。裏手の飛騨側にまわってみると、いくらか積雪が風で飛ばされていて屋根の庇に窓が三尺ほど露出していた。

「なんとか小屋へ入って休憩しよう……この寒さと風ではどうにもならんわ」三谷は、憔悴した面持ちで訴えるように宝積に言った。「……」無言で彼も頷くと、二人はピッケルで窓をこじあけようと試みた。しかし、凍結しきっているらしく岩戸のようにびくともしない。「あかんわ、まるで手ごたえがない」「うん、びくっともせんわ」二人とも、意外に頑強な小屋の拒絶に怯《ひる》み意気消沈して、小屋へ入るのを諦めた。やむなく、いくらか風のあたらない反対側の便所の入口に二人は身を寄せあうようにして避難した。ちょうど二人のその場所からは大槍の山容が手にとるように望見されたが、渦を巻いて尖塔に吹きつける風雪は、轟々と怒り声をあげて鉛色の空に身をよじっている。それは山という無窮の自然ではなく、巨大な得体の知れない生物のようにさえ見えた……どれほどの時間呆然として立ちつくしていたのだろうか——。「この眺めは、まるで日本の山というよりは本場のヨーロッパ・アルプスの山だ……これでは手がつけられんわ」と三谷が諦めきった口吻で独りごとのように言った。宝積の分厚い手袋の中の指先は、そろそろ感覚を失いかけており、アイゼンを履いた靴の底までも凍《し》みはじめていた。

下山は暗黙の合意だった。肩の小屋の入口は開かないのだし、殺生小屋へ下るより二人にとって手段はない。まさしく凍る死の世界よりの脱出であった。しかし、登頂を諦めたのではなく、あくまで殺生に滞在して天候の回復をみて槍の穂先を極める決意であった。

殺生小屋へ辿りついたのは午後零時十分。肩の山背から一歩槍沢へ下ると風も凪《な》いでいた。幸いに小屋の西南は軒先まで露出していて一見して窓が入口となっていた。偶然に五日前の三月十四日、神戸B・K・V会員成定喜代治、金光隼人、それに有明のガイド塚田清治が槍の登頂を目指していた。やはりR・C・Cに多くの同人をもつ有力団体で、吹雪にみまわれて、この小屋に籠城していたのだ。その話は、一ノ俣小屋で主人山田利一から耳にしていたが、それだけに小屋の内部はこころなしか先住者たちの生活の匂いがまだいくらかただよっていて、すぐに囲炉裏で焚火が燃えはじめた。火が燃えはじめると、つい寸刻前の風雪中の辛酸が嘘のようで、四肢から皮膚の隅々まで温まりはじめていた。しだいに気力が回復すると、三谷はこの三月の槍山頂をなんとしてでも踏んでみたい渇望に激しくめざめてくるのだ。ことにガイド連れの神戸B・K・Vの最強力パーティがすでに敗退しているだけに、その意欲はいっそう熾烈《しれつ》にならざるを得なかった。

三谷と宝積は、神戸に古くからある関西徒歩会の会員である。設立は明治四十三年といわれ、はじめは神戸草鞋会と名のり、のち大正二年十月「神戸徒歩会」と改称、月報を発行して正式に発足した。当時でも会員四百名を数えており、山岳会というよりは遠足会で、“Kobe Walking Society”の邦訳どおりのグループであった。会則にも「本会は土曜日（午後のみ）日曜日或ハ祭日ヲ選ビ毎月一、二回、主トシテ神戸市背後ノ山野ヲ跋渉シ勝地ヲ探リ半日、或ハ一日ノ清遊ヲ試ミテ以テ登山趣味ヲ涵養シ心身ノ錬磨ニ資スルト同時ニ一般登山者の便宜ヲ計ルヲ以テ目的トス」

という一条が見られる。港町の会らしくメンバーには在留英人の名前も見られ、大正末年からは藤木九三、水野祥太郎などの参加もあり、ロック・クライミングについても関心をいだいて、「登岩部」など新設していた。だが主体的にはアルプス風登山よりも「スキー大会」「映画と講演」など開催したりして、どちらかといえば低山ハイキング団体であった。それでも会員中には少数の精鋭分子があって、三谷慶三はその派の有力メンバーで、R・C・C（ロック・クライミング・クラブ）の同人にもなっていた。彼は生粋の神戸ッ子で県立二中を卒業後、神戸工高より神戸市電気局湊川発電所の技師となり、この間に大正十三年七月はじめて燕から槍を縦走して上高地へ下り、アルプスでの洗礼を受けた。

関西徒歩会へ入会したのは昭和三年一月で、同年七月には鳳凰三山から白峰三山を縦走し、途中地蔵仏のピナクルに日本人として最初の登攀に成功している。すでに明治末期ウェストン、ドゥントなど英人によって踏まれた峰頂ではあったが、彼は「投げザイル」など使用せずにクライミングしている。四、五年と夏は南アルプスに入りつづけていたが、昭和六年四月白馬岳、六月に立山、剱、八月中央アルプス、十二月島々より乗鞍へスキー登山を試みるなど精力的に登っている。この間に同会の理事に任命（昭和五年一月）されて、もっとも尖鋭的なメンバーとして活躍していた。街の背後に山々をひかえた神戸は、開港場として伝統的にハイカラ趣味が横溢しており、山などもその傾向がつよかった。アルプスにろくに出かけもしないのに服装や用具だけは一級品を揃えてアルペンの雰囲気を満喫しようといった〝ムード派〟も多く、R・C・C同人水野祥太郎より会名まで指摘され「午後三時の山」といわれ似非《えせ》的登山者として糾弾され批判されたのもこの頃である。また会上層部で内部のトラブルなどもあって、R・C・C同人で同会々長米沢牛歩が辞任したりしており、それだけに三谷としては関西徒歩会の登山レベルをなんとか回復させたかった。ことに昭和七年二月、会の充実を図るべく「神戸徒歩会」を「関西徒歩会」に改称した折だけに、どこかビッグ・クライミングを成功させたいという功名心もあり、彼は、まるで会の今後の盛衰を一身に担ったふうに気負って山行に備えていたのだ。

ことに前年一月厳冬の乗鞍岳行にガイド中山彦一と成功したことで勇気づけられて、次の山としてひそかに目論んでいたのは積雪期の槍ヶ岳登頂だった。できればやはり厳冬二月に登りたかったが、適当なパートナーがみつからず困りぬいていた。

偶然二月末に六甲山に大雪が降り、スキーに出かけた折に同会々員の宝積誠二に出会った。スキーもかなり上手だし十分にパートナーの資格はあると三谷は観察していた。しかし一方の宝積は前年冬に右足踵を痛めて正月スキーにもゆかずやっと回復したばかりなので、三月に管平へでも行ってこようと計画していた。それで三谷と裏六甲でスキーをいっしょに滑ったとき、管平の旅館について紹介をたのんでみた。数日後その紹介状が郵送されてきたが、その手紙の末尾に「……槍ヶ岳へ行って槍沢の大雪渓で山岳スキーの練習をしたら如何です、一ノ俣小屋が完備しているから重荷はいりません。僕一人で淋しく思っているし捻挫で自信が怪しくなっているんですよ……」といった、暗黙にパートナーとして槍行を誘う文章が添えられてあった。

宝積誠二も、この三谷からの手紙に少なからず心うごかされる思いだった。アルプスといえば昭和五年八月の常念・槍・上高地の縦走と、翌六年七月の針ノ木越え立山ぐらいしか経験はなかったが、スキーはかなり自信があった。おまけに槍なら夏登ったこともあるし、スキーを滑らせての山行につよく惹かれ、翌日すぐに管平行を変更したい旨の手紙を三谷宛にしたためた。三月十四日に二人は山行について相談し明細な準備をととのえて十六日出発し、二十四日帰宅という日程を作成した。その間、槍が予定どおり登頂できたら一ノ俣から涸沢岳、奥穂高岳へも登る計画である。三谷にしてみれば、槍・穂高の二つのスキー登山が成功すれば、「関西徒歩会」として二月に脱皮発足したばかりだけに、輝かしい門出の祝砲代りにもなると胸ふくらましていた。ことに同じ神戸のB・K・Vのガイドを伴ったパーティが敗退しているだけに、なんとか二人だけで登頂に成功したかった。

2

囲炉裏の火にあたり、湯を熱く沸かしてお腹にながしこむと、二人ともほのぼのとした気分になった。いつのまにか戸外の風雪もおだやかになっている。小屋の内部は雪も侵入しておらず居心地も悪くなかった。

「なんとかこの小屋に二、三日滞在してでも槍は登りたい……せっかくここまで来たんやからなあ」

三谷慶三は、いくらか天候の回復しはじめた戸外に視野を投げかけて言った。パートナーに向かって言ったのでもなく、独白めいた祈願の口吻である。宝積は昼食の仕度にとりかかろうとしたが、もう再びあの地獄界に似た風雪の山頂を目ざすなどとうてい耐えがたい思いだった。が、また半面彼もここまで来てみればやはり雪の槍山頂を踏んでみたかった。

「……」彼は黙ったまま小屋の内部を、懐中電燈をたよりにあちらこちら食糧を探し回った。するとB・K・Vパーティの残したらしい僅かばかりの米や味噌、醤油、梅干、小豆などが片隅に発見された。一ノ俣から日帰りの行程なので非常食のほか食糧は一日分しかなく、大方一ノ俣小屋へ置いてきて残りは少量しかなかった。夕食は、味噌や小豆でかゆをつくったが口の歪むほど辛かった。あまり食欲もなく日がおちると早々に寝た。布団や毛布は豊富だったので三、四枚もかぶったが、夜半になると寒さで眼をさました。耳を澄ますと風が戸外の闇のかなたで、低い唸り声をあげている。烈風が東鎌の岩稜にぶつかって発しているのだ。

三月二十日、山へ入って四日目になる。宝積は七時にめざめた。小屋は割合に暖かい。風の当たる北面が積雪の防壁でぶあつく覆われているためである。窓から外を窺うと風雪はいぜん山稜を吹きまくり、乳白色の霧がひどく濃い。晴れたら山頂を目ざそうという闘志もこの悪天候ではみるみる萎縮して、一刻もはやく一ノ俣へ下りたかった。三谷慶三もつづいて起きあがってきたが、戸外の風雪を見ると苛だたしげにしきりと煙草をふかしている。それでも十時頃になると、いくらか陽ざしも明るくなり風も凪いでいた。霧は槍沢の下流から激しく渦巻きながら上昇している。三谷は、小屋の窓辺でスケッチ帳をとりだして付近に見える燕岩、坊主岩、中ノ岳尾根がガスの垣間から蜃気楼のように見えかくれしているのを写生していた。

「もうあかんわ。そろそろ下ろうか？」

三谷は、諦めたふうに言って、下山仕度にとりかかった。囲炉裏の焚火を消し、小屋の内部を整頓すると、十一時三十分殺生小屋をあとに出発した。

スキーデポした大槍小屋が槍沢雪渓のはるか下方に芥子《けし》粒のように俯瞰され、ほんの眼と鼻のさきの距離に思われた。だが一歩踏み出してみると、前夜からの降雪で、雪はすっぽりと腰高の深さまで没した。下りのラッセルといっても三月の湿雪は重く、いくどか二人は思いあまったように立ち止まる。それでもいくらか天候が回復しているので気分的には楽だったが、大槍小屋までの距離はすこしも縮少されていないかのようだった。午後になると、頭上の谷間の空に灰色の雲が低徊しはじめたかと見るまに、背後から吹雪が荒々しく二人を追い立てた。宝積はスキー帽で目深く顔を包み、そのうえから油紙製の頭巾をかぶったが、三谷はスキー帽のタレがさがるのでバンドで結びつけていた。

大槍小屋へたどりついたのは午後零時半で、二人とも全身雪まみれになっており、疲労と寒気で四肢の筋肉もぐったりとのびきっている。「この天気みい……一ノ俣まではとっても無理やぜ」三谷は、心細げに言って雪の上に座りこんでしまった。宝積も疲労困憊して口をきくのも大儀で、「もう一晩、この小屋でどうや？」とだけ言って、すぐ小屋の周囲を見まわしてみた。南斜面の雪がすくないので、そこの羽目板を二枚ほどピッケルで力まかせに剝《は》がしてみると、意外にも内部は雪が充満して、天井の梁の高さまでびっしりと積もっている。雪をかき出すにもこの量では不可能だ。やむなく一メートル幅の穴を塹壕《ざんごう》形に小屋の奥に向かって掘りすすめてゆくと、スコップと薪数本を発見した。二人はそれを武器としてトンネルを開鑿《かいさく》するように、さらに掘りすすめて石油の空鑵二個とストーブ、薪を見つけ出した。屋外よりも風がいくらか弱いというだけで、戸口や屋根の破れ目から風雪はこやみなく吹きこんでくる。小屋の内部というよりも、正確には内部に積もった雪洞の中がもっとも風を避けるに適していたのは皮肉であった。

宝積は石油罐の底に孔をあけ火を燃やそうとした。だが薪はいずれも雪が凍りついて氷の柱のようになっていた。そこで古新聞、油紙五枚、地図二枚、メタ十個、蠟燭五本など二人の持参しているかぎりの可燃物資をあらいざらい投入してみた。だが燃えつくものは、簡単に炎となるが、かんじんのマッチとメタは湿ってしまい使用不能のていたらくだった。もはや彼に残されたのは、上衣の奥に濡れないように大切にしまってあるマッチ一個だけになった。三谷もこの成行を不安な眼ざしで黙ったまま眺め入っていたが、

「燃えんな。しょうないからザイルを燃やしたら……こまかにほぐしたら燃えんかい？」

と言うので、宝積は持参の三十メートルの麻ザイルをほどき、約二尺ばかり切った。それから細くほぐして残った蠟燭をひたし、紙片やメタの燃えのこりを一纏《ひとまと》めにして火を点けてみた。すると期待どおり威勢よく炎があがったので、さらに乾燥した薪をこまかに刻んでは注意ぶかく燃やした。いくらか焚火らしい恰好ができあがると、その周囲に雪のしみた薪をおいた。もういまは火を燃やすことに熱中することで、いくらかでも現実の不安感から脱れ出たいとねがっていた。だが凍りつい

た薪は、まるで石ころのように燃えないばかりか、せっかく燃えついた焚火まで消えかかってくる始末だった。そればかりでなく焚火はしだいに煙りはじめて、両眼が刺すように痛み、胸がつまるように息苦しくもはや断念せざるを得なかった。時折二人は雪洞の天井から解けてしたたる雫を、コップに受けて飲んでは灼けつくような渇きをわずかに癒していた。

火がいったん消えてしまうと漆黒の闇となり、寒さはふたたび二人に向かって牙をむき出しはじめた。戸外からはいぜん吹雪が吹きこんでくるし、内部の雪がまた厚味をましている。せめてなんとか風当りのすくない一隅をさがして眠りたかった。そこでさらに奥へ雪を掘りすすんでゆくと、自在鍵の釣手に出会った。どうやら囲炉裏の真上らしい。ようやく全身すっぽりと隠れ得る穴をつくり、抱きあって座りこんだが、身うごきひとつできない狭さであり、寒気であった。

寝ているのか覚めているのか、宝積はなかば朦朧とした意識である。真夜中になって吹雪はやんだのか、月明の夜空のかなたに常念岳の円錐形の山容が浮城でも見るように蒼白くうかんでいた……きっと明日は上天気だろうと心に祈りながら眠りこんだようだった。だが、月明下の浮城のような蒼白い常念の光景は、翌朝めざめてみると夢だったのだと――信じざるを得なかった。夜が白らみはじめ目ざめると、いぜん吹雪は容赦なく吹きまくり、かえって前日よりも一層荒々しく天地をゆるがしている。槍沢の雪の谷間全体が底から地鳴りのように唸り声をあげ、小屋の内部の一本一本の丸太の梁がギシギシと軋《きし》んでいた。

「今日もいかンかい？」三谷が呆としたように言った。「まるでアカンわ。夜中に月が出ていたんだけど夢だったかいな」

宝積は怪訝な面持ちで言った。うとうとと一刻眠ったものの、二人の衣服はカチンカチンに凍りついてトタン板のようだ。もはやボタン一つ外すこともできぬくらい氷結して、ことに腰の辺りから下半身は、他人の身体のように感覚がにぶっていた。咽喉の奥が干からびたように痛みはじめている。はっきりと「遭難」という非常事態が二人を重く覆いはじめた。体力の消耗度から判断して、はたしてもう一晩この氷蔵のような小屋に密封されて過ごせるかどうか、いまや気力にも自信はもてなかった。それでも宝積は、なんとか生きようと自分に鞭うって、明るくなると雪洞をさらに奥に向かって掘りすすめてみた。今夜の避難所としていくらかでも暖かい一隅を構築したかったからだ。やがて雪の底からゴザが二枚出てきた。もう体力も弱まっているらしく、スコップをふるっても雪の開鑿は遅々としてはかどらなかった。疲労と空腹のせいか視野の錯覚症状さえあらわれはじめ、周囲の事物がやたらと急激に膨大化されて見える。例えば四つん這いになってやっと入れるくらいの小さな洞の入口が、まるで鉄道のトンネルのように見えたり、スコップの先が半畳の畳ぐらいの大きさに視野にうつるのだ。

3

吹雪の黄昏は足ばやにやってきた。大槍小屋の二晩目である。もはや永久に戸外の吹雪は小屋を包みこんでやまないかのようにさえ思えた。前夜同様雪穴の底でいだき合って蹲《うずくま》っていたが、さすがに寒さのために夜じゅうまんじりともしなかった。昼間がひどく短く感じられたのに、この夜の長さは時がその流れを停めたかのように足ぶみしている。今日たとえ吹雪の中でも脱出すべきではなかったか——と彼は後悔していた。せめて一ノ俣小屋まで下れたら、今ごろはあの冬季小屋階下の樺太式の炊事用の大ストーブの脇で、ぬくぬくと火にあたりながら腹一杯熱い味噌汁でめしをつめこんでいるかも知れないし、あるいは二階の炬燵にもぐりこんで、大槍小屋での苦しかった風雪の一夜について主人の山田利一や丸山千万樹と話しあっているかも知れないと想像した。もはや燃料も費消しつくしたし、食糧もたった一個のブドウパンしか残されていなかった。眠る以外には夜を過ごす術はなくなっている。だが、いまや眠ることすらも困難になって、時折三谷慶三は苦しげに呻き声を闇の中でもらしはじめた。そのたびに宝積は、はじかれたように上半身をおこして、「三谷君、大丈夫、大丈夫？」と揺りおこすのだ。すると「うーん、大丈夫や」と眠たげなうつつの声がかえってくる。宝積はその声にほっとしてまた横になるが、寒さは肺の奥まで凍りつくようで夜明けが待遠しくてならなかった。懐中電燈の電池も切れてしまい、腕時計の文字盤を見ることもできず、彼はただセコンドの微かな鼓動に時の経過をわずかばかり確認しているにすぎないのだ。

　二十二日の朝はのろのろと明けた。雪洞の外は蒼白く明るくなり、吹雪の唸り声も弱まっていた。なんとなく森閑としたような朝であった。

「宝積君、やっと晴れたぞ来てみい！」と叫ぶ三谷の声に、彼は腕時計をのぞくと六時半である。すぐ跳ね起きようとしたが、全身に枷《かせ》でもはめられたように四肢の筋肉が硬直していた。やがて四つん這いになって雪洞から抜け出して戸外を見ると、信じがたいような紺碧の空がまぎれもなく谷間の上にうかんでいる。赤沢をへだてて常念が生クリームを盛りあげたかのような山容を柔和に朝の日ざしに輝かせていた。〈助かった！〉宝積は内心で叫んだ。大槍も前日までの吹雪を全身に浴び、氷柱を削り立てたように身じろぎもしないで突っ立っている。たった一夜での変幻とはいいながら別世界で迎える朝であった。もはや風もおさまり槍沢は雪原のように白一色に塗りこめられてまばゆく輝いている。三谷も天候回復に前日より元気になった。

「えらかったなあ、ほんまに……」彼も安堵の面持ちである。「ほんとならけさは上高地から下ってゆく日だよ。小屋に二日間も閉じこめられるなんてひどいわ」

宝積はすぐに下山の仕度にかかったが、小屋の内部に三尺も厚く雪が積もり、リュックザックもアイゼン、ピッケルなども埋没してしまいスコップで掘りかえさねばならない。なんとか所在をたしかめて掘りおこしたが、三谷のリュックザックだけは、どこへもぐったのかいくら探しても見つからないのだ。やむなく探索をあきらめると、たえがたい空腹に非常用に最後まで残しておいたブドウパン一個を二人で分けて食べた。もうこれで一片のパンも食べつくしたわけだ。三谷のリュックザックはあとで探してもらうことにして、二人は一ノ俣まで下ることにした。

小屋の脇からスキーを抜き出してシールを外した。三谷慶三もスキーを履いている。もう一気にこの新雪の斜面を下ればよいのだ。スキーに自信のある宝積は、空腹も疲れも忘れて明るい表情になった。そのとき突然、三谷はよろめいて訴えるように低い声で、

「身体がふらふらで立てないよ。足がまるで踏めないし、これじゃ到底スキーを履いても下れないから」と言うと、また小屋の中へ戻っていった。

彼は狐につままれたように三谷の行動を見守っていたが、この好天なのだし、なんとか槍沢まで下らせたかった。「ねえ、三谷さん頑張って槍沢まで下りましょう。この雪のつまった小屋ではもう一晩だっても過ごせないから」いくどとなく彼は三谷を鼓舞してみた。しかし、小屋の入口に彼は夢遊病者のようにへたへたと座りこんでいて、黙ったまま力なく顔を左右に振るだけなのだ。

この様子に宝積は、会でも代表的ファイターである三谷慶三のへばりようが信じられなかった。こんどの槍行の発端となった二月の裏六甲のスキーの折に左足をか

るく捻挫したといっていたが、まだ癒《なお》りきっていなかったのだろうかと憶測してみた。そう考えると入山のときも、坂巻温泉の前で転倒したし、一ノ俣の上流の丸木橋でも雪庇をふみはずして川へおちていた。いずれも幸いなことにケガはなかったが、槍沢での登りでもいくどとなくスキーを滑らせている。一ノ俣小屋でもまだ左脚に繃帯をまいているので「まだ痛むの?」と訊くと、「いや、もう大丈夫なんだけどね」曖昧に笑っていた表情がふと鮮かに想い出されてきた。

いくどか二人は押問答をくりかえしていた。だが三谷は蒼黒い生気の乏しい顔をあげて、「ぼくはここに残るから一人で下っていって救援をたのんできてくれないか。スキーでは危くてとてもダメだから……」と訴えるばかりである。宝積もいったいどう処置したらよいのか途方にくれてしまった。もう三日も一ノ俣へ下らないのだから、安否を気づかって救援隊でも登ってきてくれるのではないか——とも空頼みしてみたが、はたしてやってきてくれるかどうかの保証はない。松本高校と八高のパーティが付近の山にいるはずだが、みんなやはり吹雪でどこかの小屋にでも閉じこめられているとすれば、救援隊の来着の期待などおぼつかなかった。

「宝積君、早く下ってくれよ、たのむから……」小屋から三谷の気力の失せた声がした。たしかにこのまま放置しておいては危険であるし、万一のことにもなりかねないと判断した彼は、体力に十分の自信があるわけではなかったが、下らなければ二人とも最悪の状態になるので、自分に鞭打ってスキーを履いた。

「じゃ、救援をたのみに下ってみるから、迎えにくるまでしっかりしていてね」と彼はやむなく言いのこして、七時三十分大槍小屋をあとにした。

槍沢は急斜面のうえ、新雪がたっぷりと積もり、いくどとなくスキーを雪中に突っこんで彼は転倒した。風の方向により、雪質は微妙に変化して彼のスキー技術ではどうにもならない。おまけに疲労と空腹のために四肢のバネがゆるんだようだ。一時間余で大曲りに辿りついた。スキーには雪がはりつき、いくどとなく払いおとしては下った。途中雪を口につめこみ水をのんで空腹にたえた。だが二ノ俣付近では、眩暈《めまい》がしてついに彼は堪えきれずへたへたと雪の上に座りこむと三十分ほど寝込んでしまった。

二ノ俣から一ノ俣まで彼はどのようにして辿りついたか、はっきりとした記憶はない。それでも宝積誠二は午前十一時半に一ノ俣小屋に到着すると、山田利一に大槍小屋での三谷慶三遭難の状況について一部始終を告げたのである。

常念越えで帰った同じ神戸のB・V・Kパーティを前日二十一日に送り出したばかりで、宝積の到着と一日ちがいだった小屋の山田、丸山の両人は即刻救援隊の編成にとりかかろうとしたが、あいにく小屋には一人の登山者もいなかった。やむなく横尾の岩小舎にいる松高パーティや、涸沢へ入山している八高パーティに依頼にでかけた。その結果、八高山岳部の水野遵一、水尾隆彦、金長城の三名が救援を応諾してくれた。だが、朝からの快晴と気温上昇で雪崩の危険が増大しており、なんとしても日没以後でなければ行動は不可能との山田利一の意見である。そこで日暮れの午後六時三十分、丸山と八高生三人が折からの満月を浴びて大槍小屋へ出発した。はたして三谷慶三がひとり無事で頑張りつづけているかどうか宝積は不安でならなかったが、その生命力に期待する以外に致し方ないと、沈鬱な思いで一行を見送ったのである。

その日も夜になってからまたも吹雪きはじめた。たった一日晴れただけで谷間の奥は雪煙にけむり、風は一晩中小屋全体をゆらしてやまなかった。また一晩あの氷雪のつまった小屋で三谷慶三がはたして生きつづけられるかどうか、一層その不吉な思いはつよめられて、彼は輾転反側《てんてんはんそく》まんじりともせずに夜明けを迎えた。

二十三日の朝、宝積は明るくなったら救援隊を槍沢小屋あたりまで迎えにでかけようと心積りしていたが、午前六時をすぎた頃合、小屋の外で「ヤッホー」と叫ぶ声を耳にした。吹雪はやんで、ぼんやりとおぼろの日ざしが東方の山際ににじみはじめている。その声に彼は小屋から飛び出すと「ヤッホー」と夜明けの谷間に向かって応答しながら駆けた。てっきり僚友三谷が還ってきたものと理屈もなく彼は信じこんでいたのも、あとで考えると奇妙だったが、たしかにそのときは四人の救援隊に前後をまもられて下ってきたものとばかり思いこんで迎えに出たのである。谷間に出ると、二ノ俣の上流から人影がぼんやりと灰色の雪渓上を点々と下ってくるのが望見された。一人、二人、三人、四人と数えられたが五人目はついに姿を見せなかった。彼はこめかみの冷たくなる思いで小屋へ駆けこむと、靴を履いて迎えに出ようとした。だが迎えに出るまえに小屋の戸口から薄暗い内部へ救援隊の水野、金の二人が最初に青黒い顔をみせた。胸には電燈を吊るして全身雪にまみれている。その表情は疲労と悲愁《ひしゅう》にぶあつく隈どられて、救援行の山での一夜がどんなに苦しかったかまざまざと想像された。

「本当にお気の毒でした」水野は、顔を俯せたまま宝積の前に立つと、ぽつんと低い声で言った。

「どうもご苦労さまでした」とだけ彼は言うと、呆然として椅子に座りこんだ。

救援隊の一行は、槍沢小屋までは月明下にスキーを滑らせていたが、その頃から天候悪化して槍沢にかかると、まず八高の金長城が疲労のため登高不能となり、水尾をつけて槍沢小屋へ引きかえさせた。あと水野、丸山の二人だけで夜の吹雪のなかを果敢に大槍小屋をめざした。あまりの風雪にいくどか身体を伏せてはまた行動をおこした。

「新雪尺余の吹雪、午後十一時五十分大槍小屋に到着。内部は全部雪をもって埋められ僅かに炊事場内部の戸口上部を破り入ると、人二人が入るに足る空洞あり内部には人影なし、入りてスコップにて処々を掘り探し、先づ靴先を発見した後顔面を発見す、身体は約一尺程の下に埋り既に氷結して明かに空腹にともなう凍死の状態を示し、なんら手を施しえず、直ちに一ノ俣小屋に下り茲《ここ》に御届け申しあげるしだいなり」と豊科警察署長宛の救援行動についての報告書に水野遵一は記していた。

小屋のガイド丸山千万樹は手足に凍傷を受けていたし、前夜の吹雪のすさまじさは、いくどか救援を中止しようとさえ思ったほどだったとの話である。三谷慶三がいつごろ絶命したかについては不明だったが、宝積が下山後、空腹と寒気と睡魔におそわれて、そのまま死の眠りに陥ったとしか考察し得なかった。

二十五日未明早大山岳部、松高山岳部など十二名のパーティを二班に分けて屍体発掘に大槍小屋へ向かった。パーティの中には上高地の主として嘉門次をついだ「常さん」こと内野常次郎もまじっていた。一週間近い荒天もようやくおさまって春らしくのどかな日和になったが、雪は三月下旬とは信じがたいほど槍沢一帯を埋めつくしていた。一行が大槍小屋に到着したのは午前五時で、連絡によると、「屍体は頭を東南に向け斜めに仰臥す、スキー帽、手袋、スキー靴を着く。顔面その他全身氷結せるものの如し。当時の所持品を全て発掘す」とある。七時二十五分に遺体は橇にのせられて、一ノ俣に着いたのは午前十時十五分であった。

遺品のうちに手帳が一冊あったが、一行の遺書らしい文字も記されていない。三谷慶三も、多くの登山者のように山行の折にはつねに記録を明細に書きとめていたのだ。しかし宝積の記憶では、二十一日大槍小屋に入ったとき、「記録だけは書いておこう、万一にも二人ともやられたら、その原因が分からずじまいになってしまうだろうから」と言っていたが、以来手帳をひらく機会はなかったらしく、彼の上着の内ポケットに大切にしまいこまれたままだった。トタン板のように彼の上着はボタンごと凍りついてしまったため、ついに手帳をとり出すことすらもできがたかったのであろう。検屍後発見された手帳には、十八日一ノ俣小屋到着のタイムその他が克明に記されているのみである。

昭和七年三月二十五日夜、上高地の一隅、霞沢岳北方の尾根末端の森林中の緩斜面上に、約二メートルの積雪を掘りさげた一坪ほどの空地がつくられ、遺体は薪に包みこまれた。その上に石油がふりかけられて火が放たれたとき、頭上の霞沢岳の青黒い峰頂からはなれた下弦の月が、異様なまでの蒼みをたたえて重たげに春めいた夜空をのろのろと昇りはじめた。

4

昭和七年三月中旬から下旬にかけて、一ノ俣小屋を中心とした北アルプスの山域には〈死の影〉ともいうべき不吉な目に見えない妖気が停滞していたのかも知れない。三谷慶三の大槍小屋での惨事が結末を告げた頃、常念岳山上で同じ神戸のパーティによるさらに一つの遭難が待ち受けていた。この二つの遭難は厳密にいえば前後したというよりも同時間的に、あるいは擦れちがいで進捗していたとみるべきかもれ知ない。犠牲者は前記の神戸のB・K・V（ベルク・クレッテル・フェラインン）の会員成定喜代治、金光隼人、それに有明村のガイド塚田清治の三人である。

一行は神戸を三谷パーティよりも四日はやく三月十二日の夜行で松本へ向かった。翌朝駅頭で待っていた塚田と合流して一気にベースキャンプの一ノ俣小屋まで登った。そこから槍山頂をめざし翌十四日早朝小屋を発ったのであるが、折から天候は悪化しはじめ、殺生小屋まで登りながら風雪のために行動不能となり、同小屋で回復を待った。しかし好天の見込みもないので、一ノ俣小屋へ退却せざるを得なかった。槍に失敗したので、一日おいてつぎは穂高と、精力的に十七日涸沢を登り奥穂小屋まで到達したが、これまた吹雪と寒気のために山頂を踏むことができなかった。空しく一ノ俣まで戻ってくると、主人の山田利一から「関西徒歩会」の三谷慶三、宝積誠二の二人が十九日早朝槍ヶ岳に向かって出発したという話を聴いた。それもガイドも連れず二人きりだという噂に、成定、金光のパーティが槍の登頂に失敗したという一部始終も、相手はすでに主人から聴いて出発したと察せられて、いささか二人とも憂鬱だった。

槍のみならず奥穂高も、山頂を目前にしながら悪天候のために穂高小屋から下山せねばならなかったのだから、諦めきれなかった。十分に時間的な余裕のある身分ではない神戸駅勤務の身分であってみれば、一週間以上の休暇をとるなどたいへんな苦心だった。それだけにこんどの山行にたいする二人の期待と情熱のエネルギーは厖大なものがあり、歯をくいしばってでも計画を完遂したい思いなのだ。おまけに山田の話によると、三谷パーティは槍のあと、奥穂高もめざしているという。まるで自分たちの春山計画と判で捺したように符合するスケジュールであり、いくらか薄気味わるかった。もはや休暇の日数もなかったが、一年一回の山行であってみれば、この際一つでもアルプスの山頂を踏みたいと思った。そこで地図をとり出して案じるまでもなく常念がもっとも近いし、おまけに帰途そのまま中房温泉へ下ることもできるので、三人は最後の希望をこの山頂に託してみた。

三月二十日午前三時、天候さえ回復したら出発しようと戸外をのぞくと、前夜からの吹雪も凪はだいぶん凪いでいる。しかし雪はいぜん音もなく降りしきって、どうやら行動は困難そうに見えた。きょうも籠城かと舌うちして寝床に戻り、こんどの山行の不運さを愚痴っていると、夜明けとともに天気は好転の兆しを見せはじめてきた。雪も小やみとなりミゾレになっている。谷間の上空にも淡い日ざしが暈《かさ》をかぶってねむたげな顔をのぞかせていた。

「これから常念小屋までなら五、六時間あれば大丈夫やろ、どうや出かけてみんかい」

年かさの成定喜代治が提案した。一日じゅうこの谷底の小屋で雪をながめて無《ぶ》聊《りょう》のままに暮らすよりも、雪にまみれようとも行動した方がよほどましだと考えたからだ。この案に金光も塚田も賛成した。ことに成定、金光にとっては、三谷パーティが槍の登頂に成功して下山してくるのに出会ったら祝福の挨拶をせねばならないし、その成行もなんとも鬱陶しくてならなかった。三谷慶三といえば、関西徒歩会の尖鋭派でR・C・Cの同人でもあり、神戸では著名なアルピニストだ。一晩殺生小屋あたりでねばって、吹雪の垣間をうまく登ってこないとはかぎらないと思った。それにもう休暇も二十一日がギリギリで二十二日にはどうしても二人は出勤せねばならないのだ。上高地を経由して一日がかりで下るのなら、常念越えをしても同じことなのだし、この付近の山地なら同行の塚田が自家の庭先の一部のように知りぬいている。

そこで三人は午前八時に一ノ俣小屋を出た。前夜の新雪は三十センチほども積もって、スキーは新雪にシュープールを捺《お》して二ノ俣へ向かった。三月にしては例年より積雪量はすくなく雪崩の心配はあまりないが、それでも上流にゆくとデブリが春山らしくいくらか吐き出されている。二ノ俣に入り、いくどか左右に沢筋をわたり、山中の登りにかかったのは午前十時、またも雪が降りはじめた。斜面も勾配をつよめ塚田はシールを持参していなかったので輪カンに履きかえたが、三人の歩度ははかどらない。正午に雪の中で昼食をとり、午後二時に峠を越えて、中山を下ったのが午後三時である。この辺りに来ると北面でおまけに森林帯のせいか積雪はふかく、スキーを履いても腰高までもぐるのだから、ワカンの塚田の辛酸は想像以上であった。三人は、この雪の中で二度目の食事をとり、凍りついためしにメタでわかしたお茶をかけて腹にながしこんだ。しかし成定だけは食欲がないといって箸もつけずぼんやりと傍観していた。

　なんとか明るいうちに常念小屋まで辿りつきたかったが、森林帯のラッセルは雪がふかくてはかどらない。そこで雪の浅い尾根筋にコースをかえた。どうやら常念の西尾根らしい。きっと登りつめれば前常念の山頂付近に飛び出すだろうと予測して、迷うことなく登りつめた。積雪がすくなくなるにしたがって、風雪が激しく吹きつのり、しだいに視界もおぼろげになってきた。どうやら山稜とおぼしいガラ場に飛び出したときには、日も沈んで四囲の山々には残照の一片《ひとかけら》さえこびりついていなかった。そこで成定、金光はスキーを脱いでアイゼンに履きかえたが、金光は指先がきかないのかバンドを結びかねている。先頭立って頑張っている塚田も、疲労困憊しているのか黙ったまま石像のように佇んでいた。ふたたび行動をおこして常念山頂の手前の地点まで来たとき、風雪はやみ頭上の密雲がほぐれて突如月光が芝居の書割《かきわり》もどきの美しさで四辺にながれた。俯瞰すると遥かな涯《はて》に松本とおぼしい町の灯がまたたいている。

「ありゃ、きっと松本の町の灯にちがいないずら」塚田が二人に向かって言った。そう言われて眼を凝らすと遠い町の灯が榾火のように見えて、冷えきった身体の中枢に温いものが俄かに流れこんできたかのように安堵の思いになった。

だが、月光の山上も束の間の舞台で、頂上に登りついた頃には、ふたたび激しい吹雪となっていた。ことに突風がひどく三人の足なみは乱れ、金光はいまにも膝を屈しそうな歩調に見える。夏山ならば常念の山頂に立てば、小屋はすぐ足の下に跼《せくぐま》っているかのような距離だ。そこで塚田を先頭に山頂を下り、成定も金光がついてくるのを確認して下り出した。だが間隔がはなれるばかりなので彼は塚田を呼びとめた。金光の懐中電灯が明滅しながらこっちに接近してくるのを見て、また下りかけると、その接近速度はふたたび弱まった。やむなく金光を待つことにした。しかし烈風と雪の三〇〇〇メートルの山稜上には、避難する露岩も樹かげも見あたらなかった。二人は凍りつくような風圧から身を防禦すべく、やむなく腹這いになって地に伏した。「金光の来るまで、眠らんようにして休息しよう、もうすぐ下ってくるだろうから」成定は、腹這いになってから塚田に低い声でつぶやいた。「うん。眠らんようにしよう……もう小屋近いしね」とガイドは疲れきった声で答えたかのようだったが、成定にはその声は朦朧とした意識の底できわめてあいまいにしか聞こえてこなかった。まるで奈落か、ふんわりとした分厚い綿の中に沈みこむような安息感がなんの前触れもなく彼の全身をつつみ、肉体の欲望が彼の意志とは無関係に、ある快楽に向かって否応なしに拉致されていった。それは抵抗しがたい重く甘美な虚脱感である。彼らは泥の中にのめりこんだように三〇〇〇メートルの風雪の山上で眠りこんでしまったのだろう……。

5

成定喜代治、金光隼人、塚田清治の三人が倒れたのは、常念小屋から東南方一五〇メートルの斜面だった。翌二十一日の朝も前日に劣らず吹雪いていた。時間は何時頃なのか明白ではないが、四囲は仄《ほの》明るく、目ざめると同時に風雪で顔全体がゆがむように痛んだ。はじめ成定は一体どこにいるのか痴呆したかのように辺りに視線をはせてみた。アノラックの上には雪がべっとりと厚く積もり、上半身をもたげると、そこが凍りつくような雪原であることをさとった。彼の脳裡では、ここが常念山上であると確認するよりも前に、疲労と飢餓感によって「死」への距離を身近く直覚した。すぐ傍らに塚田がやすらかに眠りこんでいるかのように倒れていた。だが眠っているのではない、すでに絶命していた。それに同僚の金光の姿が見えなかった。だがまさか塚田が死ぬわけはないし、なにかの誤認だと思った。彼はいくどか冷たくなって石のような塚田の肢体にふれてみた。やがてそれが死だとさとらされると彼は恐怖におそわれ、自分もやがて死なねばならないのだと漠然と考えた。

それから遺書じみた手紙を書きのこそうと決意して手帳をとり出して、なにか書こうとしたようであったが、たしかではない。常念小屋まで辿りついた経過も彼の記憶は空白だった。おそらくは夢遊病者のように生への一途の執念で立ったのであろう。小屋に入ると再び眠りこんだ。夕刻になってふと目ざめた。いぜん吹雪は吹きつのっている。なんとか金光、塚田を救い出さなければならないと小屋を出ようとした。そのときは二人のパートナーの死について再び信じがたい気持ちになっていた。一歩野外に立つと風に吹き飛ばされて、衰弱しきった体力では登れなかった。また小屋に戻ると倒れるように眠った。

翌三月二十二日は幾日ぶりかの快晴だった。この日、大槍小屋で死の籠城をつづけていた三谷パーティも解禁されて、宝積誠二のみ一ノ俣へ救援をもとめて下山した、その朝にあたる。一ノ俣小屋の山田利一は、塚田一行は常念を越えてとっくに中房へ下ったものと信じていた。二十日は小屋へ一泊したとしても、二十一日は三人揃って安曇野の山麓に下ったものと疑わなかった。むしろ二十二日、三谷慶三遭難の報があって以来、その救出に没頭して常念を越えて下山した一行の安否についてなど、彼はまるで忘れさっていた。成定、金光の二人がまだ神戸に戻っていないという報らせを山田が受けたのは三谷慶三の遺骨が下山する朝で、神戸から入山してきた関係者の話からはじめて耳にしたのであった。

一方、有明の塚田清治の家では、成定の休暇が二十一日一杯だとわかっていたので、当然その日には下山するものと予期していた。しかしなんの連絡もなく、おまけに二十二日はめくらむような快晴であるのに、山からはなんの音沙汰もない。常念を越えるにしても上高地から下るにしても、一行のスケジュールから勘案するとなんとも奇怪だった。だが、二人を送ってから塚田だけ一人島々の案内人仲間の家にでも寄って飲んででもいるのではないかとも憶測されたが、二十四日になってもなんの連絡もなかった。槍沢では同じ神戸の山岳会パーティが遭難したという新聞記事に接して、さすがに不安の思いにかられたのである。

塚田清治は三十二歳であった。案内というよりは猟師にちかい古風な男で、中山彦一などと有明を代表する著名なガイドである。ピッケルなど持たずにいつも鳶口を手にして、犬の皮を背負って瓢々《ひょうひょう》と歩くといった男で、雪山をこなせる数すくない案内人だ。四季にわたりひっきりなしに客があり、後立山、槍・穂高は一年中歩いている。村では在郷軍人会分会長などをやっていて、人望も篤かった。それだけにすぐ村から従弟の塚田義数、村山実弥の二人が捜索隊として二十五日に上高地に入った。三谷慶三の遭難で上高地は暗い雰囲気につつみこまれているのを横目にして、そのまま一ノ俣小屋まで行った。そこで留守居の丸山千万樹の話で一行についてあらかたの消息が判明した。

二十六日二人は一ノ俣から常念に向かい、午後二時に小屋内に昏倒している成定喜代治を発見した。彼は手足の凍傷と疲労で人事不省といってよく、はじめ発見したときは死体かと見紛うほどだった。しかし胸の鼓動はのろのろと刻んでいたし、懸命に介抱するにしたがってようやく呻き声を発しはじめた。塚田、村山の二人は、成定に食糧をあたえ火をおこし、寸刻も休まず四肢を摩擦した。すでに遭難時から丸五日経過しており、成定の蘇生は奇蹟に近かった。呂律《ろれつ》がまわらず言語はふたしかだったし、その記憶もあいまいだったが、やがて一行の遭難についてあらかた成行が救援の二人に伝えられた。成定の言葉どおり、塚田、金光の二人の屍骸が雪にまみれて山頂付近になかば埋没してあるのが発見されたのは、それから一時間後であった。

彼らは、絶命している二人はともかく、瀕死の成定だけでもなんとか救出したいと相談し、塚田は成定の介抱のために小屋へ残り、村山実弥が伝令役となって一ノ沢を下り有明村に急報したのである(その折、成定の手帳に記した遺書めいたメモがあったと言われているが、ついに公表されなかったようだ。昏迷と錯乱状態において記した内容だったためであろう)。

二十二日には帰神せねばならない成定、金光からはなんの連絡もないうえに、同じ神戸の三谷慶三パーティの遭難がやはりB・K・Vにも不吉な刺戟をあたえた。そこで同会々員の山埜・賀久・諸井の三人が消息をもとめて二十六日神戸を発った。諸井は松本にあって山からの中継連絡にあたり、賀久は上高地に向かったが、その途中で下山してくる三谷慶三の葬列に中ノ湯で出会っている。あと一人の山埜は、塚田の家のある有明村を訪れていた。そのときすでに一行遭難の悲報は村山によって有明村にもたらされ、成定のみ重態だが存命、という報らせを山埜が受けとったのは同村の赤沼千尋の家である。それでも成定が生きているとの報らせに、彼は一刻も早く救援に出かけたかった。すでに村でも常念山上での塚田清治遭難の報せに、中山彦一や高橋益司などの名だたるガイドたちも山から下ってきて、救援の支度にとりかかっていた。それに大和由松も上高地から常念に向かっているというし、二十八日には近藤一雄の指揮する、十人の救援隊がすでに入山しており、おそくとも二十九日午前中には常念小屋に到着の予定になっていた。

6

若い山埜三朗と中山彦一、高橋益司の三人は二十九日午前五時赤沼宅を発った。天候は二十六日からめっきり春めいて気温も上昇気味で、二十七日午後から二十八日にかけて安曇野一帯に雨さえ降らせたほどである。当然山々には雪崩の季節がやってきたわけで、その危険についてはだれもが心に予感していた。一行は、救援第二隊に冷沢小屋で追いつき、昼食をとったあと塚田清治の従兄弟の耳塚貞雄、塚田庫雄の両名を加えて計五人で、第二隊を追いぬいて午後一時に四人をせき立てるようにして一ノ沢を登った。山埜にしてみればB・K・Vの先輩である成定をなんとか一刻も早く自分の手で救出したかったのだろう。彼は雪山の経験には乏しかったが、岩登りにかけてはR・C・Cの若手中でも出色の存在だった。北海道帝大予科三年で、中学時代から日数に制限もなしにアルプスに入山して鍛えており、昭和五年の剱三ノ窓チンネを単独登攀したり、翌年にはR・C・C水野祥太郎パーティの一員として涸沢生活をおくった。その後、錫杖岳に岩場で新ルートを開拓するなど全身全霊をもって山に献身していた。R・C・Cの主脳が将来のヒマラヤ・エキスペディションの最有力なるメンバーと期待している逸材だった。

五人は、かなりの歩速でぐんぐん登った。スキーは三十センチほど雪にもぐっていた。夕暮のすっかり濃くなった午後五時五十分、本沢と乗鞍沢の合流地点に辿りついた。四囲は鬱蒼たる森林帯で、かすかに残照が雪上にただよって夜はすぐ間近である。日のたかいうちは気温もあがっていたが、夕刻になると急速にさがり、手袋をはずして、ピッケルに指先を捺《お》すると吸いつくほど凍《し》みている。冷沢で食事をして以来登りづめに登ってきたので、五人は腹も空ききっていたし、さすがに疲れてもいた。つい合流点という休息地点に惹かれて腹ごしらえをすることになった。気温の低下のために雪崩への危惧感もうすれていた。五人のだれもが、けさこの付近で先発の十人の救援隊が突如雪崩におそわれて、後尾の一人は首まで埋まって発掘されたことなど知る由もない。このために先発隊は、コースを谷筋から森林帯の尾根に変更して登ったのである。

魔法瓶の紅茶を飲み、パンをかじって五人は暗くなってゆく山の上空を仰ぎながら座りこんでいた。スキーを履いた高橋、山埜、中山、ワカンの耳塚と塚田の順序である。なかで中山彦一はなんとなく食欲がなく、砂でも噛むようにパンをかじっていた。それというのも、常念山上に塚田清治の冷たい凍りついた屍体があるのかと考えると沈鬱でならなかった。同じガイド仲間として有明では先輩後輩の差はあっても、二人は岩と雪についてもっとも腕達者だったし、いろいろと山の知識や情報も交換しあう仲だった。ついことしの一月もR・C・Cのメンバーと乗鞍へスキー登山をするというので、十二月末、一足先に乗鞍へ出かけた塚田は、雪や小屋の状況など彼に詳細に教えてくれたものである。十二月二十五日から二十七日まで、師走の山にしてはめったにないような快晴つづきだった。大野川から冷泉小屋に入り、二十六日には山頂に立つことができた。そのパーティはやはりR・C・Cの三谷慶三、柳健三の三人である。そのとき積雪期の槍・穂高の状況について三谷から執拗なまでに質問されたものだったが、その三谷慶三も塚田清治と前後するように大槍小屋で凍死したのだと想起すると、乗鞍をめぐる因縁の目に見えない不吉な絆を信じないわけにはゆかなかった。パンをかじっていたら、いくらかでも食欲が湧くのではないかと考えたがなんの効能もなかった。中山彦一はこの数日の心労に疲れきっていたのだ。

五人座りこんで食事をとり五分もした頃、突然、黙りこんでいた中山が「きたッ！」と恐怖にゆがんだ叫び声をあげた。すぐ隣りに座っていた耳塚は反射的に腰をうかし視線を本谷にうつすと、一瞬その奥から見る見るふくれあがって襲いかかってくる雪の津浪が、彼の視野を白くいっぱいに満たした。高さは六十メートルにもおよぶ雪崩であった。それほど巨大な襲来であるにもかかわらず、彼の耳にはなんの轟音すらひびいてこないのが不思議な現象で、耳にしたのはまるで子供の遊ぶ線香花火のようなパチパチという樹の折れるような乾いた音だけだった。だがそれもほんの一瞬で、全身がふんわりと虚空にうかび、風の渦巻のように四、五回くるくるとふり回されて電気按摩にでもかかったような顫動《せんどう》を受けた。やがて停止状態にもどると肢体はしめつけられるようになり、彼の視野の左上方がぼんやりと明るくなった。

耳塚はいくどか雪崩の中でもまれたのちに顔半分だけ雪面に出ていたので、すぐ這い出した。塚田も左手首が雪の上に飛び出していたので、全身でもがくと上半身で這い出した。幸運にも埋没が浅かったのだ。二人とも雪まみれになって、雪上に立つと他の三人の名前を呼んだ。すでに谷間はとっぷりと日が昏れていたが、幅四十メートルにわたるデブリは谷間の端から端までいっぱいにひろがって、その末端は乗越沢出合より約五〇〇メートル下流にまでおよんだ。だが、そんな観察をしている余裕もなく、二人は夜の谷間を救援第二隊のいる冷沢小屋まで急を告げに駆けくだった。

有明村に救援隊の山埜、中山、高橋の雪崩遭難の報がとどいたのは同日午後十時に近い。直ちに案内人組合ならびに同村の消防隊に非常呼集がかけられ、五人を一班として逐次出発させ、現場には翌三十日到着した。捜索隊は全員四十四名で、有明村の男手は大方参加している。吹雪の中、雪崩見張り役を乗越沢と本沢の境界尾根に立たせ、また下流の常念沢にもおいた。残りを四隊に分けて一列横隊で二メートルおきに約一メートルの塹壕を掘って進んだ。だいたい谷筋の右岸寄りを目標とした地域、それに本沢と乗越沢合流点の下流の棚の下部を掘りかえしてみた。この結果、午前九時高橋益司が、中山彦一と山埜三郎は午前十一時四十分、無惨にも屍体となって発見された。三人ともスキーをつけていたのに、いずれも離脱しており、遭難地点より約二五〇メートルから三五〇メートル下流まで押し流されていた。

この雪崩について四月一日、R・C・C同人の水野祥太郎一行が現場を検分した。その報告によると乾燥新雪の第一次表層雪崩と呼ぶべきもので、数日前山麓に雨を降らした気候がこの辺りでは雪となって降り積もり、その原因をつくりあげたと推理された。

塚田清治のみならず中山彦一、高橋益司の三人のガイドを失なった有明村は、四月の春めいた日ざしの下に閑寂《かんじゃく》としていた。中山、高橋の葬儀は、同村案内人組合の合同葬として二日にいとなまれ、二つの柩の列は常念山脈の見える田圃道をのろのろと村人に前後を守られ、丘陵の斜面にある墓地に向かって歩みをすすめていた。

本邦登山史上で最初の二重遭難で、四月二十六日夕刻より神戸組合教会において、「故三谷慶三君、金光隼人君、山埜三郎君遭難追悼報告会」が関西徒歩会、神戸アノヤマ会、神戸B・K・V、R・C・Cの四会合同によって主催された。参列者二百名におよび、会場において中原繁之助の動議によって常念遭難三案内人のために弔慰金を集められた。その総額百九十五円が追悼会の名前によって有明村案内組合宛に送金されたことを付記しよう。

大いなる墓標

昭和十年の大晦日、槍見温泉に泊まった登山者たち

「日本のウインクラー」加藤文太郎のパートナーとなった関西徒歩会の単独行者吉田登美久の果敢な短い山行

翌十一年一月三日、加藤、吉田のパーティ北鎌尾根へ出発して再び還らず

残る二名、風雪の山小屋で死の三昼夜を脱出して急を報告、捜索も空しく露営の跡のみを発見

春の天上沢で松高パーティによって発見された二遺体

1

槍見温泉は岐阜県吉城郡上宝村蒲田にある。飛騨路の奥、蒲田川の上流の鄙《ひな》びた山の湯で、登山者が利用するほかは忘れられたような温泉宿であった。昭和十年の大晦日、それでも正月の槍ヶ岳登山を志すパーティが三組この宿に泊まっていた。ドイツ人の女性一人を混えた四人、日本登高会二人、あと関西徒歩会の四人である。宿の二階、北の窓からはその名の示すように蒲田川をへだてて槍の山頂が遥かに望見された。いくらか穂先を右に傾け、なにか考えこむような淑《しと》やかな山容に見える。右手には焼岳がぼんやり煙を吐いており、その二つの山頂をむすびつけて西穂から奥穂、北穂につづく氷雪に縁どられた山稜が、谷間の夕空をちいさく寒々と北の一隅に押しやっていた。

四人の関西徒歩会のパーティのうち大久保清任、浜杢一の二人は、三十日夜、三ノ宮駅から高山線経由で飛騨古川に下車、バスで雪の蒲原峠を越えて船津へ出た。しかし予定していた栃尾行のバスが積雪のために運休しており、やむなくハイヤーへ乗らざるを得なかった。栃尾着が午後三時半で、すでに日はかなり西空にかたむいていた。それからまだらに雪の積もる道を槍見温泉まで歩いたが、十二月にしては積雪量はすくなめに思えた。二人が槍見に着いて一時間ばかりすると、宿の門口に「今晩は！」という人声がした。その声に聴きおぼえがあるので玄関先へおりてみると、吉田登美久、加藤文太郎の二人が背にはみ出すようなリュックザックを肩にしてうっそりと突っ立っていた。十二月二十七日の最後の打ち合せ会では、吉田は二十八日に発ち、飛騨高山から平湯峠を越えて槍見から室堂（槍平）へ来ることになっていたし、加藤文太郎は二十九日に出発し、信州側の大野川から乗鞍へ登り、平湯を経由して槍平へ向かう予定になっていた。いずれにせよ元旦前後に槍平小屋でおちあう約束になっていたのだ。ところが吉田が計画をかえて信州側から乗鞍へ登り、肩の小屋に一日滞在して加藤の登ってくるのを待ち、いっしょにここまで来たのである。

一行の計画は、槍平を根拠地として雪の槍・穂高の登攀をしようという吉田登美久リーダーによる関西徒歩会の一月の例会山行で、加藤文太郎は同会々員でないが特別参加という恰好で同行した。もともと関西の低山歩きや夏のアルプス縦走、スキー行などが計画として大部分を占めている同会であるし、厳冬一月の槍ヶ岳は参加者もすくないことは、はじめから分っていた。大久保、浜にしても同行者が加藤文太郎であり、正月の槍山頂を踏めたらというだけの目的で参加したので、山行の中心は、槍ヶ岳肩の小屋を根拠地として冬期未登攀の北鎌尾根に挑むという企図の加藤、吉田の二人が中心だった。

すでに積雪期北鎌尾根登攀は前年の春から計画されており、四月一日上高地に入山したとき、二人の目標はまず前穂北尾根を登り、ついで北鎌尾根に照準をさだめていた。しかし北尾根は完登に成功したものの、三峰で風雪中のビバークを余儀なくされたあげくに吉田が四肢を凍傷にやられて、北鎌は断念せざるを得なくなった。それだけにこんどの槍行は、前年三月からの計画の延長であって、北鎌尾根一本にしぼっていた。それにしても加藤文太郎のこれまでの山行において、山仲間といえる存在は一人としていなかった。単独行の実践者であることを誇りとしてきただけに、前年春の穂高行以来、吉田登美久というパートナーを得たことは、彼の登山にとって革命的な変貌といえるわけだ。

「日本のウインクラー」といわれ、単独行者として、その名前が喧伝されたのは、昭和二年二月、厳冬の槍ヶ岳単独登頂によるものである。厳冬期の槍登頂といえば、大正十三年一月に早稲田大学山岳部舟田三郎、小笠原勇八などのパーティによって、凍りついた槍の穂先にガイド・レス（案内者なし）登攀の凱歌をあげて幾年にもならない冬である。二月十一日彼は常念乗越から二ノ俣へ出る予定のところ、吹雪のために一八〇〇メートル付近で拒まれてコースを変更し、島々から沢渡を経由してようやく上高地入りをはたした。十四日午前四時に出発して一ノ俣に十一時、大槍小屋近くまで偵察して再び一ノ俣小屋に戻った。翌十五日、曇り空の下をスキーを履いてかなりのラッセルを強いられながらも順調に槍沢小屋まで登った。大槍小屋から一気にアイゼンで夏道づたいに南向の岩尾根を登り山頂に到達したが、意外なほど雪はすくない。祠も三角点も露出して、風あたりも稜線上なのに槍沢よりはよほど弱まっている。厳冬の槍山頂を単独で登頂した彼は、午後三時十五分に下山。一ノ俣小屋に六時、小休憩ののちさらに同日夜中近くには一気に上高地へ辿りついていた。

この山行は加藤文太郎の迎えた最初の冬山シーズンで、その収穫はまさに幸運な登頂だった。二月の比較的好天の一日が彼に恩寵をあたえてくれたのである。しかしいかなる条件にもかかわらず、単独行による二月の槍登頂は登山史に残る壮挙であって、その名前は関西登山界のみならず広く岳界に知られるところとなった。単独行（アライン・ゲンガー）こそスキー登山、ロッククライミング、さらにガイド・レス登山を超えた、アルピニズムにおけるもっとも異端であると同時に尖鋭な方法といわれていただけに、彼の壮挙は驚異の的だったわけだ。ことに槇有恒らと共にヨーロッパ・アルピニズムの本邦における有力な指導者の一人とみられる藤木九三によって、加藤文太郎頌《しょう》ともいえる一文「単独登攀考想」が記された。

「日本の登山界に〈ウインクラー出でよ〉という声は久しい以前からくり返されていた。そして理論と研究の上では既に余すところなく論じつくされた感があり、時代の推移はただ顕著な実行を期待したのであった。こうした経過をたどって高調し、飽和した雰囲気の中で、とつぜん今度のような厳冬の槍ヶ岳の単独登攀という業績が加藤君によってなしとげられた。（中略）それは正しく日本アルピニズムに新時代的な顕著な偉業であることはいうまでもない」といった最大級の感動的修辞によって綴られていた。

日本アルプスの峰頂に彼が単独行第一歩を印したのは、大正十年八月で、はじめてアルプスの洗礼を受ける多くの登山者のように白馬岳へ登った。そして翌年七月には自信を得て、二十五日中房温泉から燕岳へ登り、大天井、西岳、槍を極めた。だがそこから槍沢を上高地へ下らずに、さらに穂高連峰を山稜づたいに北穂、奥穂、前穂と縦走した。それでも物足りぬかのように乗鞍、木曽御岳、木曽駒の三山を踏破して八月三日まで山で過ごした。この脚力はすでに月並の登山者の日程ではなく、桁外れた記録であった。すでに故郷の兵庫県浜坂にいた頃から、日本海に臨んだ背後の丘陵歩きが好きであって、自然の中を独りで歩くことは彼にとっては至上の愉楽となっていた。

郷里の高等小学校を卒業すると、大正九年神戸の三菱造船所の技術研修生として入所したが、翌十年には遠山豊三郎の主宰する同所内の山岳会、〝デティル会〟に入会して、ようやく彼は自己の好みに適応したスポーツを山歩きに見つけ出した。これといった友人もなく、ピンポン以外遊びも知らなかった彼は、以後憑かれたごとく神戸近郊の六甲の山々をひたすら登りまくった。山ばかりではなく国道、県道を休日ごとにリレー式歩きづめて計四百里にも達した。たった独りで黙々として歩くという単純な行為に、彼はかぎりない愉しみと興奮をおぼえた。なぜであるのか分からないが、歩くことによって肉体的なエクスタシーすら感じた。四肢の筋肉の快い疲労と、ただ一人歩きつづける身じろぎもしない意志力が彼を陶酔させたのだ。ことにそれが雄大な日本アルプス三〇〇〇メートルの山稜となると、山のつづくかぎりどこまでも涯の涯まで歩きたい熱っぽい衝動にかられてくる。それだから前年の夏、足ならしに白馬岳へ連華温泉から登り大町へ下ったときは、ひどく呆気《あっけ》なかった。その帰途富士山にも吉田から登り御殿場口に下ったが、一つ山頂しか踏まないで下山するのは、彼にとってなんとも物足りないのだ。それだけに大正十五年夏の十一日間の縦走は、登り、歩いたという満足感をおぼえる最初の山行であった。

だが、下山してみると、それでも山への思いは十分に満ちたりたとはいえなかったのであろう。翌八月にはさらに立山、劔に四日間。仙丈、甲斐駒、八ヶ岳、浅間山と五日間の単独行をつづけた。彼の山行記録をここに逐一にわたって列記することは省略するが、積雪期の山行は昭和二、三年にわたり南アルプス、北アルプスの主要山脈にくりひろげられ、ことに赤石岳から北岳までの八日間、烏帽子から三俣蓮華、薬師岳を経由して針ノ木、唐松までの八日間の単独行など、加藤文太郎の異能ともいうべき脚力によってしか縦走しがたい記録であった。

はじめて彼が冬山をめざしたのは昭和四年一月の八ヶ岳だった。三年前の夏に来たとき、八ヶ岳がアルプスに劣らぬ山格をもち、それに小屋も多く設備も十分なので冬山訓練もかねて独り入山してみた。大晦日の夕刻、夏沢温泉に到着し、翌元旦夏沢峠まで登ってみたが、吹雪のために戻った。すでに彼はこの幾年にもわたる単独行に、山行を共にするパートナーもなく、また彼を山行へ誘う仲間もいなかった。会の中にあっても、つねに黒い露岩のように加藤文太郎は孤絶していた。

厳冬一月の八ヶ岳の荒涼としている気配に、彼は蒲団にもぐりこむといつもの日記帳をとり出して、ゆっくりと次のように書いた。

「今日は元旦だ、町の人々は僕の最も好きな餅も腹一パイ食い、いやになるほど正月気分を味っていることだろう。僕もそんな気分が味いたい、故郷にも帰ってみたい、何一つ語らなくとも楽しい気分に浸れる山の先輩と一緒に歩いてみたい。去年の関の合宿がよかったことだって忘れられない。それだのに、それだのに、なぜ僕は、ただ一人で呼吸が蒲団に凍るような寒さを忍び、凍った蒲鉾ばかり食って、歌も唱う気もしないほど淋しい生活を自ら求めるのだろう――」(『単独行』より)

この感傷とも愚痴ともつかない文章を綴りながら、彼は己れの山での孤独な運命にたいして怨嗟《えんさ》とも諦念ともつかない得体知れない憂鬱さにかられるのだった。一月三日赤岳を登り下山すると、その足で五日には冷泉小屋から乗鞍の山頂をスキーで踏んだ。二月の槍ヶ岳に成功したのは、その翌月で冬山としては八ヶ岳、乗鞍につぐ三番目の雪の山頂であった。

2

昭和十一年の元旦、宿では朝食に心祝いの雑煮をつくり早朝から用意してくれた。三組のパーティは夜が明けるとドイツ人組を先頭に、つづいて日本登高会、そして一番おくれて加藤文太郎一行が七時五十分に、槍見の雪になかば埋もれた小屋をあとにした。雪はすくなく、まるで十一月の新雪頃の山麓で、スキーを肩にかついで歩いた。それでも右股に入りモミの森林地帯に来ると雪はいくらか地表に厚味をまし、柳谷を越え、滝谷出谷を過ぎて四人はスキーを履いた。いつか先発の二パーティを追い越して、午後二時には槍平の小屋へ辿りついた。二番目に到着したのはドイツ人のパーティで二十分ほどおくれた。大久保はいくらか胃の具合がわるく、青白い顔をしていて食事も碌《ろく》にとらなかった。それでも槍平小屋に辿りついたので今晩はゆっくりできるとほっとしていると、「今から時間もあるし一気に肩の小屋までゆこう」と吉田登美久が言った。槍平生活——というのであるし、ここをベースキャンプにして槍へ登ると予期していただけに、大久保たちは呆気にとられていた。腹は痛むし、彼らはなんとかこのまま小屋に残留しようかと考えていた。小屋番たちも、これから肩の小屋までは無理だからと引き留めた。だが二人ともそんな意見など馬耳東風で出発の準備にとりかかっていた。荷物の大部分を小屋に預けて、二日分ぐらいの食糧をザックに詰めこんで肩に向かったのは午後三時だった。吉田はともかく、浜と大久保の二人は、加藤の否応をいわせない迫力に圧倒され、捲きこまれた恰好である。「北鎌をやろうとしてきた者が、これから肩ぐらいまでなんだー」そんな加藤文太郎の意気込みなのだ。ことに大久保は胃は痛むし、なんとか今夜一晩だけでも槍平小屋で一泊休養したかったのだが、ついに言いだしそびれて不承不承ながら一行のあとに従った。単独行の名登山家といわれる加藤文太郎の、狷《けん》介《かい》孤高な一面をゆくりなくも見せつけられた思いであった。

八ヶ岳夏沢小屋での独白的心境で明白なように、加藤文太郎は、自分ではひどく気の弱い、他人の顔色ばかり気づかっている交際下手の人間なのだと信じこんでいた。が、周囲の眼はそのような彼の真姿をまるで理解してくれない苛だたしさにもしだいに馴れていって、ことに二月の槍に成功したあと、大先輩の藤木九三が彼について記した一文（『単独登攀考想』）は面映ゆいほどの讃辞であり、過褒《かほう》ともいえる評言の数々であった。その一文を目にしたとき、全身の血管が熱く膨れあがるような感激にひたると同時に、「単独行者」としての自負心が脱《まぬが》れがたい鉄枷《かせ》となって一層つよく自分をしめつけるのである。以後、その緊張と自己韜晦《とうかい》的不安がつねに彼のひとりぼっちの背後に分厚い影となってつきまとっていた。

槍登頂後に、彼は関西において最も精鋭のクライマーよりなるグループであるR・C・Cへ入会した。かねてから同会の幹部で、神戸好日山荘の主人である島田真之介から推輓《すいばん》を受けていたのだが、岩登りが不得手という理由で辞退していたのだ。しかし、藤木九三、西岡一雄、新井久之助、伊藤愿、辻谷幾蔵、榎谷徹蔵、中原繁之助、水野祥太郎、田中伸三、津田周二、海野治良など本邦における著名な岳人、関西の各一流山岳会の有力メンバー、学校山岳部のリーダークラスの錚々《そうそう》たる精鋭を傘下にしたR・C・Cへの入会は、彼の孤独な環境にあってこのうえもない魅惑であり、かねてからの憧憬であった。四月十九日、彼は入会後はじめて神戸三宮のカフェーパウリスタで催されたR・C・Cの会員総会に出席した。出席したばかりでなく、その総会は槍ヶ岳の厳冬期単独行を中心とした彼の山行についての報告会の観があった。聴講者の中には西岡一雄、藤木九三、加納一郎、中村勝郎、島田真之介、津田周二、水野祥太郎、辻谷幾蔵、伊藤愿、海野治良などといった人びとが顔を揃えて、彼の積雪期における行動の詳細に熱心に耳をかたむけてくれた。造船所の一製図工にすぎない加藤文太郎にとって、五十人以上の、それも関西登山界の粒よりのアルピニストを一堂にしてしゃべるのだから、その緊張と狼狽《ろうばい》ははためにも哀れなほどだった。ことに日頃から口下手で寡黙な性格だけに、頭にうかんでくる十分の一の感想も伝えることはできなかった。

二月槍ヶ岳以後、三月には立山へ登っているし、三月末から四月三日まで奥穂高へ出かけている。このR・C・C総会のとき、彼は八ヶ岳より奥穂高までの積雪期の単独行について主として講述したのであるのが、奥穂高行だけ厳密には単独行ではなかった。四月一日一ノ俣小屋から涸沢を経由して涸沢岳へ登り、横尾の岩小舎まで戻ると、岩小舎には八高山岳部OBで東大山の会の桑田英次が滞在していた。

ちょうど桑田は一人で翌日奥穂へ登るというので、彼は同行を求めた。桑田英次は学生登山界でも第一流のクライマーだけに、奥穂の岩場ではステップを刻んでもらい、引き揚げるように氷雪の山頂に立たしてもらったのだ。その間における絶妙なバランスやザイルワークなど、加藤文太郎の眼には瞠目すべきテクニックだった。その一挙手一投足を見ると、これまでの彼の山は脚力と体力にまかせてひたすら登り歩きまくる風な、きわめて素朴で単純な動物的行動のようにさえ思えてくるのだ。研ぎすまされた氷壁にアイゼンのツァッケをかけ、ピッケルを打ち振って攀じるパートナーののびやかな姿態には、アルピニズムの光芒が蒼白く放射されているかのようだった。

あの藤木九三の一文中で、彼について「日本のウインクラー」と称揚してくれたが、はじめそのウインクラーなる名前の人物についても彼はまるで知らなかった。ゲォルグ・ウインクラーこそは、西欧アルプスの生んだもっとも天才的単独クライマーとしてドロミテの峰頂などに数知れぬ初登攀記録をのこし、一八八八年十九歳にしてワイスホルンの雪崩と共に忽焉《こつえん》と逝《い》った——知ったのは、その後だった。ことに前年の昭和三年三月、前穂北尾根で遭難した慶応大学OB大島亮吉の生前執筆した「ウインクラー伝」によって、その詳細を知り得たのである。同文中の「ウインクラーがいかに岩壁登攀において天禀《てんぴん》の才を有していたかは、彼の登山経歴を一覧しても大略想像することが出来るが、それについて二、三彼のこの方面について他の登山者の言った記述を引証して見ると、彼の一八八七年の夏にドロミテの雄峰の数々を共に登攀した、有名なるクレッテラーのロベルト・ハンス・シュミットさえ、彼についての真実を吐露して『私はもうこれ以上ウインクラーといっしょには行かない。――彼は私にとって余り大胆すぎるから――』と言っていた」などとの文章に接してみると「日本のウインクラー」なる譬喩《ひゆ》に内心忸怩《じくじ》たる思いにかられるのであった。それだけに桑田英次の眼前に示された勇姿を身近にして、羨望と嫉妬の情にさえ、かられたとしても不思議ではなかった。

岩登りは不得手だから――彼自身で諦念をいだきながらもR・C・Cの仲間たちに交友をもつようになると、馬力にまかせて尾根道づたいにやたら縦走し登りまくる自分の不器用さが、腹立たしくさえなってくるのだ。登山風潮は昭和二、三年あたりを境目としてスキー登山から積雪期登攀へと転移しつつあり、積雪期の山頂から氷雪の壁へと、アルピニストの野心と栄光への情熱は変貌しはじめていた。昭和五年暮から正月にかけて、それまでいくどとなく山頂を虎視《こし》しながらいまだに成功していない剱をめざした。彼にとって北アルプス中の名山において積雪期の未登頂の唯一の山といってよく、それだけに石に噛《かじ》りついてでも目的をとげたかった。十二月二十九日弘法小屋まで登ると、窪田他吉郎、田部正太郎、土屋正直、松平日出男一行四名が二人の人夫を伴って先着しており、それから前後するように剱沢小屋まで行を共にした。一行も剱岳登頂が目的なので、彼にしてみればできることなら一行の一員に参加させてもらい、宿題をはたしたい思いだった。剱の岩と氷の峻険は彼のアイゼン技術では、いかにタフネスを誇ってみたところでひどく困難に思えたからである。それだけに彼は一行にたとえ阿諛《あゆ》追従してでもパーティの一人に加えてもらえまいかと不愛想な接近を試みてみたが、その結果に得たものは冷酷な拒絶だった。

彼は一月三日に剱沢小屋で、「今夜ここへ泊めてくださいませんか？」一行のリーダー格とおぼしい窪田他吉郎に言った。すると「泊めてもよいけれど、万一にも天候が悪化したら一人では下山できがたくなるから」と婉曲に拒まれた。それで彼は踏みこむように、「本当にあつかましいのですが、皆さんのパーティの一員にさせていただけませんか?」とさらに懇願したのだ。この加藤文太郎の乞いにも、「あなたは一人だから、パーティというものがわからないのかも知れません。でもパーティの中に一人でも知らない人が混じると、とっても不愉快なんです。遭難の原因にもなりかねませんし、お断りします。それにしてもこの小屋に泊まりたいと思われるのならば、案内人を連れてきたまえ。案内者を連れない人は大体小屋は使えないのですし、案内人を雇うお金がおしいのなら山に登らないほうがいいでしょう」と、まるで取りすがる術もない硬い言葉であった。同行のガイドの佐伯福松や兵次は、なにくれとなく彼のためにかばってくれたが、さすがに彼は言葉もなかった。これまでに山を愛し、情熱を捧げつくしながら、同じ山好きの一行になんら理解されない悲しみに胸がしめつけられる思いだった。一行の彼に対する態度は侮蔑《ぶべつ》と哀憐《あいれん》のいりまじった心情をもって、同行依頼を謝絶したかのようだ。たしかに彼らの側からみれば、この稀代の単独行者は登山の奇道とエゴ的な功名心の権化に映ったのかも知れない。理解されない違和の孤絶感は、単独行の彼の山歴中においてももっとも忘れがたい数日であったはずだ。六人の一行は彼の下山後、剱沢小屋においての雪崩により全員死亡した。あたかも加藤文太郎の一行からの離脱を待ち構えていたかのような惨事で、彼の生還は奇蹟的な幸運といわれ、さらに不死鳥のように喧伝された。

昭和五年頃から、彼の山行は新雪の十一月から春山の期間に限られるようになった。一日の休暇も惜しいからで、蓄えた日数は一斉に積雪期の山行に費消して悔いなかった。昭和六年一月、猪谷から薬師岳へ登り、三俣蓮華、鷲羽岳、烏帽子岳への十日間にわたる単独縦走は、加藤文太郎の山行中においても白眉のもので、前人未踏の記録であった。厳冬の一月、越中の胸までもぐる深雪にめげず、黒部川源流の山々をただ一人踏破したもので、空前にして絶後と記しても過言ではあるまい。

3

四人のめざす肩の小屋は標高三〇〇〇メートル前後の地点にあり、一九〇〇メートルの槍平小屋からは約一〇〇〇メートルの急登であった。右股の谷間をぬけて、夏はお花畑となるカール状の広大な圏谷地帯に入ると、にわかに勾配をます。四時を過ぎれば夕暮になる日脚の短い厳冬期であるし、その頃にはとっぷりと日も昏れ、各自電灯を腰にさげて吉田登美久を先頭に黙々と登っていた。だが加藤、吉田のあとを追う浜、大久保の二人の脚はしだいに重く遅れがちである。夜が更けるにしたがい寒気と風はつのり、みるみる彼らの体力は喪失して疲労困憊していた。そこで吉田が一行より一足先へ肩の小屋を捜しにでかけ、加藤文太郎が二人を庇護《ひご》しつつ登ることになった。浜も大久保も、午後三時槍平から肩の小屋まで当然のごとく出発したことの無謀さについて、加藤や吉田を批難する気にはなれなかった。土台、自分たちに体力が不足しているのであり、このようなパーティに前後の見境もなしに参加したことの当然の報復として、とやかくはいえない成行のように思えた。浜李一にしても関西徒歩会では中堅的若手メンバーで、一月の乗鞍、五月の烏帽子縦走など雪のアルプスの経験者であるし、大久保清任にしても昭和十一年三月には吉田と白馬、唐松、五龍スキー登山を試みている。それほど足手まといになる程の初心者ではないはずなのだが、なぜかこんどの場合ひどく他愛なかった。

加藤文太郎は、気息奄奄《えんえん》としている二人にレモンをとり出してかじらせたり、なにくれとなく励ましの言葉を投げ与えてくれた。「もう一息で飛騨乗越だからね……アイゼンになれば、ずうっと足が軽くなるよ」と言って乗越下のガレ場をスキーデポとしてスキーを脱いだ。だが期待したようにアイゼンとなっても硬直した脚の筋肉は凍りついて、少しもかろやかにはならない。登れば登るほど風はつよまり、呼吸するごとに肺も心臓も寒さのために亀裂するのではないかとさえ思えた。肺の内部が凍りついてトタン板のようにバタバタと風に叩かれている態《てい》なのだ。二人は交替でいくどとなく雪の斜面で膝を折った。もう一歩も登れないというように、顔だけが闇の中で意味もなく揺れうごいている。全身の関節や筋肉の一本一本からキナ臭いにおいが立ち昇ってくるような疲れであった。二人の身近には加藤文太郎が、まるでロボットか別拵《こしら》えの人間のように、雪の斜面に身じろぎもせずに立ちはだかっている。時折、「さあ元気を出そう」とか「どうや、もう一息で小屋が見えるやろう」などと短い言葉を二人の頭上に武骨に投げかけては、彼自身ゆっくりゆっくりと攀じていった。

飛騨乗越に這いあがり信州側の夜目にも白い槍沢を俯瞰して、アルプス山稜上の一角に立ったことを確認して、二人は刻苦から解放された思いにひたった。尾根筋を左に飛騨側に進むと、夜の前方に大槍の岩峰が大入道のように黙々とふくれあがっていた。同時に肩の小屋の屋根の一角が雪面に見えて、内部から吉田登美久が手を振りながら飛び出してきた。小屋の出入口は槍側に面した二階の窓で、そのために二階の部屋は天井も柱も氷雪に覆われて、戸外も同然の寒さであった。それでも階下は風もあまり吹きこんでいず、比較的に暖かかった。浜、大久保の二人は、階下へかけおりるとウインドヤッケも帽子も手袋も脱がずに雪まみれのまま崩れるように倒れこんだ。欲も得もない疲れようで、蒲団にくるまると泥沼の底にもぐりこんだように一刻熟睡した。

翌一月二日の朝は、地軸をゆるがすような猛吹雪で明けた。さすが加藤、吉田の両人も二階の羽目板にまで唸り声をあげている風雪に行動休止となった。それでも前夜来彼らは木屑をあつめて火をおこしたり、食事をつくってくれたり豆々しく働いて一刻も休もうとはしなかった。けさも二つのコッヘルに粥をつくってくれたが、日本有数の名登山家にこれまで気をくばられると息がつまりそうだった。これまでも加藤文太郎についての噂は、浜もいくどとなく耳にしている。一部の大学山岳部からは「ラッセル泥棒」とも非難されているというし、剱沢小屋の窪田、田部一行遭難の直前の経緯なども誤解されがちで、だれにも単独行の勇者の真姿はなかなかつかみがたかった。だが、この肩の小屋での彼の物腰などから察すると、浜も吉田の言うように加藤文太郎の人間性の篤実さについて、やはり同感せずにはいられなかった。

吉田登美久は、浜と同期で昭和七年に関西徒歩会に入会した。国鉄鷹取工場に勤務しており、これといった山仲間もいなかった。時折神戸の登山用具店好日山荘へ出かけていっては山の雰囲気にひたっていた。同店は旧R・C・C主脳の一人島田真之介が経営しており、いつもB・K・Vなどの若い岳人が屯《たむろ》していた。彼がはじめて加藤文太郎についての評判を聴いたのもこの店だった。彼が徒歩会に入会したのは、同会々員三谷慶三の大槍小屋遭難直後だった。その年の三月には、他にもB・K・Vの常念岳における二重遭難などあって、神戸の登山界には多難の厄年であった。入会した七月、彼は白馬岳へ登り、翌八月には中房温泉から燕、槍、穂高と縦走した。翌八年一月、槍の単独登頂をめざして一ノ俣小屋へ入ったが、連日の吹雪のために四日間滞在したが一日も行動できず下山せねばならなかった。同年三月の白馬、五竜、四月の木曽御岳とパートナーと共に入山したが、山行の基調は単独行で、その後の山行も伯耆大山、富士、八ヶ岳など加藤文太郎ほどの頻度ではないにしても、その実績をとおしての傾倒ぶりは関西徒歩会において瞠目すべき存在だった。同会では三谷慶三を継ぐべき逸材と見られていたし、彼自身は加藤文太郎への思慕と憧憬から、その足跡をもとめてたゆみなく単独行に励んでいた。

彼が加藤文太郎と山行を共にしたのは、昭和九年三月の前穂北尾根が最初だった。そのきっかけは、一月に伊吹山へスキーに出かけた折に偶然いっしょになり、誘いを受けたためである。この頃、R・C・Cはすでに同会としての大正十三年以来の使命も完了したとの声もつよく、解散寸前にあったたし、加藤自身も結婚するなど身辺多忙となりつつあった。だが、山への思慕はすてがたく、ヒマラヤ行の資金をひそかに貯金していた。さらにはピークハンターとしての登山から、クライマーとしての登攀への意欲と宿題は、前穂北尾根、槍ヶ岳北鎌尾根、さらに槍・穂高縦走といった山行に結晶されようとしたのである。加藤文太郎も、かねてから吉田登美久という若い単独行者がいることに一方ならぬ関心をいだいたし、いくどか神戸の好日山荘でも顔をあわせていた。だからこそ伊吹山で彼は吉田に春の山行を誘ったのである。まさに単独行の師弟というにふさわしいパーティであった。

肩の小屋に閉じこめられた四人は蒲団にくるまって、やむなく山の話をしたり唄をうたったりして退屈を凌いでいた。ところが昼過ぎた頃からいくらか日ざしが明るくなり吹雪が弱まると、「北鎌の偵察にでかけてみよう」と言う加藤文太郎の言葉に応じて、吉田と二人は小屋を出ていった。風の気配から小やみになったといっても、吹雪はまだかなり凄まじい唸り声をあげて小屋をゆすっていた。浜も大久保も、異質なエネルギーを内蔵しているとしか思えない彼らの体力に一言もなかった。前日以来、その隔絶した行動力の差は想像しがたいほどに思えてくる。加藤文太郎に一歩も引くことなく、終始互角に一月の槍ヶ岳をこなしている吉田の精進ぶりは舌をまかせるものがあった。

「吉田もえらく頑張ってるわ、天下の加藤文太郎なら相手に不足はないやろう」

「それよりか吉田が夢にまで見て崇拝していた当の本人がパートナーなんだから、いくらだってても精が出るさ。おまけに去年四月の北尾根じゃ、ブレーキになったとかで口惜しがっていたやろう、だからこんどは張切らぬべからずなんや」吹雪の小屋の中で、二人は蒲団にくるまったままそんな会話で時間つぶしに専念していた。

三時間ほどたったかと思う頃、二階にアイゼンの金属音がきしみ、二人は純白に雪まみれとなって戻ってきた。睫毛《まつげ》も凍りついてツララがさがっている。「ただいま」元気な吉田の声がして、「槍の山頂へ登ってきたわ、そんなにしんどくはないんね。北鎌の下りの方は悪いけども、途中まで下って一応偵察してきたけどね。二十メートルのザイル一本あれば十分に可能やろうな」凍りついた装備をのろのろ一つ一つ外しながら、二人は確信ありげに見えた。そこで四人相談の結果、翌朝は吉田をリーダーとして大久保、浜の三人で出かけ、帰ってから加藤、吉田の二人で北鎌尾根へ向かうことに決めて寝た。すでに四人の食糧も乏しくなり、小屋にはこれ以上は逗留不可能だった。それだけに明日三日はなんとしてでも目的を達成せねばならないのだが、戸外の吹雪は相も変わらず吹きつのり、その咆哮は小屋全体をゆすり天候回復への兆候は期待薄に思えた。

正月の三日の天候は快晴とはいえなかったが、厳冬期としては高曇りで風速もおとろえを見せていた。午前八時、朝食をそこそこにアイゼンを履き小屋からアンザイレンして飛び出した。風はおとろえたといっても三〇〇〇メートルの槍の頂稜であってみれば、ノミで刺すように鋭かった。目標の大槍の岩峰が灰褐色に雲のはげしくうごく空を背景にして浮かびあがり、その直下に近づくにしたがって氷雪がキラキラと岩肌にかがやき、風が飛騨の谷間から渦巻いていた。トップ吉田に大久保、浜の順序で攀じはじめ、一時間余りで峰頂に三人が集結、万歳を三唱したが、期待していた眺望は雪煙と密雲にはばまれて鉛色一色の世界だった。凍りつくような寒気の中では一刻の山頂滞在も許されなかった。七、八月のシーズン中のこの岩峰の賑いとは、まるで別世界の山であり、自然の苛酷な風貌であった。往復三時間、午前十一時には小屋に三人は無事かえった。二階まで昇ってきて迎えてくれた加藤文太郎は、すでに三人のために食事の用意まで気をくばってくれていた。

宿望を達成した大久保、浜の二人は満ちたりていた。食事後ゆっくり休息したら午後にでも槍平へ下るつもりでいると、加藤、吉田の二人は午前十一時三十分北鎌尾根の登攀をめざして小屋を出ていった。吉田はサブザックに少量の食糧、甘納豆一缶、林檎二個、板チョコレート、クリーム・チョコレート少量、あとはアルコールをバーナーに一杯とコッヘルぐらいの装備だ。加藤文太郎はザイルを肩にして、ひどく気軽そうに見えた。すくなくとも厳冬期の北鎌尾根登攀という壮挙に出かけるというより、どこか手軽な岩場でのトレーニングに出発する感じだった。しかし、この三日間の加藤・吉田パーティの底知れない馬力を知りつくしているだけに、彼らの成功を九分どおり信じて疑わなかった。

一足先へ槍平へ下ろうと、昼いくらか前に早目に二人は荷物を整理して小屋を出た。すると天候はこの頃から再び崩れはじめ、吹雪模様となった。せっかくスキーデポまで下り、スキーを足にしたものの蒲田の谷から吹きあげてくる風雪に顔をあげるのさえ苦しかった。ことに新雪が圏谷の斜面に一尺二、三寸も積もり、スキーを滑らせると雪面の表層がポコポコと沈んで、いまにも雪崩れそうな気配である。浜がスキーを履いて斜滑降にうつろうとすると、雪はスキーを履いたまま彼をのせ、六メートルも下方に音もなく移動するしまつだった。もはや一メートルも滑降することは至難の業であり、危険きわまりなかった。彼らは飛驒側の風雪に追いあげられるようにスキーを脱ぐと、再びアイゼンに履きかえて肩の小屋へとって返した。荒れはじめた天候は、午後になると一メートル先も見えないほどの濃密な暴風雪となった。

肩の小屋まで二時間以上も山上を彷徨したあげく、二人はようやく小屋の一角を発見した。浜杢一は右手の指二本を凍傷にやられていたので応急手当をしたのが精一杯で、ピッケル、アイゼンを投げ出すと、そのまま蒲団にくるまり寝こんでしまった。やがて日は沈んだが吹雪はすこしも弱まらず、むしろ兇暴にさえなっていた。昏々とした眠りからめざめると、堪えがたい空腹感に二人は胃の腑に疼痛をおぼえた。だが、槍平から彼らが携帯した食糧は食べつくしていて、もはや一物とても残されていなかった。そこで二人は憑かれたもののように、小屋の隅々から戸棚、押入など綿密に探索した。すでに小屋の内部は漆黒の闇となり、懐中電灯であちこちさがしたが、その収穫はきわめて乏しかった。やっと入手したのは福神漬少量、梅干五ツ、醤油少量、米が茶碗に約一杯……以上の品物である。これだけの量ではどうにも炊事の仕様もなかった。できたら加藤、吉田が戻ってきたときに二人分の温かい食事の用意をしておきたかったが、その計画も空しくなった。それに午後七時になり、予定時刻を過ぎても二人からはなんの音沙汰もない。刻一刻と不安でならなかった。だが、一方あのパーティが遭難するなどという事態は、彼らには絵空事にしか思えなかった。アルプスの雪の中でもバーナーを燃やし熊のように穴を掘り、平然と一夜を明かした体験はこれまで数知れず、伝説と栄光につつまれた不死身のアルピニストであることを二人は知りつくしていた。それだけに不安のうちにも一行への信頼と期待は、二人の消息について根っから心配などしていなかった。きっと朝になれば元気な足どりで雪まみれになって小屋へ戻ってくる、雄々しい二人の姿をむしろ想像したのである。浜と大久保は枕もとに乏しい食糧をならべていつか眠りこんでいた。

4

一月四日、吹雪の唸り声にめざめた。まるで天井に土砂でも降りかかってくるかのような風の音が小屋の梁をきしませ、軒をゆるがしている。前日よりも天候はさらに悪化したかに見える。小屋には一滴のアルコールも一片の食糧さえもなかった。大久保は咽喉《のど》の奥が灼けつくように涸《かわ》いてならなかった。やむなく空瓶に雪をつめると、蒲団の中へ抱いて温めた。いくらか体温で瓶中の雪はとけて水になったのを飲んでは渇きを凌いだ。吹雪の中で目には見えなかったが、日ざしは徐々に中天をさして昇ってゆく。昼近くなっても加藤、吉田は戻ってこない。一時間おきぐらいに交替で二階へあがり戸外を眺めてみたが、その寒気の苛酷さは常識を絶していた。「ヤッホー」と呼ぶと、その声がそのまま凍りつきそうなひどい寒さだ。雪は空から降ってくるのか地上から吹きあげてくるのか、見さかいのつかないほどに激しく渦まいていた。日がのろのろと沈みはじめると、もはや不安と焦燥はふかまるばかりで、不吉な影が濃く二人の脳裡ににじみはじめた。〈やられたな〉と無言のままであったが、心で二人は頷きあった。食糧といってもほんの日帰り仕度の簡便な副食品ばかりであるし、燃料も小型バーナーにアルコール一杯のみなのだ。この凄絶な吹雪中で一晩明かすことはあるいは可能かも知れないけれども、とうてい二晩過ごすなどは至難だった。

「あの辺には小屋はないんだろう?」浜はせめて二人が、どこか北鎌尾根近くの山小屋にでも避難してはいまいかと地図を広げて按じてみた。

「この付近とすれば、近い山麓なら湯俣しかない。万一にも北鎌尾根を下っていって天候が悪化して登れずに、湯俣まで下っているかも知れないけど……どうだろう?」大久保も僥倖《ぎょうこう》をたのむように言った。

「うん、せめてそうであってもらいたいよ。もっとも、あの馬力なら別だしなあ」

「おれたちが槍平へとっくに下っていると思ってるよって、のんびりしているのとちがうやろか?」

なんとか加藤・吉田の消息について絶望的になるまいと努めてみた。長いようで短く、短いようで長い一日は、吹雪の咆哮に身をゆだねて更けていった。だが大久保、浜自身にとっても小屋での籠城は限界にきていた。食糧も燃料もなしですでに二日、あと幾日この状態がつづくのか見当もつきかねていた。かつての大槍小屋で凍死した先輩三谷慶三の惨事をゆくりなくも想い出して、二重にも三重にも不安と焦燥に彼らは囲繞《いじょう》せられつつ重苦しい一夜を送った。

　翌五日、憂鬱な一日が灰色のあかるみの底から明けはじめた。吹雪はいぜん猛り狂っている。このまま絶食状態をつづけていれば、万一にも好天になったところで体力は衰弱し、行動不能となるのは一目瞭然であった。なんとしてでも食べねばならないと決意した二人は、徹底的に家さがしをすることにした。小屋の内部に一箇所だけ厳重にトタン板で釘づけにした小部屋があるのを発見した。大久保がピッケルで強引にこじあけて這い入ってみると、食物はなかったが、炭が石油缶に半分ほど出てきた。さっそく火を起こしにかかったが、いくらか湿っているのと酸素が稀薄なためか、なかなか気嫌よくは炎があがらなかった。それでもとろ火で雪をとかして飲み、大久保のポケットに乾パンが二枚発見されて、各自一枚ずつ粥のように湯にとかして効果的に食べた。そのあと前日見つけた味噌で汁をつくりのんでみたが、塩辛いばかりで咽喉の奥が乾いてならなかった。それでも炭が見つかったので炬燵をつくろうと工夫し、腰掛を櫓代りにして蒲団をかけてみると意外に暖かい。空腹ではあったが、この急造炬燵のおかげで全身がぬくもり、うとうとと寝ついてしまった。

一月六日は五日とまるで同じ日が繰り返し訪れたかのように明けた。吹雪はこの肩の小屋周辺に住みついたのか、身じろぎもせずに咆哮しつづけている。もはや二人には時間の観念も模糊として、以後永久にこの風雪の小屋内に幽閉されるのではないかとの被害妄想にさえとらわれはじめていた。その日、また小屋内の宝物さがしに専念することになった。前日炭を見つけた小部屋の奥にさらに物置のような仕掛があるので、ここの攻撃にかかった。しかし戸は鉄の扉のように頑丈で、四日間も満足に食べていないだけに、体力は乏しく作業ははかどらなかった。それでも食べたい一心で破壊作業は交替でたゆまずにつづけられた……時間の経過は、かなりの時が流れているにもかかわらずまるで意識になかった。ただ分厚い扉があいた瞬間、ある時間が経過したのだと思った。内部には草鞋、茣座《ござ》、布団、お膳、什器といった夏山シーズンに必要な品物が一杯つめこまれてあったが、食糧らしい包装物はどこにも見あたらなかった。二人はいまにもへたへたと膝を折らんばかりに失望しながらも、一番底に帯鉄でバンドをしてある箱に、最後の期待をかけてピッケルでこじあけてみた。

「あった！」と大久保が絶叫した。箱の中味は缶詰で、最初にとり出したのはパイナップル、次は桃……缶詰の横腹の極彩色のレッテルが、二人の眼に宝石でも目にしたように輝いて見えた。さらにコンビーフ、鮭のあけぼの煮、鰹のでんぶと千両役者が舞台に勢揃いでもしたように魅力的な眺めである。「いや、これで助かったな……」「うん、もういくら吹いても平気や」「天はわれらを見棄ずというところかね」などと二人の対話にも軽口がたたかれて、しぜん死の影を踏むような不吉な緊張からいまや解き放たれていた。パイナップル、桃と手あたりしだいに食べた。コンビーフは水たきにしたがあまり美味《うま》くはなく、胃も十分に咀嚼《そしゃく》してくれなかった。絶食のあとの肉類だけに消化不良をおこしたのだ。それでも腹が一杯になると、気分はおちつくもので、さらに物置を再捜査すると、一個の石油缶の中からミルクパンが多量に出てきた。もはや餓死する危惧はなくなったが、人間らしい気分になると、自分たちの現状について冷静に考察しはじめた。あれ以来、加藤、吉田両人は山へでかけたままであるし、自分たちにしても一日の夕刻小屋に入ってからすでに五晩寝たわけだ。槍平小屋に主要食糧をのこしたままにし、山麓で遭難さわぎになっていなければ、むしろ奇怪であると思った。

皮肉にも食糧が十分になり、幾日の籠城でもと二人が意気ごんでいると、自然の妖霊どもはつまらなくなったのかも知れない。一月七日の朝になると魔術のように吹雪はぴたりとやんだ。「おーい、天気になったよ」浜が静寂になった戸外の気配に二階の窓辺へ出てみると、早春の日ざしがのどかに山上にたゆたっている。いくらか痴呆したように、二人はこの自然の信じがたい幻妙な変貌について半信半疑で眺め入っていた。昼近くまで救援隊の来着でもないかと待ちあぐんでいたが、なんの音沙汰もないので十分に腹ごしらえをして槍平へ下ることにした。幾日ぶりかで大槍の岩峰が黝々《くろぐろ》とそびえて、雪の斜面にはアイゼンの踏跡が一条ぼんやりと望見された。もしや……と山頂付近をあちこちに視線を凝らしてみたがなにも見えず、前日まで吹雪に叩かれていた山頂はまぶしいくらいに銀色に臆面もなく照りはえていた。

5

二人は、一月七日に槍平に戻り、さらに大久保のみは八日捜索依頼のために船津へ下った。神戸への電報は途中の栃尾郵便局から打電して返電を待った。電文は、「吉田、加藤、北鎌ニテ行方不明トナリ目下捜索中ニツキ関係者スグ来ルヨウニタノム、返待ツ、大久保」とした。すぐ返電がとどき、「ミタ、藤田外四人今夜発ツテ行ク」とあったので、案内人組合の松井憲三などと協議して捜索隊の手配を依頼した。九日には今田由勝など腕ききのガイド十一名が捜索のために槍平へ登った。

一方、九日になって飛驒のガイドの粒より四人（中畠政太郎、今田由勝、大倉弁治、小瀬紋次郎）の人選がきまり、槍平小屋に残留していた浜は十日未明一行を見送った。遭難地点が北鎌尾根というだけにガイドの緊張も一方《ひとかた》ではなく、その準備にひどく手間どったのである。会からの先発パーティとして、同日午後には辻村、室井の二名が槍平へ来た。翌十一日二人は、人夫二名を伴って快晴の空の下を槍へ登った。前日の午後登ってくる途中で浜李一に出会ったが、髯蓬々《ひげぼうぼう》のうえに憔悴しきった姿は見るも哀れで、励ましの言葉も心に重かった。その報告によって正月じゅう荒れに荒れた吹雪のすさまじさをまざまざと彷彿してみたものであったが、けさの晴天はまるで別の山に登っているとしか思えぬほどのどかであり、汗ばむほどの暖かさである。谷からお花畑の圏谷へ出ると眺望は四囲にひらかれて、蒲田川越しに笠、抜戸、錫杖が奥丸山の背中にむっくりと身を起こしていた。さらに高度をますと乗鞍岳、木曽御岳、白山と白銀の峰々がはるかに連なっている。一行が肩の小屋へ辿りついたのが午後一時三十分――。すでに捜索作業は好天下にかなり進捗しているらしい。午後二時四十分、辻本岩雄は山頂付近まで登ってゆくと、第一報がもたらされた。

「ビバークしたらしい地点を発見。ちょうどそこに甘納豆の空缶とチョコレートの包装紙、鉛筆が遺棄されてありました。なお赤いレンズのようなものも見つけたらしい……」といった概要である。甘納豆の空缶といえば、まさしく加藤文太郎の山での愛玩の食糧で、二人の携帯品である点はたしかであった。だが以後、四人からはなんらの手掛りもない。会員藤田太郎も辻本と交替に十二日肩へ登ったが、折から天候は悪化して十三日は一日じゅう吹雪く。十四日も引きつづき悪天候なので、ついに捜索を断念することになり、やむなく、十五日吹雪をついて肩の小屋の十二人は槍平へ六日ぶりで下山した。

捜索隊によって探知し得た概要的な収穫は次の通りで、十七日午後六時、神戸へ戻った辻本、藤田の両人によって関西徒歩会事務所において報告された。加藤文太郎、吉田登美久の遭難日時はだいたい一月四日午前中と推定されるが、槍から独標地点の三分の一ほど山頂寄り、つまり北鎌平に雪穴を掘ったらしい。そこには食糧などの空缶、包装紙、赤モスリンの布片などの他に頭髪二本と新聞でふいた人糞が一メートル余の雪中に発見された。そこは一人がザックを、一人がザイルでも敷いて臥したと想像されて平坦に氷結していた。両人の体温と重量によって堅められたものとみられる。足跡は槍から十メートル下のオーバーハングの岩の下で途切れているが、ここでトラバースせんとして滑落したのではないか？……両人とも筆マメだったのでメモその他がないかと索《さが》したが、それらしい遺棄物はなかった——。

捜索隊長中畠政太郎が、十一日二人のビバーク地点を発見した模様については、自身でのちに次のように日誌に記している。

「頂上より北鎌を見下ろせば、かすかなる足跡が吹雪にふきのこされて残っている。

北鎌尾根
湯俣へ
水俣川
千天出合
松濤・有元のルート
加藤・吉田の
遺体発見地点
下丈沢
天上沢
貧乏沢
P2
P3
ガレ沢
P4
天狗前沢
P5
2540
P6
P7
北鎌沢右俣
北鎌沢出合
北鎌沢のコル
天狗沢
北鎌沢左俣
P8
2749
天狗の腰掛
P9
独標のコル
間ノ沢
独標
2899
松濤・有元の
遺体発見地点
P11
四ノ沢
P12
P13
P14
五ノ沢
右俣
左俣
西岳へ
水俣乗越
P15
六ノ沢
加藤・吉田の
滑落予想地点
北鎌平
加藤・吉田のルート
槍ヶ岳
3180
東稜
東鎌尾根
千丈沢乗越へ
槍ヶ岳山荘
飛騨乗越
西鎌尾根
槍平へ
南岳へ

その足跡を辿りながら北行、北鎌二九〇〇メートルまで足跡を辿るも、それ以北にはなんらの形跡もなく引き返す。北鎌平、千丈沢側に先刻二、三の雪塊を発見しいたるにより、その付近において彼らがビバークしたるに非らざるやと、ここに有力なる端緒をえて、付近を掘鑿《くっさく》するに頭髪を掘りだし勇気をえて一メートル二十を掘り下げたり。ここに至れば岩影に端坐しながら野営したる形に雪は凍っている。その氷結したる面積はあたかも人間が端坐したる面積に等し。なお同所に甘納豆の空罐（納豆二、三粒雪中に散り転っている）及び人糞の塊を発見したり。これは彼らが吹雪のため進退きわまり一昼夜ないし二昼夜滞在したるものと想像される。その他にはなんらの携帯物件もなく人糞のある所を想像するのに野宿の箇所を出る際に放糞したるものであろう。北鎌を迂回すること久しくして槍の北側にきわめて小さき足並にて二人の登攀したる足跡あり。これは彼らが野宿に疲れ切った足並で槍に帰ったものと推測し、再び二人の足跡を辿ることになった。槍岳北側中央部をさらに右に横切った跡あり（普通登り下りの通路はそれより遥かに左なり）。ロープの力によって、その跡を捜して登ること頂上より約十メートルの位置に達すれば、その箇所より外にはまったく足跡なく、下方約四十五メートルの位置岩壁の突起に赤き布片を発見せり。これ彼らが携帯したるものならんと再びロープに下がり収容し、その他なんらかの手掛りを得んものと眼下を見下せば、そこはすでに千丈沢も遥かなる谷底である。いかんせん夕陽は沈み気温は下る……」

この詳細な報告からも遺体は千丈沢の雪中に埋没されていると信じられ、五月九日第一次捜索隊が入山する手筈になっていた。ところが、その直前の四月二十八日各新聞の朝刊で、松本高校パーティによって天上沢において、かなり腐乱した遭難屍体一人が発見された旨の記事が掲載された。それらの記事では両人の一人であるかどうか信憑性がうすく、会員の沢、辻本の他遺族関係者五人で同夜神戸を発った。

屍体発見の松本高校山岳部パーティの木村力、中島俊之の二人は、北鎌より槍ヶ岳に登る荷上げのために、四月二十七日午前八時十五分頃湯俣の取入口を出発した。第二釣橋より約五〇〇メートル上の天上沢岩小屋付近で一行の木村力が谷へ水を飲み、さらに第三釣橋にかかった。釣橋の東では真っ直ぐにゆくと下が崖になるので、東上方からからむと橋の釣線の側に銹びたピッケルが六十センチほど雪の上に突き出ていた。どこかのパーティの忘れ物かと銘をみると「フリッチ」と刻んであった。ちょうど十二時頃で、それからさらに上部の森林帯へ荷物をおろして、午後一時頃にピッケルのあった地点まで一行が戻ってくると、そのピッケルのあった地点からさらに二メートル東によった流木の下に、もう一本ピッケルがさしてあるのを発見した。変だと考えた木村力がさらに下を見ると、口の開いた白いサブザックがある。中味はなにもないので誰かが棄ててでもいったのであろうと、その場を離れた。午後二時、登りに水を飲んだ所でまた飲もうと木村が跼《かが》むと、パーティの一人中島が背後で木村の背中を突いた。振りむくと彼は恐怖の面持ちで谷の一隅を指さしている。その方に目をやると、流れの浅瀬に長いものが沈んでいる。じいっと視線を凝らすと、アイゼンを履いたスキー靴が見えて、明らかに人間の屍体だった。頭部はスキー帽を目深くかぶり見えなかったが左手を真っ直ぐにのばし、右手は胸の辺りにのせているのがぼんやりと映った。二人とも水を飲むのも忘れて逃げるようにして帰り、その旨を大町警察署に届けたのである。

神戸からの五人は、大町に二十九日の昼近く到着した。鉛色の空からは小雨が降りしきって憂鬱な天気だった。松本高校パーティによる屍体発見の詳細は諒解したのだが、はたしてそれが加藤・吉田のどちらかなのか、それとも他人なのか服装なども曖昧で断定しがたかった。翌三十日朝から蕭々《しゅくしゅく》たる雨の中を葛温泉に一行は向かった。そこで上衣の裏側に「加藤」とのネームがあった由《よし》の湯俣からの電話があって、一行は緊張せざるを得なかった。辻本、浜の二人が現場へ急ぎ、まず加藤文太郎の屍体を検分した。

それはまぎれもない加藤文太郎だった。一月三日槍の山上で別れて以来、四カ月ぶりのあまりにも悲惨な対面であった。着衣は、スキーコート上下、ネズミ色ジャケット、ネズミ色カッターシャツ、婦人用ズボン、ラクダ色毛シャツ二枚、ラクダ色毛ズボン二枚、毛靴下二足、スキー帽、毛皮頭巾、スキー靴、アイゼン一箇などを身につけていた。いずれも浜らには記憶に生々しい登山服装である。すでに油紙に覆われていたがその腐乱はひどく、目は洞のごとくに青黒く落ち窪み、肢体の脂肪や肉の厚味などまるで削られて、板でもおいたように石の上に横たわっていた。吹雪の飛騨乗越で仁王立ちになって励ましてくれた、あの驚歎すべき無際限の馬力とエネルギーの根源だったその逞しい肉体の無惨なまでの変貌に、浜は声をのみ、しばらくは呆として雨の中に佇立していた。

そのとき谷間の上流で吉田登美久の屍体も発見されたとの連絡があり、二人は現場へ急いだ。吉田は頭を北東に両脚を西南に向け、頭から顎を包んだスキー帽からは腐敗しかけた白臘のような顔に雪片がこびりついていたが、苦痛の相はまるで見られなかった。雪の下から掘り起こされたばかりらしく、服装はやはり一月三日別れたときのままで雪があちこちに付着している。雨は小やみなく降りしきるが、いかにも春の雨らしく霧のようにけむり、憂いにみちたように天上沢も北鎌尾根も薄墨色にぼかして、雪解けの瀬音だけが激しく岸辺を洗っていた。

検案は、両遺体ともなんら外傷はみとめられず、死因は疲労凍死と推定されたが、死にいたる遭難の真相については不明という。二人の孤独な山の魂が、槍ヶ岳の尖塔を「大いなる墓標」として、天上沢に永遠の休息地をもとめて再び還らなかった昭和十一年の春の一日——雪ぶかい谷間の奥で雪崩がしきりである。

最近、その受難地に「文富《ふみとみ》ケルン」を建立され、藤木九三の次のような弔歌を刻みつけた。

〝ひたふぶく北鎌尾根に命かまけ
積みしケルンの高くしるしも〟

微笑むデスマスク

昭和十二年四月二日、同志社大山岳部福田源五郎、
春のアルプスで迎えた二十歳の誕生日
大阪薬専山岳部パーティと穂高、明神の雪洞縦走
へ
二泊後の八日、奥穂山頂を越えて二度のスリップ、
画家たらんとした〝源五郎〟ついに下又白の奥津
城に静かにねむる

1

暦の上では四月の声をきこうというのに、穂高連峰には「山が笑う」といわれるのどかな春の気配などまるで遠く、冬のような憂鬱な天候だった。吹雪が数日つづくと、やっと一日嫌々陽ざしが顔を出すといった不順な明け暮れである。同志社大山岳部の福田源五郎は、大阪薬専山岳部野口栄一と二人で、一足さきに上高地で大阪薬専山岳部パーティの入山してくるのを待っていた。岳川谷へベースキャンプを設営して、穂高から明神へ雪の山稜を縦走しようという計画なのである。三月二十八日佐藤耕三など一行五名が到着し合流したものの、三月下旬の天候は不安定で、おまけにパーティに病人も出て行動は停滞しがちだった。予定の四月三日までの入山期間、やっと天狗のコルに天幕を運びあげ設営したのみで下山しなくてはならなかった。その間にやはり大阪薬専山岳部に籍をおく兄の源四郎も、ベースキャンプにやってくるなどして賑やかな数日を過ごした。ことに四月二日は源五郎の二十回目の誕生日で、薬専パーティは天狗のコルにいたが、ちょうど当日の午後にベースキャンプに下ってきた。久方ぶりに春らしい宵で満天の星空だった。源五郎は夕方上高地岩魚《いわな》を釣って帰り、赤飯こそなかったがささやかな誕生祝いの饗宴を焚火を囲んで催したのだが、これが福田源五郎にとっての最期の誕生日になろうなどとは誰一人予感した者はいなかった。

彼は、翌日帰る兄の源四郎とも愉快に話しあっていたし、他の仲間たちとも談笑していた。野口から教わったばかりだという「リンデンバウム」の歌を得意げにいくどとなく唱っていたものだが……。

翌三日、兄たち一行が下山してしまうと、あとに大阪薬専の野口栄一、佐藤耕三、それに福田源五郎の三人だけが、岳川谷のベースキャンプに残って天候の回復を待つことになり、他三名は三日に下山してしまった。それでも四月三日は終日快晴だったし夜になると満天の星空で、そろそろ春らしくなるだろうと期待して、急に淋しくなったベースキャンプで三人は一夜を送った。

四日未明に福田、佐藤の二人は天狗のコルに向けてテントをあとにした。頭上の空はホリゾントでも見るようにいくらか雲がきれて明るくなっていたが、常念岳の方角の空はいちめん暗い雲に覆われて、星などどこにも見えず、風はわがもの顔に稜線に精一杯の唸り声をあげている。日の出ないうちに天狗沢の雪崩危険地域を通過したかったが、ラッセルはかなり苦しかった。おまけに午前七時頃から雪がちらつきはじめて、天候悪化の兆候いちじるしかった。それでも昼前にコルに辿りついたが、飛騨側は灰色のガスに埋めつくされて、笠や錫杖の山容など影もかたちも視野になく、雪は横なぐりにコルに吹きつけていた。

　はじめ、好天ならジャンダルムまでのすつもりでいたが、山上の荒れた模様は、とうてい行動不能なのでコル泊まりにきめて、二人は新雪のかなり降り積もっているテントにもぐりこんだ。コル直下の天狗沢には新雪表層雪崩が二カ所ほどデブリをつくり、ワカンでも膝を没するラッセルであった。午後遅くなり、もう登ってきまいと予想していた野口が、雪まみれで健気にもコルへやってきた。吹雪は夜になってもやまずに咆えつづけ、時化《しけ》に遭遇した帆船のようにいくどとなくテントは揺れうごき傾きかけた。

　翌五日は終日吹雪。やっと六日になり空が晴れたので、ジャンダルムに向かって出発したが、風が激しく三人よろめきながらの苦しい登高だった。一時間ほどでジャンの南東の肩に着きテントを張ろうとしたが、積雪状況がおもわしくなく適当な幕営地は発見できなかった。やむなく一時しのぎの雪穴を掘ることにしたが、この頃から烈風はすさまじく、飛騨側からの吹きあげで顔をさらすことも困難となって、背負ってきた荷物を雪洞内に収容すると、そそくさと昼食もとらず三人はザイルでかたく結びあって、コルまで引き揚げた。七日は吹雪——夜になって雪はやみ、星が青白くまたたきはじめる。半日行動しては一日沈澱といった日程で、みんないくらか苛立っており、三月二十八日からすでに十日ちかくもなるのに、やっとこジャンダルムというのだから厳冬期なみの行動である。たしかに四月にしては異常気象で、こんなに吹雪くこともめずらしく、例年なら山麓の谷間には雪解け水があふれ、フキノトウが青っぽい顔を出す季節なのだ。それに雪も、まるで春型の湿性ではなくサラサラした粉雪で、おかげでテントの除雪には手間どらなかったが、なんとも不順な季節のうつろいであった。

八日朝、やっと晴れ間がひろがりはじめた。午前五時に朝食——好天ならジャンダルムから、さらに前穂、明神と雪洞で縦走する予定だった。だが野口はこの日下山せねばならず、午前七時五分ひとり天狗沢を腰高の積雪中を下っていった。どうやら日ざしも春めいて、前日の風雪も嘘のようにテントの周辺に陽炎《かげろう》がのどかに立ちのぼっている。残った福田と佐藤の二人は天幕内を整理して、八時十分にジャンに向かった。飛騨側には笠ヶ岳、双六、槍の山稜がいくらか靄のかかった朝空に、くっきりとそびえて無風快晴の天候である。二人の荷物は各自五貫前後にふくれあがっていたが、ジャンまでは一時間十五分しかかからなかった。雪洞は跡形がないまでに埋まっていたが、雪が柔かなために簡単にスコップで掘り出して、さらに同じ場所に本格的な雪洞を開削《かいさく》した。洞内にもぐりこんで入口を望むと、ちょうど明神岳が正面に見える地点である。二人ゆっくりと暮せる豪華なやつを拵《こしら》えようと、午後までかけて雪洞づくりに熱中した。幅八尺、高さ三尺五寸、奥行五尺五寸というたっぷりした広さだから、四人はゆっくり収容できる。一日や二日吹雪に閉ざされてもびくともしない、長期逗留可能の雪洞づくりに三時間半もかけてしまった。洞外へ出てみると、昼下りの山々の空には再びはげかかったクロームメッキしたような雲がうかんで、どうやらまたも天候はくずれ気味である。それでも奥穂高への難所であるロバの耳の偵察にでかけることにして、夏道どおりジャンの頭からナイフリッジを辿り簡単にロバの頭へ出た。さらに飛騨側を搦《から》みぎみに四十メートルほど下り、一時間四十分ほどでコルへ着いた。いつのまにか頭上の空は鉛をながしこんだように昏くなり、雪がおちはじめた。それでも風がないので、雪は音もなく羽毛をまいたようなかろやかな降り方であった。二人は、その地点で引き返した。はやくあの雪洞へもぐりこんで、ゆっくりと手足をのばしてみたかったからだ。三〇〇〇メートルの山稜に、二人の手でたった三時間余で拵えあげたアルプス・ホテルでの一泊がたのしくてならなかった。

夜になって雪はかなり激しく降りはじめたが、風がないのでいかにも春の雪らしい風情がある。洞内にもぐると白い氷の壁面にローソクの光が反映して、じつに明るく典雅であり、メルヘンの中の宮殿を思わせた。入口はシュラーフのカバーを横にして蓋として、ピッケルで両端をとめた。さすがに立つことはできないが、天幕よりは居住性は上乗である。ラジュース一つで、手袋を脱いでもすこしも寒くないし、外の風の音などまるで聞こえてこなかった。「スノーホールというもんが、こんな便利なもんとは知らんかったわ」「テントなんかよりよっぽど住み心地がいいわい、二、三日逗留したいみたいなもんや」などと二人は雪洞《スノーホール》の成功に満足しきっていた。

二人にとって雪洞生活は、はじめての体験であり、本邦の登山界においても高所露営における雪洞利用は、もっとも新しい未開拓の分野だった。この十数日間にわたる不遇な山行も、この夜のたのしさですっかり霧散し、忘れさったかのように彼らの表情は明るく冴えかえっていた。ことに福田源五郎はこの幾年か雪のアルプスに入りびたっていたが、こんどの春山計画の一つの重要な目的に、雪洞生活の実践があった。もともと昭和八年頃より積雪期における天幕利用の高所露営は、慶応大学山岳部など有力団体によって試みられて、それまでの小屋利用の積雪期登山から大きな前進を示した。だがさらに一九二九年のバウアーのヒマラヤ・カンチェンジュンガにおけるドイツ遠征隊の雪洞利用による革新的な登攀に刺激され、本邦で奥穂高もようやく試験段階に入りかけていた。つい前年の十一年四月号の山岳雑誌『ケルン』にも山稜上での雪洞実験報告が掲載されていた。福田源五郎も、彼なりに研究してドイツ語の勉強まではじめたくらいで、こんどの穂高行でさっそく試験してみる気になったわけである。すでに避難露営としての雪洞はしばしば試用されており、槍ヶ岳北鎌尾根で遭難した加藤文太郎、吉田登美久パーティも一晩を雪穴の中で暮したとみられる形跡があったといわれるが、天幕基地以上の利用価値を見つけることに課題があった。それだけに翌九日も激しい雪に沈澱を余儀なくされたが、彼らはさほど苦にしてはいなかった。むしろ呑気にラジュースの掃除をしたり「リンデンバウム」の歌をつぶやいていた。たった一晩だけ利用したのでは勿体ない気がしたし、やはり二日ぐらい滞在してその居住性について納得のゆくまで十分に二人は体験したかったたからだ。

だが、このジャンダルムでの雪洞の二晩が、福田源五郎にとってアルプスにおける（いや地球上におけるといった方がよいのだが）、生身の人間としての最後の美しくも静謐な夜となった。

2

前夜はすっかり雪もやみ、午後七時頃には蒼白い星がまたたきはじめていた。あすはなんとしてでも奥穂を越えて前穂まで前進したかった。十日の朝は五時にめざめて朝食をとり、七時十五分に雪洞をあとにしてジャンダルムに向かった。一昨日のラッセルは跡形もなく消えており、降り積もった新雪のために山の状態は悪化していた。湿性の重い春雪はアイゼンにすぐこびりついて、見るまに雪団子のためうに歩けなくなる仕末だった。ロバの耳のコルに辿りついたのが午前九時二十分で、雪質の変化とともに、山々はにわかに春山の兆候を見せはじめた。日ざしもらんらんと雪の斜面に反射して灼けつくようにかがやいていた。雪眼鏡なしでは瞼《まぶた》もあけていられないくらいにまぶしく、全身が汗ばむような日和である。コルで三十分休息して、ザイルも結ばず夏道ぞいにルートをえらび、奥穂の山頂をめざして登りはじめた。雪面はこの辺りまでくると、硬く凍りついていてアイゼンがよくきいた。

　奥穂山頂手前の尖った刃のような岩稜に来て二人はザイルを結び、いささか緊張しつつ山頂に辿りついたのが午前十時三十分——標高三一九〇メートルの北アルプス最高地点だけに、雲海の上にそびえる峰頂もすべて足下に俯瞰され、乗鞍も八ヶ岳も間近く峰つづきの山々に見えた。前穂からさらに明神まで、もはやそれらの山頂もすぐ間近に見える。二人は山上で早目の昼食をとることにして、黒パン半斤宛にバターとジャムをこすりつけて頬張った。十一時二十五分に二人はザイルは結ばずに腰をあげた。福田源五郎の胸にあった計画では前穂付近に雪洞をつくり一泊し、翌日明神岳から岳川谷のベースキャンプに下る予定でいた。すでに奥穂手前のナイフリッジを通過しているので楽な気分になっていた源五郎は、のんきに口笛を吹いている。なにかスイスあたりの山の民謡なのかも知れなかった。

奥穂から前穂への第一のピークは、雪に真っ白に塗りこめられて涸沢側に寄ってピークを傾けているが、岳沢側は扇沢上部の雪の斜面である。いくらか雪質はゆるんで深いところでは腰のあたりまでもぐりこんだ。二人は春山散歩といったのどかな歩調で、奥穂山頂から三つ目のピークにさしかかった。いくらか岳沢側に派出したザイテングラートにルートをもとめてトラバース中に、福田源五郎は突然腰をおとし踞《かが》みこんだように後方から見えた――と見るまに斜めに身体をかたむけたまま雪の斜面を滑りはじめた。佐藤は、まるであやつり人形みたいに手脚をばたつかせて墜ちてゆく源五郎の姿が、一瞬ひどく滑稽だった。そんな気分でいられたのも場所が崖縁でなかったせいかも知れないし、墜ちても安全と思われるゆるい雪の斜面だったからだ。十メートルほど滑って彼はピッケル停止した。技術的にはなんの不安もなかった。

「大丈夫?」と佐藤が声をかけると、源五郎はこちらを仰ぎ、羞恥のまじったような笑いを白い歯なみと共に雪焼けした黒い顔にうかべて、黙って頷いてみせた。すぐ佐藤がその滑落地点にさしかかると、やはりよろめいた。氷の上に新雪が薄く積もっているのを知らず、源五郎が油断して踏み外してスリップしたのである。

その地点を越えて、さらにもう一カ所のザイテングラートにさしかかったが、ここは前よりは斜面の勾配もきつい。その前で二人が休息したとき、「アンザイレンするかい?」と佐藤はなにげなく源五郎に言った。四方見回しても雲海は厚いが天候はいいし、崩れる気配はまるでなかった。「ザイルはいらんやろう……」彼は煙草を吹かしながらのどかに言った。たしかにザイルを使用するほどの悪場ではない。まして相手は中学生時代から雪の穂高を登っており、中又白完登、前穂東壁の登攀など輝かしい山歴は関西学生登山者中でも屈指の実力者といわれているアルピニストだけに、佐藤もそれなりに黙った。

だが二人が腰をあげてトラバースにかかり、源五郎が第一歩を踏み出したか出さないうちに、またもや前と同じような恰好で彼は呆気なく腰をおとし、上半身を折りまげると雪の斜面をのろのろ滑りはじめた。ふと佐藤はなにか不吉な予感におそわれて、こんどは「ピッケル、ピッケル!」と叫んだ。彼のピッケル・ワークで確実にまた停止するだろうと信じてはいたが、いくどとなく上半身を起そうと試み全身をひねっている彼は、リュックザックが重いせいか背中を斜面に向けたまま落下速度はつのってゆくばかりなのだ。ふと彼は黒い顔に皓《しろ》い歯なみを見せて佐藤の方を振り仰いだが、まるで一切を諦めきって微笑すらうかべているようにも見えた。みるみる彼の五体は小さく縮みこむと、浅いルンゼどおしに右方へおちこんで見えなくなった。

「ヤッホー」、「源五郎!」と佐藤は、狐につままれたような曖昧な時間の中で身もだえして叫んだ。たったいましがた眼前に展開された事態が白昼夢のように思えて、大声で喚《わめ》きながらも彼の心はなんとも怪訝でならなかった。四月のめくるめく大自然の、身じろぎもしない底ぬけに明るい風景と、眼前から一人の友人が消えた出来事とはあまりにも違和しており、一つの空間と時間の明暗がどこで重なりあっているのか信じられないのだ。いくど谷間に向かって叫んだろうか、まるで手応えはなかった。一条の雪の条痕が、源五郎の滑落したコースにそって雪のつまったルンゼの末端で消えている。今にもそもそと雪まみれになった源五郎がにやにやと笑いながら這い登ってくるのではないかと、彼はしばらくルンゼを凝視していたが、白い狭霧のようなガスが時折風に舞って上昇してくるだけで、彼の期待も空しかった。四月十日十一時五十五分いくらか冷静に事態を考察してみれば、この山稜は三〇〇

○メートル近い高度にあるのだ。万一にも不運に落ちつづければ、岩と雪の奈落へ……。佐藤耕三は、もう一度「ヤッホー、源五郎！」と叫んでみたが、すでにその声には悲哀と絶望の翳《かげ》が重たげに淀んで語尾は淡くかすれていた。

一体、源五郎がどの辺りにいるのか生死のほども分からなかった。せめて負傷してでも生きていてさえくれたらと、いまは神がいるのならすがりたい気持ちであった。とうてい一人の力では引揚げ作業も不可能であるし、なんにして救援隊を頼まねばならない――、そう考えた佐藤は、奥穂の山頂まで戻り、穂高小屋から涸沢を経て横尾の岩小舎へ下ろうと決心した。

横尾には慶応大学山岳部パーティがベースキャンプを張って、やはり三月二十四日から北穂へ入山していた。その人夫として名ガイド中畠政太郎が参加していることを佐藤は入山前から知っていたのだ。中畠は、源五郎とも穂高ではいくどとなく山行を共にしていた仲だし、きっと協力してくれると信じたからである。彼は、浅い穴を掘ってリュックザックを置くと空身になった。自分のオーバーズボンの擦れあう音が足もとですると、下から源五郎がピッケルでステップを刻んで這いあがってきたのではないかと錯覚して、いくども立ち止まっては下方の谷間に「ヤッホー」と怒鳴ってみた。すでに太陽は頭上でかがやいていたし、ザイテングラートから涸沢に下りはじめると、右手に北尾根、左手に北穂高沢がみるみる高くそびえてくる。早朝か夕刻ならともかく四月の真昼にこの谷を下るのは、雪崩の射程圏内に好んで入りこむようなものだった。彼はスキーがないのでアイゼンでもどかしげに一歩一歩下った。

北尾根の岩峰には氷雪が分厚く鎧のようにまといつき、空を支えて目くらむばかりに高い。ふと彼は思った。やはり昭和三年春、あの四峰で大島亮吉がなんでもない地点で涸沢側に墜ちて死んだ。日頃から福田源五郎のもっとも尊敬していたアルピニストだったが、山もすぐ近いしその遭難の仕方までも薄気味わるいほど似ている……。天狗のコルの天幕内でも、ジャンの雪洞内でも源五郎は、登山論、文学論や美術論について一人でしゃべっていた。なかでも大島亮吉の偉大さについて熱っぽく話していた。そしてその死について、骨肉を亡くしたかのように言葉をきわめて山の非情さを怨み、その才能を惜しんでいた。佐藤は理科系なので、人間的に異質な彼のそのような心の豊かさ、繊細さがうらやましかった。彼は大学を卒業したら画家になるのだといって、すでにアトリエを京都に新築し、幾枚もの習作をもっていたが……佐藤耕三は懸命に下った。積雪は池ノ平辺りから膝を没する深さになり、スキーか、せめてワカンでもあったらともどかしい気分である。それだけに横尾の岩小舎までがひどく遠く感じられてならなかった。屏風岩の裾をめぐって横尾本谷に出たときには、日もいくらか西に傾きかけており、山々の影が藍色に常念岳の上にかげりはじめていた。

それでも運よく岩小舎には慶大のパーティにまじって中畠がいた。すぐ源五郎遭難の事情を告げ、救援を依頼すると、中畠は一刻も惜しむかのように、スキーを履いて直ぐ上高地へ連絡のために下ってくれた。佐藤は一刻も休まずに奥穂から下ってきたので、岩小舎でしばらく休息した。慶応パーティにはリーダー格のOB小森宮章正などの人々がいて、好意的に心配してくれたが、その人びとが大島亮吉の後輩であるのも、奇縁のように彼には思えてくる。彼は中畠と連絡がとれたことで安堵したせいか、全身に支えようのない疲労の重量でもう一歩も動けない思いである。しかし、そんな弱音を吐いてもいられないので、彼は自分に苛責のない鞭をあてるようにして中畠のあとを追って上高地へ走った。

3

中畠政太郎が上高地の五千尺旅館へ辿りつくと、偶然に福田源五郎とは日頃から好日山荘などで親しい山仲間の北条理一が入山していた。前年の一月剱岳へ出かけて馬場島から追いかえされたとき、二人はパートナーであった。源五郎が奥穂高岳川谷側へ墜落して行方不明——との報らせをもたらすと、北条ははじめ信じがたい面持ちだった。しかし、大阪薬専山岳部佐藤耕三からの詳しい事情をそのまま中畠が伝えると、彼は黙ったまま救援出発の準備にとりかかっていた。北条理一はまるで福田源五郎の遭難救援のために入山してきたかのような偶然の不幸な符号になったわけだが、彼はなんとはなしに源五郎はもはやこの世にいないような死の予感がしてならなかった。

北条理一は大阪堂島ビルの好日山荘の常連だったし、旧R・C・Cのメンバーである。剱岳チンネ正面、奥又白四峰などに初登攀記録をもつクライマーで、いつしか西岡一雄を通じて二人は知りあった。源五郎は中学三年生の頃から好日山荘に姿を見せはじめており、はじめて彼が同店を訪れたときは、薄汚れた学生服に肩から黒いカバンを斜めにさげてうっそりと入ってきたものだ。黙って店内の登山用具をじろじろ見回って、十分ほどして出ていった色の黒い少年が源五郎だった。はじめ西岡一雄もうさんくさそうに彼を見送ったものだったが、以後週に三、四回は必ず姿を見せるようになった。来ても特に用事があるわけでもないらしいが、いかにも山が好きらしくピッケルなど丹念に眺めていた。いつしか西岡を「オッサン」と呼んだり「オヤジ」と言ったりして、しだいに親しくなったが素性はまるで分からなかった。いつも泥だらけの汚れた靴を履き、弊衣《へいい》破帽《はぼう》のルンペン中学生といった風体でやってくるのだ。

　ところが皮肉にも、このルンペン中学生が「ランラン香油」を発売している有名な化粧品本舗福田源商店の御曹司と分かった頃には、訪れるたびにぼつぼつと山の話をする仲になっていた。西岡一雄の観察したところによれば、性格ははじめ寡黙超然居士で、やがて超然瓢乎居士といった印象を受けた。まず硬派の中学生といってよく、時折に不良と喧嘩したなどの武勇伝を得々としゃべっていたが、どこか育ちのよさと素朴なユーモアが飾り気なくただよって、ヤンチャなぼんぼんといった感じだった。たしか山へばかりゆくために、中学も一年か二年落第したはずだが、まるで当人は他人事のように平然として、相変らず厳冬の鹿島槍や北尾根へでかけたり、好日山荘へ顔を見せていた。西岡一雄にしても、将来性のゆたかなアルピニストとして嘱目《しょくもく》していたし、「中学生にして厳冬アルプスにでかけた勇者」などと山岳雑誌に紹介したこともあった。

源五郎は大抵午後三時頃に堂島ビルへ姿を見せた。来ると必ず最初に、陳列のシェンクとかヘスラーといった名品のピッケルを一本手にとる。それから数回の素振りをくれ、氷上でステップを刻む練習をするのだ。それからこんどは、ピッケルをあれこれと点検して丹念に磨きはじめる。それも十分や二十分ではないので、店の閉じる午後六時近くまで幾本ものピッケルを熱心に磨いてくれる。まるで店で彼をピッケル磨きに雇ったのではないのかと客から噂されるほどの熱心さだった。これも伊達や酔興でしていたのではなく、彼なりにピッケルの研究に没頭していたので、のちに独自の彼の設計によるピッケルを、仙台山ノ内に註文して鍛《きた》えさせたほどなのだ。ピッケルばかりではなく、登山靴もよく磨いていた。保革油の大缶の中へ掌を突っこんで、素手で靴に油をすりこんで磨くのである。いつも下唇を舌先でなめなめ黙々として没頭しているのだ。

そのような福田源五郎の印象は、北条理一には山の恩師西岡一雄から聴いた話もあれば、彼自身でも見聞きした記憶も入りまじっている。例えば、源五郎の笑いについても話に聞いた記憶もあれば、北条自身の印象でもあった。つまり彼の笑いはじつに純真で美しかった。まさに破顔一笑であって、顔全体で笑うのである。決して顔の一部で笑うのではなく無邪気に笑うのだ。口数はすくないのだが、彼の暢《ちょう》達《たつ》な笑いが一座を明朗にするし、話相手にかぎりのない愉しさを感じさせた。まるで歌舞伎の悪玉を連想させるような〝源五郎〟という名前と彼の魁偉《かいい》の風丰《ふうぼう》とはまるでうらはらに詩人気質なところがあった。ことのほか大島亮吉の文章が好きであったし、夕暮の雪山でラッセルしつつ、ミソサザイの啼き声にうっとりとして首をかしげているといった男であった。

つい二年ほど以前、彼は家庭内の母のトラブルでひどく悩み、一時は神経過敏になって入院していたこともあった。彼の挙措《きょそ》言動とはおよそ正反対のデリケートな傷つきやすい精神の所有者で、それがキッカケになってか絵画を熱心に勉強しはじめ、将来は画家たらんと夢みていた。その描きはじめた習作も街の夜の寂しい風景画だったり、可憐な山の花だったりして、山における果敢な実践者とは、およそうらはらな筆致なのである。

北条理一は、中畠を先頭に四人で岳川谷へ源五郎を索《もと》めて登った。すでに日は沈んで、冷たく星がまたたきはじめ、一行は電灯をたよりに森林帯の中を岳川谷の奥をめざして登った。午後九時近く扇沢の出合に着いて、あちこち捜索した結果、やはり予想どおりの地点に源五郎は発見された。夜目にも四囲の山々がくっきりと蒼白くそそり立ち、源五郎の死体はデブリの上に足を屈し、横向きに倒れていた。顔にいくらか擦り傷がある以外にこれといって外傷はなく、眠るかのような二十一歳のやすらかな面ざしである。体温はまだいくらか残っていたが、すでに脈膊も瞳孔反応もない。すぐカンフル三本注射したうえ、人工呼吸など交替で三時間ちかくも施してみたが、なんらの効果もあらわれなかった。遺骸は翌日——昭和十二年四月十一日の未明四時二十分に上高地へおろされた。

「私は山での死を欲するほど深く山に生き、山々もまたそれほど深く私のうちにある」というエリッヒ・マイエルの言葉が好きだったと、北条理一は朝のまばゆい日ざしの中で独り思った。天候はすっかり春山らしくおちつきをみせており、天狗の

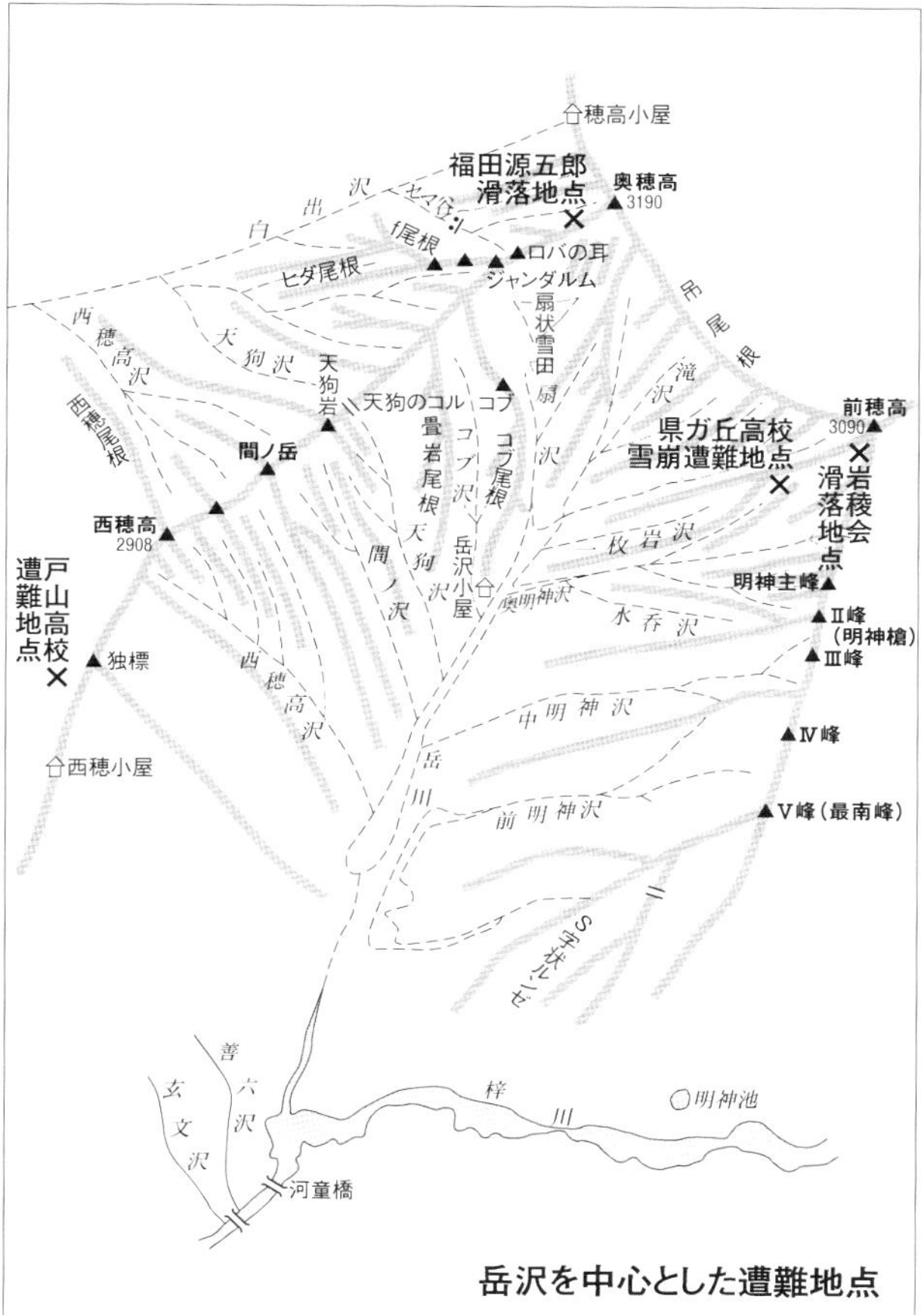

岳沢を中心とした遭難地点

コルからジャンダルム、奥穂高とつづく白い山稜がバラ色に彩られて寝不足の瞼にまぶしい。彼は梓川ぞいの小梨平ちかくの草の萠えしげる岸辺に座りこむと沈思した。

つい最前、源五郎の絵の先生である今竹七郎画伯が、そのデスマスクをスケッチしていたが、彼の死の表情には刷《は》かれたような微笑がただよっていた。まるで死を快く迎えたかのような——そう考えて北条は前日の夕刻、中畠政太郎から源五郎行方不明の報らせを受けたとき、前後の連脈もなく漠然と彼はすでに死んだのではないかと不吉な予感をいだいたのであるが、なぜなのか反芻してみると、彼の書いたある一文の影響のためとはじめて気づいたのであった。たしか昨年の山岳雑誌『ケルン』十月号だったと思う。「奥又白」という題で源五郎が書いたのであるが、なんとも薄気味のわるいほど美しい文章なのだ。

内容は兄の源四郎と夏に徳沢へ出かけたときの随想なのだが、冒頭に「七月二十九日、その日は僕にとっては今年までの山行の中で最も印象深い日であったろう」と記されて、このあと徳沢に着くと、西山の隠居に「下又白のガレの横に墓があるせ」と教えられて墓参りにでかけるだけの話なのだ。墓は大正十五年七月に奥又白から北尾根へ登り、涸沢へ下降の際にクレバスにおちこんで遭難死した三高山岳部、井上金蔵のものであるが、同文中にはその記載はなく、ただその光景を次のように叙している。

「下又白の左側の木立疎らなる林の中に、東ロンバック氷河末端のアーヴィン、マロリーのそれのやうにささやかなる奥津城《おくつき》を見出したとき、今の今まで駄べってゐた三人は急に黙って足を速めた。墓前に立つケルン状の墓標の一石がはがれて落ちてゐるのにも、花立代りのコップの中でしほれてゐる花にもいひ知れぬ淋しさが漂ってゐる。折柄今まで雲の中にあった真夏の午後の太陽が樺の梢青葉を透して墓標の上に神秘的な光を柔かくサッと投げかけてその日も余り長く無いことを我々に告げた。ふだん口下手だが素晴らしく雄弁の僕が虫のやうに押しだまって、つんできた名も知れぬ花を墓前にささげた。友はこれもだまって桜の皮のシガレットケースから一本の煙草を線香代りだろう、墓前の平たい石の上にそっと置いた。『明後日が十回忌だなあ』と誰かがぽつんといった。しばらくして墓前を辞した。テントへ帰るべくガレを横切っている時ふと上を見上げると下又白上部の荒々しい稜線にアーベント・グリューエンの名残りが漂っていて黄金のモールを引いたようになっている。平和な淡紅と下又白の陰惨な灰色との対照は地獄天国の大絵巻をあたかも眼前にくり展《ひろ》げたようであった。僕は夜のしじまがぐんぐんと押しよせて来るのを身内に感じながらツェルトにもぐり込んで裸蠟燭に火をともした」

それはほんの数枚の短い文章であったが、なにか末期の眼を感じさせる鬼気がみなぎっており忘れがたかった。それにしても福田源五郎がこの墓碑になにを印象ぶかく感じたのか、きわめて曖昧なのであるが、それは大島亮吉の『涸沢の岩小屋のある夜のこと』を想い出させるような死を予感させる文章であった。

山での死を肯定して、もう一つの自己の世界に永遠に生き得るような、ある山への運命的酩酊——といっていけなければ、岩と雪での死への性感とでもいってよい匂いがこめられていた。福田源五郎の墓碑も、また梓川の岸辺、下又白の荒涼たるモレーヌの片隅に穂高を仰望しつつ建てられた。

〝源五郎〟ここに眠る——といってよいアルプスの静謐な墓地であり、あの〝微笑むデスマスク〟とともに彼の幸福な短い二十年の山での生涯であった。

〝松高〟山岳部の栄光と悲劇

昭和十一年以降、松高山岳部は挙げて前穂高東面奥又白研究に没頭、積雪期へ挑戦
昭和十四年十二月、ついに目的を達成し計画終了
だが残された積雪期前穂東壁への若いメンバー四人の野心と情熱
昭和十五年三月二十一日、折井、北村、風雪のCフェースを初完登、
春田、久留サポート隊とV字状雪渓で合流したのち暗夜のザイルワークの不始末から全員スリップ、
折井、春田死亡

1

松本高等学校——長野県松本市にあった。かつて旧制高校として、山好きの受験中学生には「松高」の名前は、どんなにか魅惑的であったろう。松高出身のアルピニスト朝比奈菊雄は、「この街にある高等学校を受験した動機というのが、第一に〈山に登れるから〉というのだった。もっとも入学試験があまりむずかしくなさそうだ、ということも、それに劣らない魅力だった」と回想し告白している。たしかに一高、三高などよりはけなみは、いささかおとるかも知れない。だが松本を称して「僕のカトマンズ」と言ったこのOBならずとも、標高六〇〇メートルのアルプスの見えるこの街での三年間の高校生活は、山好きの若者にはきわめて夢想的な青春計画だといえるようだ。街の西方には安曇野をへだてて常念山脈の裾野が四季さまざまの色彩で、アルプスへの誘惑をうながしてやまない。街の人びとは、アルプスを「西山」と呼んで日常風景の一部として、山国の季節のうつろいをその山肌の色感にながめ遠望している。たとえカトマンズでも、グリンデルワルトでも、シャモニーでもよいのだが、つまり松本はそのような山国の街なのだ。山好きの中学生が松高山岳部を受験するのも当然で、たとえば昭和二十三年、一月の北鎌尾根で凍死した松濤明もその一人で、受験して失敗しては松高パーティにまじって山でうさをはらしていた。

部は大正十年前後に発足してより、幾多のすぐれたアルピニストを輩出した。ことに昭和十一年より十四年に至る穂高奥又白の登攀は、瞠目すべき闘志と情熱をもって、四季の別なく前穂東面の岩と雪にたいして捧げつくした。村山雅美、石原重徳、山崎次夫、朝比奈菊雄、牧野富夫、恩田善雄といったメンバーが中核となり推進されたのだが、皮肉にも栄光を掌中にしたとき、待ち受けていたかのように悲惨な代償を一括して払わねばならなかった。それは山のもつ非情冷酷なまでの掟なのかも知れないが……。

奥又白は前穂高東面の直下、北尾根と明神の山稜に包みこまれるように小さな台地をつくっている。その標高二五〇〇メートルのベランダともいえる地域には、小さな又白の池が群青色に背後の岩襖《いわぶすま》を映して蹲《せぐくま》っていた。池はほんの三〇メートル直径の楕円形で、三方を低い芝草の生えた堤によって囲まれ、南の一方のみ開けて細い流れが苔のあいだから点滴とし、中又白谷の源流をつくっている。まこと穂高の秘奥らしく周辺の分厚く険しい岩場は、鹿島槍カクネ里周辺と共に滝谷開拓後にのこされた最後の砦といわれ、スポーツ・アルピニズムのメッカと目されていた。梓川よりはじめて辿りついたのは、大正十四年七月、三高パーティがはじめて奥又白谷を攀じて小さな池のある台地に達し、さらに北尾根四・五峰のコルに到達したときだ。今西錦司、酒戸弥次郎、奥貞雄、上林明、井上金蔵の五人で、この帰途涸沢側のシュルンドに三人があいついで転落し、井上金蔵のみ死亡した一件についてはは前（「北尾根に死す」の項）に記した。

以後、明大、六高、東京商大、日本登高会、慈恵、甲南など各山岳部の精鋭が昭和初頭におけるもっとも華々しいスポーツ・アルピニズムの火花を散らした山域である。はじめて松本高校パーティが奥又白に入山したのは、昭和七年八月で今井田、内山、沼野、数井、寺島の五人が涸沢より北尾根五・六峰間のコルから奥又白に辿りついている。さらに中又白を登り、奥又白台地よりルンゼをはじめて下降して「松高ルンゼ」を発見、翌八年三月にはA沢より前穂山頂に達して最初の積雪期開拓の栄光あるケルンを積んだものの、以後数年は沈潜ぎみとなって「松高」の名前は色褪せつつあった。だが、あくまで「美しきわれらの山懐」として「ハイマートゲビート」として目し、昭和十一年五月の声をきくと、松高山岳部の存在がふたたび奥又白にクローズ・アップされて、十二年には内山、山崎のパーティが東壁「松高カミン」を開拓するなど、昭和十五年まで奥又白計画が実践されることとなり、四季にわたり幾度となくパーティを奥又白に送りこんだ。東京商大山岳部でも小谷部全助、森川真二郎、大塚武といったメンバーが、積雪期北岳バットレス完登の余勢をかって奥又白を虎視しており、前穂東壁をめぐる目に見えない激しい各校の意欲は、熾烈をきわめていた。

昭和十三年一月東壁にアタックすべく、涸沢より三・四コルへ天幕を設営しようと村山、山崎、石原、朝比奈、塩原、松林、北島、牧野、恩地のメンバーをもって十日間の予定で十二月二十二日行動を起こしたが、連日の猛吹雪のために徳沢滞在五日の末に挫折した。すでに同年八、九、十、十一月と毎月のように偵察パーティを奥又白に派遣して完璧を期していたが、涸沢まで辿りつくのが精いっぱいだった。この惨敗に反省して部員全体のレベル向上のために基礎的訓練を徹底しようと、三月西穂や遠見尾根に積雪期の幕営生活をおこなった。その間に三月十七日、東商大

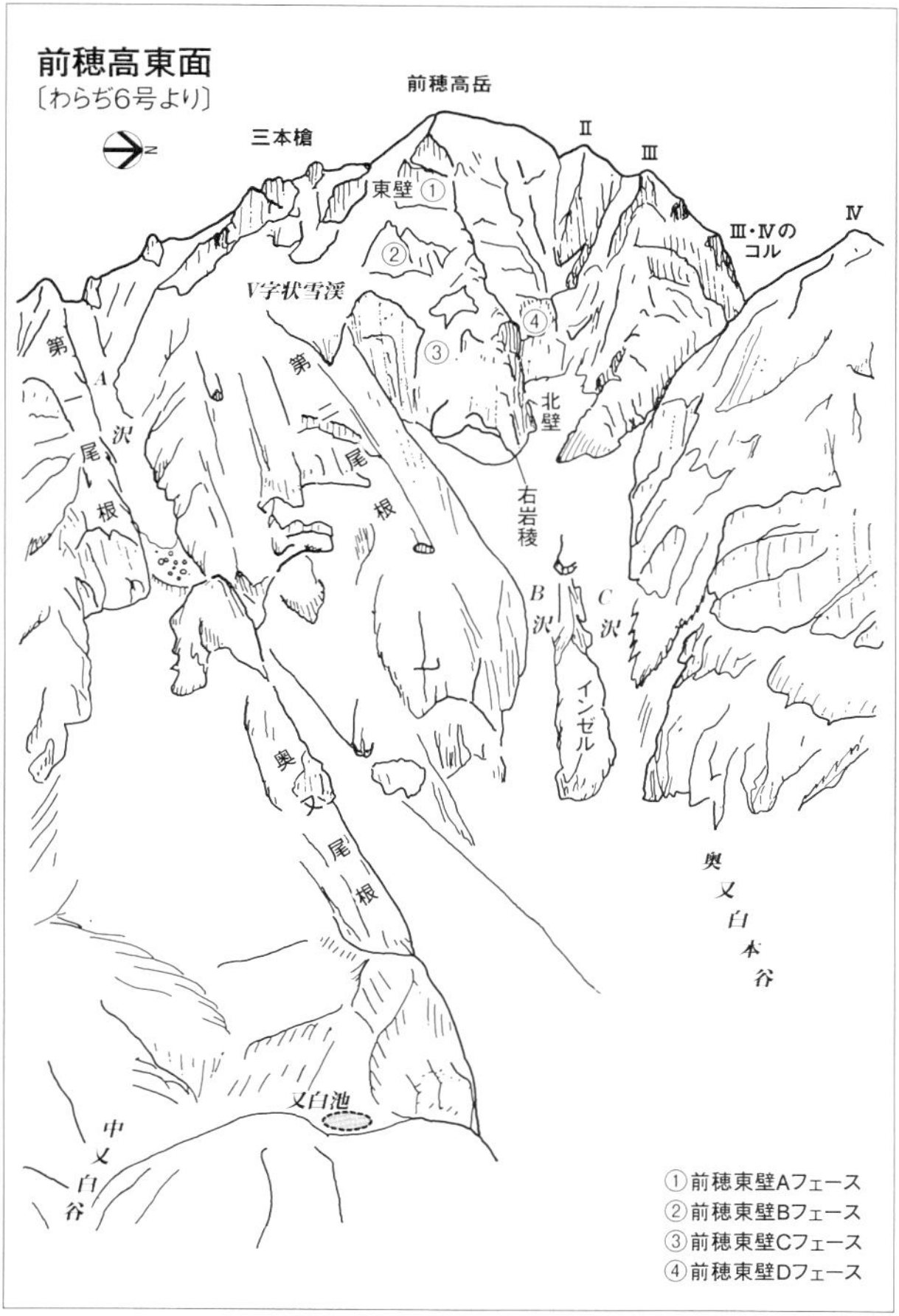
前穂高東面
〔わらぢ6号より〕
N
前穂高岳
三本槍
II
III
IV
III・IVのコル
東壁 ①
②
③
④
V字状雪渓
北壁
右岩稜
第一尾根
A沢
第二尾根
B沢
C沢
インゼル
奥又尾根
奥又白本谷
又白池
中又白谷
①前穂東壁Aフェース
②前穂東壁Bフェース
③前穂東壁Cフェース
④前穂東壁Dフェース

森川、船本のパーティが池畔の雪洞より出発し、東壁フェースと北壁をむすんだルートを十二時間を要して完登した。二人とも凍傷にいためつけられて悪戦苦闘の連続であったとの報告を聴いて、松高パーティの闘志は異常なまでに昂揚せられた。

2

まず同年十月には、登攀不可能かと見られていた前穂北尾根四峰正面岩壁のオーバーハングが、山崎、松森の松高パーティによって三十本近くのハーケンを使用して遂に成功した。かくてこの年末から一月にかけては明神岳東稜において積雪期登攀の基礎訓練をかさね、昭和十四年三月九日より奥又白に幕営して東壁アタックを試みた。だが、連日の吹雪のために二十五日下山。夏には右岩稜、五峰正面壁、中又白などを登攀してそれなりの収穫はあげたものの、目標とする積雪期奥又白の壁にはいまだに一指さえふれ得ない焦燥感が、松高山岳部々員の誰の心をも重たくさせていた。十三年以来、常念山脈ひとつへだてた松本という地の利を生かして、彼らの奥又白入りは頻繁となり、毎月のように誰かがリュックザックを肩にして山へ出かけていった。といっても多勢いる部員ではないので、いつも顔ぶれは十人にも足りないメンバーであった。だから後継リーダーのいないとき、最上級生の一人は卒業を一年延期して、リーダーの育成にあたったたという伝説（?）もあり、部報『わらじ4・5号』の記録欄を一瞥しても、村山、朝比奈、山崎、恩地、渋口、石原、松森、牧野、渡辺、北島……といった氏名がやたらと目につく。順調に終了すれば三年間で卒業する高校生活だけに新陳代謝が激しいはずなのに、パーティの顔ぶれにさほどの変化の見られないのは一、二年落第の部員がざらにいるからかも知れない。

だが昭和十四年になると、さらに二人の新たな名前が記録欄にしばしば見受けられるようになった。折井寛、春田和郎で、折井は十三年、春田は十四年の四月入学すると、ただちに山岳部を志した根っからの山好きである。すでに折井は四季のアルプス行をとおし二年部員として十分に基礎的訓練も終了していたし、さらにまた来たるべき積雪期前穂東壁攻撃の要員とみなされていた。

徳沢周辺の樹々の梢が黄ばんでくる九月下旬になると、二年部員以上は冬山への荷上げに偵察に、多忙をきわめてきた。そのたびに本町にある米田屋食料品店へでかける。山行の食糧をととのえるためだ。店には「鬼瓦」と仇名で呼んでいる肥った赤ら顔のお内儀《かみ》さんがいて、未亡人だったが部員にはいつも親切だった。「せっかく、ええ学校にはいったで、山なんぞ行かないでいいじゃないかね」といつも心配顔でいぶかしげに言ったものだ。やたら安くて栄養が豊富で、そのうえ量の多い食糧を値切りたおして買う客だから上得意のはずもないのだが、野菜から燃料まであれこれと買いあつめてくれた。まさに松高の兵站《へいたん》部の感があった。奥又白も三年目、ことしあたりで達成しないことには部の現有実力からいっても困難になる。三月に卒業予定の三年部員がもっとも多く、それに二年部員が極端にすくなかったからだ。一年部員が多数入部したといっても、ことしの冬山、来年の春山の主力となるわけもない。この暮から春にかけてが最大のヤマ場だった。それだけに部には異常なまでの緊張がみなぎっていた。

まず第一回の偵察行のパーティとして浜口、折井、大島の二年部員の三人で九月三十日より十月三日まで快晴の東壁を心ゆくばかり偵察し、二日に北壁を攀じた。この日一年部員が主体となり白馬縦走に出かけていたのだが、パーティ中の新人柳志満が疲労凍死するという予測外の遭難があった。三人が徳沢に三日に下りたとき報らされたのだが、部として最初の山の犠牲なだけに沈痛だった。以前雪の乗鞍山中で松高の井上増次郎教授らが、道を失い彷徨したすえ凍傷になったことはあったが、遭難犠牲者のいないことが部の誇りであり自信でもあった。そのパーティの中にやはり新人の春田和郎もいた。

白馬岳での遭難は、新人のみでパーティを編成したなど幾多の批判もあり、部の統制の不行届として自省し、十月いっぱいは謹慎し喪に服した。だが十一月一日になるといっせいに行動をおこして、ふたたび荷上げと偵察のために奥又白へ十名で向かった。折井、春田もメンバーにつらなり、白馬遭難パーティも全員参加していた。白馬の遭難がむしろ彼らの山への闘志をいっそう熾烈にしたかのようだ。十一月六日に下山すると、代って十一月十八日から十二月五日まで主力ともいうべき山崎、恩地、清水の三人が入山した。二十四日北壁を二日がかりで完登したものの三人とも指先を凍傷にやられていた。二十九日には雪崩のために天幕ごと流されるといった惨澹たる現状で、二十八日下山の予定が十二月五日まで滞在せねばならなかった。このために十二月三日には山岳部の四人が救助のために入山したほどだった。

本格的な東壁アタックが十二月二十二日から開始された。登攀班が恩地以下四名、サポート班が北村以下五名で、折井は登攀班に、春田はサポート班として参加した。二十四日快晴にめぐまれて一気に又白の池まで登り設営を完了。二十五日から二十六日にかけて、第二尾根、東壁Aフェース、三峰フェース、四峰東南壁（明大ルート）と二班に分けて四ルートを完登した。十二月とは信じがたいように両日とも晴天で風もなく、手袋を脱ぎワイシャツ一枚になっても平気なほどの暖かさである。壁によっては十日以上も続いた晴天のために氷雪が解けおちてしまい、夏に打ったハーケンが壁に顔をのぞかせるほどだった。

白馬岳での遭難は不運の一語につきるのだが、この十二月の奥又白はいささか幸運すぎるほどで、一行はこれまでの冬山の辛酸を反芻して、いささか薄気味わるい思いだった。ことにこれまで満足に設営すらできなかった厳冬期のアルプスにおいて稀有ともいうべき大成功だった。折井は、清水と共に東壁Aフェースを登り、二十五日、二十六日には恩地と三峰フェースを登攀した。春田もサポート班としてははじめてこの氷雪の大殿堂に身をさらして、溢れかえる山への感動に身をまかせたのであった。だが、それにしても十一月下旬の奥又白での雪崩を除けば、この十二月は連続晴天六日間という空前の好天に恵まれ、これまで二年間の収穫に比較するとあまりに僥倖すぎるような気がしないではなかった。白馬での惨事が、いま逆にもたらしてくれた神の恩寵なのだろうか——とも想像せずにはいられなかった。

年の改まった十四日、春田は新人二人と乗鞍へテントを担ぎあげて十七日まで暮し、二月には折井寛がリーダーの白馬岳幕営行にも、三人の新人と共に出かけた。白馬行のときは、春田和郎、北村正治、久留健司、石原純の五人で、石原を除く四人が三月の奥又白へ入山することになるのだ。折井は長野県上田市の出身で山もスキーも子供の頃からなじんでいて、兄も山好きだし、それに従兄の折井健一は早大山岳部のリーダーだった。春田も東京では山好きの中学として伝統のある府立一中出身であるし、新人といってもこれまで弟俊郎（のち松高山岳部へ入部）といくどとなくアルプスには登っているし、山に登りたいがために松高を受験したという典型の一人であった。

3

前穂東壁の完全登攀こそ逸したが、積雪期奥又白研究の初期目的は十分に達成されたものとして、部では三年目のこの冬山をもって完了する事に決した。村山、朝比奈、山崎、松森など幾人かの仲間はすでに卒業していたし、この幾年間かにわたって注いだ奥又白への厖大な青春のエネルギーを思うと誰もが感無量だった。あのころ新人だった部員もいまはすでに部の三年生であり、またそれ以上で大学へも進学しなければならない状況なのだ。奥又白の次の対象について鹿島槍、錫杖岳などという山々の名が挙げられて春山計画が練られた。だが奥又白への愛着は、この幾年間にわたる四季の接触によって容易に消えがたく、それに一月の燃料、食糧の残置物資がまだ又白池畔にたっぷりと貯蔵されていた。この利用の得策を考慮して、三月は奥又生活とふたたび決定した。白馬行のパーティ折井、春田、北村、久留の奥又行の希望もあったし、未登攀東壁Cフェースへの野心があった。だが部の意向として、できればこれまでの計画を一新して、奥又、前穂、奥穂にテントを前進させる極地法の訓練を実施しようかとも案を練ってみた。前年一月に慶応パーティが軍事作戦のように徳沢をベースキャンプとして、北尾根八峰より奥又、四・五のコル、前穂とキャンプをすすめて奥穂登頂に成功しているのを目にしているからだった。だが、とうてい人員資材とも松高では足りず、プランは画餅に帰した。

すでに十二月の登攀において奥又への自信をふかめている折井たちの胸中には、ひそかに東壁完登の野心がうずいていた。三月十六日、残留の三人の部員に壮行コンパを開催してもらい四人は入山した。中ノ湯に一泊して、十七日には雪のいくらかおちる中を徳沢まで入った。十八日は晴天で、四人は奥又へ順調に登り設営した。十二月のときに劣らぬ日和で、十九日は北尾根（折井、春田）、第一尾根（久留、北村）、二十日Aフェース（春田、久留）、Cフェース偵察（折井、北村）と春山日和ともいうべき好天のもとで順調に四人は予定ルートを登攀した。残るものは最後の課題東壁Cフェースのみである。

かくて昭和十五年三月二十一日、前日偵察したCフェースの計画だった。前穂東壁の下半部を構成しているCフェースは、松高でもついに積雪期未踏のままで、この壁さえ突破できれば、Bフェース右手から第二テラスへ出てAフェースを登り前穂山頂へ――つまり東壁完登も可能となるわけだ。二十日の偵察ではなんとかCフェース突破のメドもできたし、天気がよく時間さえたっぷりあれば、第一テラスからAフェースへとりつく第二テラスへのルートも不可能ではなかった。一応、部における積雪期奥又白計画は終了したといっても、東壁Cフェースが未踏であることは画竜点睛《がりょうてんせい》を欠くというおもむきなきにしもあらずなのだ。それだけに二年部員折井寛と新人の三人は、卒業する部の先輩たちへ——残る後輩の山への情熱的結晶の餞《はなむけ》としてなんとか東壁を成功させたかったのである。だが連日の好天もさすがに二十日の午後からいくらか下り気味で、夜になって月が昇ったものの暈《かさ》がかかっている。悪天候なら休養してもよいと考え、それでも一応出発準備を整えて午後八時十分に寝に就いた。

午前二時、山へ来た習慣でみんなめざめると、寝袋から頭をもたげ外をのぞいてみた。きっと雪でも降っているのだろうと半ば考えながら天幕のタレをあげてみると、凍りつくような夜空に満点の星が蒼くまたたいて、残月が西に赤みをおびて淡くおちかかっている。穂高の岩壁は夜目にも黒々と静まりかえって、このまま夜明けになれば雲一つない日本晴れになる空模様に見えた。北村の声でいっせいに起床して出発準備にとりかかった。サンドイッチの昼食をつくり、五時に四人は天幕をあとにした。Cフェース登攀パーティの折井、北村と平行して、サポートの春田、久留の二人はCフェース左端の雪稜を登ってV字状雪渓で合流することになっている。まだ夜は明けきらず、常念の山稜がうっすらと明るいだけだ。ハイマツの下から白いライチョウが数羽飛び出してきて、四人を見てギャアギャアとうるさく啼いていた。B沢へ下ってのラッセルは、春田と久留が交替であたった。朝日が昇りはじめると雲海の上に浅間が唐突に顔を出す。Cフェースの直下に辿りついたのは六時五十分。二十分ほど休息して、折井と北村は四十メートルのザイルを結びあった。トップは折井で攀じはじめた。サポートの二人は一時間近く仰視していたが、二人の姿がかなり上部に遠ざかったので、アンザイレンして左手の雪の急斜面を登りはじめた。二ピッチも登ると、登攀パーティと同じ高さに追いついたのでまた見守る。かなり岩は悪いらしくハーケンの打ちこみ、ザイルの操作がのろのろと繰り返されていた。サポートの二人は、声援をおくり、ルートの指示に余念がない。

Cフェースのだいたい半分を攀じた頃になって、前穂の山頂から常念に向かって白い刷毛ではいたような雲がかなりの速度でうごきはじめた。どうやら天気悪化の兆候であるが、なんとかあと半日ぐらいは保ちそうにも観測された。だが雲あしは刻々と早くなる一方であり、半日もつかどうかも保証しがたい。

「天気が悪化するぞ……早いとこやろうや」

サポートの二人は、Cフェースの仲間に大声で叫んだがなんの応答もない。すでにかなりの距離があった。サポートが、Ｖ字状雪渓の下端にある第一テラスと平行に見える地点に到着したのはちょうど正午だった。ポカポカとした春の日ざしを浴びながら、Ｃフェースパーティの登ってくるのを待った。昼食には紅茶を飲みパンをかじって、二人の顔がこのテラスの端から出てくるのをのんびりと待ち構えていた。しかし、午後二時を過ぎてもなんの音沙汰もない。ときおり、カチン、カチンというハーケンでも打ち込んでいるらしい微かな音が伝わってくるばかりだ。昼下がりになると日ざしも落ちはじめて、Ｖ字状雪渓の日だまりもみるみる夕辺の翳で埋まり、肌寒くなった。

「おかしいね、もう第一テラスへ出てこなくては変だよ」春田が心配げに言った。「ヤッホー」久留が大声で足下に向かってどなった。すると、「ヤッホ」と短い低い声がはるか下のＣフェースの取付点あたりから返ってきた。二人とも耳にしたこの聴覚現象に、狐につままれた面持ちで呆としていた。

「二人ともＣフェースを撃退されて下降したんだろうかね？」久留が不安げに言った。たしかにそうとしか考えられない状況である。すでに白い密雲が一団となり、前穂から常念に向かって殺到していた。池には前日同志社のパーティが設営しているので、同志社パーティの声かとも想像してみた。しかし、声はたしかに折井だった。三時を過ぎると、温度は急速に低下し、座っていられないくらい寒い。二人は寮歌や校歌をどなって元気をつけていた。

天候はわるくなる一方で、頭上の空は鉛色に塗りつぶされて低くおちかかっている。「雪だぜ」久留の声に空を仰ぐと、白い雪片が激しく降りかかっていた。「危いね、大丈夫だろうか？」春田も不安げに言った。もはや黄昏もせまり、このままでいればサポートの春田、久留の二人の状況も険悪になりつつあった。はたしてCフエースに僚友はいるのかどうかも分かりかねた。もしも天候がさらに悪化してくると、四人とも遭難しかねないし、昨年十月の白馬での柳の死を思うと、二人の不安はさらに濃密となった。彼らは黙りこんだまま第一テラスを凝視していた。祈るような気持ちで折井たちの姿のあらわれるのを待ちわびた。すると暫くして、ぽっかりと足下に人影が這いあがってくるのが視野にうかび出てきた。それは折井だった。「もうここから一歩も登れないんだ。だれかザイルを下ろしてくれないか？」という声に二人はバネ仕掛けの人形のように飛びあがった。その声は疲労困憊していて低くか細い。その声に応じて第一テラスまでザイルをつけて久留が下り、春田が確保した。V字状雪渓と第一テラスの交わる雪稜を乗り越すと、日の当たらないこの地域は青氷が張って雪などまるでついていない。風は弱まったが綿をちぎったような雪が、底なしにあとからあとから落ちかかってくる。足元には雪煙がたぎりたち、ときおりその垣間からサネ尾根あたりが俯瞰された。B沢、C沢の雪渓が漏斗《ろうと》状に鋭く岩壁のあいだを切りこんでいる。折井の姿は見えたが、凍りついたようにまるで動かない。だが、やがて渾身の力をふりしぼったのか、足下の二人はのろのろと動き出した。北村がトップになり、折井が確保して第一テラスの上まで独力でどうにか攀じてきた。上方の雪のテラスからは久留を確保している春田が「まだ一緒にならんのか？」といくども不安げな声で督促してくる。寒風にさらされてじいっと身じろぎもしないで、ザイルを肩に座りこんでいる辛さが目に見えるようだ。

午後六時――やっと北村の手をつかんだ。折井もつづいて蒼黒い凍りついた顔を見せた。雪はまたも激しく降りはじめた。V字状雪渓に四人が集合したとき、死地から脱したように無言で握手しあった。すでに周囲は薄暗くなり、雪は頭上に激しく渦巻いていた。午後七時――。

4

サポートの二人の座っていたV字状雪渓末端には、すでに新雪が二十センチも降り積もり、雪煙が雪渓上部に分厚くおちかかってくる。前日のラッセルは跡形もなく消え、新雪が硬雪のうえに一面にのって、表層雪崩の危険は目に見えていたが、ビバークにたえるだけの装備もないし、それに四人はあまりに疲労しきっている。池畔のテントに一刻もはやく戻りたい焦燥にかられていたが、空腹のために動けなかった。パンと紅茶で腹ごしらえをしたのち、午後七時過ぎに下山にかかった。春田と久留の二人はサポート隊としての責任感から先頭に立って、二つのザイルパーティに分れてトラバースを開始した。雪面は新雪のためにひどく不安定で、ザイルを結び静かにラッセルのあとを捜しながら歩んだ。雪あかりといっても照明度は低く、急斜面の雪面では勾配の深浅は見きわめがたかった。そこでランターンをとり出した四人は、消えかかった前日のラッセルの跡をさがしながら、地雷原でも歩むようにのろのろと下った。いくらか上方に来ているらしいので、折井の指示にしたがって久留は下りはじめた。ランターンの淡い光線が小さな蒼白い波紋をえがいておぼろに動くが、ラッセルの跡は新雪に覆われてなかなか見つからなかった。すでに地点はV字状雪渓の中央部を越えており、サポートの二人のあとに登攀パーティの折井、北村が黙々とつづいている。いくらか先頭が下り気味に進んでいたが、春田はしばしば停止して休息をとっていた。後続の二人は四十メートルのザイルをいっぱいにのばして、左端の雪渓をいくらか離れて行動していたが、いつの間にかもつれあったらしく、二つの前後のパーティのザイルが闇の底で交錯して絡《から》んだらしいのだ。その状況は生還者の報告でも明確ではない。

「北村は一応折井に確保の念を押して進みだした。三、四歩行った時に二パーティのザイルが絡まっていたのに気づき、すぐ前に立っていた春田に直してくれと、気軽に何気なく言ったままポツンと立ち止った。春田はそれに応じてザイルを簡単に直し、最後にザイルを潜ろうとして潜り終ったかどうかははっきり分らないのだが、その瞬間に春田の姿勢が崩れて、アッと言う間に同時に北村はスリップしてしまった。シマッタとすぐに余裕をとりなおしてピッケルを刺すが雪と一緒に滑落していく。眼前にボーっと見えるだけであった。そのうちに折井の確保で——と思っていたが止まりそうになく、三人のことが脳裡をかすめる。グンと身応えがあってスピードがゆるんだと同時にグンと下に強く引張られてしまって余裕を失い、すぐその後に体が飛び上りどこかにたたき落され、上下左右に引張り回されて転落していった。助かろうとする意欲は、悪いことになってしまったと思いながら、昔の追憶に変ってしまった。相変らず猛烈に滑り喉の奥から悲鳴をあげながら、いろいろな姿勢になって、暴れ回されていたが、遂に体がふんわりと空中に投げだされた。遂に死んでしまうのだと諦めて、空中を飛びつつ失心してしまった」（北村正治・遭難手記）

一方、春田とザイルを結んでいた久留健司は、パーティのもっとも下方にあって折井の行動を仰視していた。そのとき雪にけむった薄闇のかなたから、突然彼の視野に黒いものがふくれあがりながらなだれこんできた。ちょうど折井がトラバースをやめて北村を確保にかかった直後である。久留の眼前に黒い稲妻が走り、彼はピッケルに本能的にしがみついた。パーティの誰かが墜ちたのだと思った。なぜか理由もなく春田だろうと思った。夕刻彼はひとり雪渓上で仲間たちを案じながら、一時間近くも烈風に吹きさらされてザイルを確保していたために、痛々しいくらいに疲れ切っていたからだ。なんとか停止させなくてはいけないと、いくどとなくピッケルを雪面に打ちこもうと必死で努めた。だが身体はコマのように回転し、停止させようとあせればあせるほど全身が軽くなり、つよい吸引力が四肢に重く地底へ向かって引きずりこまれてゆく感じなのだ。「もうダメだ」という諦めが脳裡をかすめ、雪渓上を丸くなって墜ちてゆく自分の死の姿が一瞬見えたようだ。落下の速度は速くなったり遅くなったりしていた。もはやなにも思考する余裕もなく、ときおり「なんとか停止せねばならない」と身悶えしてみる。また「もうダメだ」と諦めて……いくどかそんな繰り返しの果てに全身がゴムマリのように宙にうかんで軽くなったのを覚えている。「今おれは死ぬんだ……」と思った瞬間気を失っていた——。

失心状態から北村正治が蘇生したとき、周囲の寂漠とした暗闇の中で、雪だけが顔にひとしきり激しく吹きつけた。いったいいまどこにいるのか茫然と佇《たたず》んでいた。視野の風景は死後の世界のようにぼんやりと色もなく冷たい。なんの意味もなく涸沢にいるのではないかと考えた。もやもやと混濁した意識の中で、自分は墜ちたのではなかったか——といくらか思考がめざめてきた。たしかにV字状雪渓から転落したのだと想起したが、いったいひとりでなんの原因で墜ちたのかまるで曖昧だった。いくぶん意識が明瞭になったとき、胴体に巻きつけられているザイルに気づいた。ザイルの凍った針金のような冷たく硬い触感に折井を想い出した。彼はザイルをたぐったが、すぐ雪に埋もれたザイルの一端は動かなくなった。付近の雪をかき除《の》けてみるとザイルが捩《よじ》れて、その先にだれかの脚先が見えた。北村は電撃を受けたように雪を掘った。するとザイルに下半身ぐるぐる巻きになった久留健二が苦しげに低い唸り声を発している。

「久留、久留……どうした！」北村は叫んだ。「腰の辺りが痛くて立てんよ」と弱々しい声で答えた。それでも彼が生きていることはたしかだ。ザイル・パートナーではない彼が落ちたとなると、春田もやられたわけになる。よろめきながら北村は雪明りをたよりに付近を探すと、雪まみれのまま横向きに倒れている春田を発見した。ザイルを結んだまま眠りこんででもいるかのようだ。「春田！」と叫び、駆けよって抱きおこすとすでに脈搏はなかった。転落中に岩角にでも頭部をぶつけたらしく額に血痕が付着しており、絶望的に感じられた。春田から斜め左上方三メートルの地点に折井がいた。外傷はなく顔が赤みをさして充血しているので大丈夫だろうと「折井さん、折井さん——」と連呼し、全身を揺すってみたがなんの反応もない。いくどもいくども繰り返したが、彼の死の重量だけが残った。久留を見ると雪の上に横になったまま眠っている。雪はとめどもなく降りしきり、北村はこれから果たすべき責務の厖大さにへたへたと座りこんでしまった。寒さは心臓の奥底まで凍りつくようにきびしく、北村はこのまま全身が生命とともどもに冷たくなったとしてもなんの不思議はない思いだった。

5

どれほど時間が経過したのか分らないが、横になっていた久留が突然むっくりと起きあがった。まるで昼寝からめざめた子供のように、眉毛を凍らせて雪まみれの姿で彼は四囲をキョロキョロしきりと眺め回している。

北村は最前から自分たちの現在地点について考えていた。V字状雪渓からスリップしたとしたら、B沢あたりにいるのかも知れないと憶測してみた。雪のかなたに岩峰がひとつ大入道のようにそびえているのが、どこなのか判断に迷っていた。

「四峰が見えるね」と久留が低い声で独りごとのように言った。すぐ北村もたしかに四峰フェースだと確信した。ようやく池のキャンプ地の方角も分かったので、彼は久留を励ましてなんとか下ろうと思った。折井と春田は正しい位置にならべザイルで結び、目印のために雪の四角な穴をつくっておいた。久留は腰をかなり打撲しているらしく立てないので、抱きおこしたが痛むらしく這うようにして北村につづいた。雪で視野は白一色に埋めつくされて、猫の額ほどのキャンプ地がはたして発見できるかどうか自信はない。挫《くじ》けようとする気力をふりしぼって歩くのだが、目標がないので同一地点で足ぶみでもしていたようにまるではかどらない。いくども久留の求めに応じ休んだ。北村自身もこれ以上彷徨しても体力を消耗するばかりだと察して、夜の白むまでビバークしようと決意した。雪に小さな穴を掘りサブザックに両脚を突っこんだ。身をかがめると酩酊に似た快感でまどろむ。このままぐっすり眠りこみたい誘惑にかられた。風はなく春の雪らしい大粒の重い湿った雪だ。それでもときおり背後の雪がくずれてきて二人を埋めにかかる。まるで自然の意志が二人を雪中深く埋没させようとしているかのようだ。そのたびに眼ざめるのだが、北村にも明るくなるまで生きつづける自信はない。そこで折井と春田の許まで戻ろうと再び立ちあがって途中まで引き返した。だが十メートルをゆかぬうちにもはや一歩もすすめなくなり、再びそこに雪穴を掘ってビバークに決した。サブザックの底にパンの残片が少量あったので口に押しこんだ。咀嚼《そしゃく》する力はないが、食べたという心理的な効用である。「いまいったい何時頃なんだい？」北村は、久留に訊いた。「………」彼は黙ったまま首を横にふった。もはや眠るにも寒くて眠りようもなかった。ことに靴は濡れそぼり、足先は完全に凍傷にやられているらしく寒さで刺すように痛んだ。久留の腰が痛むらしく低いうめき声をあげている。じいっとしていると全身にたちまち雪が降り積もって、いくどとなく雪を払った。血管も筋肉も生命もろとも刻一刻と凍りついてゆく恐怖に、二人はまたも起きあがった。そのとき風雪がしばらく小止みとなり、第一尾根の先端に月がぼんやりと蒼白くうかび出た。その右につづいているのが北尾根……それなら奥又尾根もどうやら見当はつく。

「月が出た、行ってみよう……歩けるか？」北村はこのままうずくまっていれば、死の跫音《あしおと》は確実に大きな重量をもってくると考えて言った。

「ゆっくりなら大丈夫だ」久留のかすかな声に雪穴から出た。北村はかなりの近視で、メガネをおとしているので視力の自信はない。いくども久留に地形の状態について反問しながら下りつづけた。もう疲労は感じなかったが、寒さで全身が痛んだ。

腰高のラッセルも夢中だった。確信はなかったが一つの尾根を二人は這い登っていた。どうか池があるようにと北村は心で祈った。もしも崖なら……そう考えると気が狂わんばかりになる。だが、ついに中又と下又の丸いコブの茶ビンの頭が幻影のように見えた。振りむくと視野に屋根型の雪の突起がふくれあがっている。たしかに天幕のシルエットだ……。

夢魔なのではなかったか——と北村は幾度となくシュラーフの中で反芻してみた。だが天幕には久留しかいない。折井と春田のシュラーフはもぬけの殻である。はじめて北村の頬に涙がとめどもなく溢れた。涙腺が涸れるまで泣きじゃくった。仲間二人をあの雪中にのこして逃げ帰った自責感で胸苦しかった。外は風雪がうなり、天幕はハタハタと鳴っている。一刻もはやく救出したいと気ばかりあせるがどうにもならない。それでも池畔に立大、同大のパーティが設営しているのに気づいた。すぐに北村が風雪の中を立大テントを訪れ、遭難の事態について報告し救助をもとめた。だが、この天候ではだれでも行動不能だった。おまけに雪崩の危険は増大しているし、徳沢へ下るにも松高ルンゼは新雪で下山しがたい。

天候の回復を待たねばならなかった。三月二十三日吹雪も小やみとなり、立大、同大パーティを案内して北村は二人のいる現場に出かけてみたが、目印の穴も雪に埋めつくされてまるで見当もつかない。やむなくキャンプに戻ると、島々のガイド上条孫人と北村が報告のため上高地へ下った。深夜に近い十一時二十分、帝国ホテル冬季小屋に辿りつくと、すぐ次のように松本へ電話した。

「二十一日午後七時頃、東壁のC壁を登攀後V字状雪渓横断中一行四名滑落す。折井、春田は人事不省、久留は重傷、北村のみ軽傷——」

三月二十五日から捜索が開始された。牧野常夫、北島博、村山雅美、松森富夫、朝比奈菊雄などの山岳部先輩、そして春卒業した山崎次夫、恩地裕など松高の奥又白計画の推進メンバーが驚駭《きょうがい》の面持ちであいついで来援した。つい前年十月の白馬岳遭難の悲報、すぐ二カ月後の積雪期奥又白での大成功の朗報——ついに果たし得た宿題に、彼らはアルプス山麓での短い青春の日々とその無償の栄光をそれぞれに胸ふかく刻みこんだはずだった。だが、その数カ月後、彼らの手塩にかけた後輩が二人、あの青春の栄光と信じてやまなかった奥又白ではかなく逝った。いまや前穂東面奥又白での松高山岳部の「われらが栄光」の記憶は、その悲劇の発生とともに無惨にも潰《つい》えさったのである。

ある山岳画家の生涯

太平洋戦争末期の昭和十九年秋、山恋のおもいやみがたく茨木猪之吉ひとり穂高へ
明治四十二年、信州小諸での教員生活と日本のセガンティニたらん若き一画家の決意
涸沢で描き、さらに奥穂を越えて飛騨槍見温泉へ向かって還らず〝行方不明?〟〝失踪?〟
京大伊藤洋平の老画伯への奇妙な記憶と、新雪の捜索行に白出沢付近でかいだ死臭の謎

1

昭和十九年となると、山崎安治編『日本登山史年表』によっても山行記録は極度に減少している。大学山岳部の動静も慶応、東商大など一月と三月の穂高以外これといって見あたらない。開戦から満三年、太平洋戦争もようやく敗色濃くなって、大本営発表の赫々《かくかく》たる戦果の放送も間遠になりはじめていた。ことに七月七日サイパン島の守備隊が全滅して、日米の戦況の帰趨はまったく一変した。内地の生活は窮乏しきって、食糧衣料その他すべてがわずかばかりの配給と闇物資によって露命《ろめい》をつなぐといった状況だった。八月には満十七歳以上を兵役に編入するといった兵役法施行規則が改正されたりして、山へなど出かけられる時代ではなくなっていた。たとえ出かけたいと駅へ行っても、汽車の切符は公用優先で個人的旅行者などには入手しがたかった。学生は学徒出陣と勤労動員で夏休みなどあろうはずもなく、アルプスの山々はシーズンを迎えながら、閑散として登山者の姿もまばらのまま九月になった。例年ならまだ遊山客や登山者で賑う上高地も寂漠として「神河内」といった古い日のように河童橋にも人影すら見えなかった。付近の旅館や山小屋なども月いっぱいで閉じようと店仕舞の準備さえはじめている。

山岳画家茨木猪之吉は、九月十九日の夜行で新宿を発ったが、すでにバスも沢渡までしかなく奈川渡までトラックに便乗させてもらい、あとは歩かねばならなかった。いつも泊まりつけの西糸屋にリュックザックをおろして、二十日から二十三日まで同館に滞在した。静謐《せいひつ》な初秋の上高地に画架を据えて、十号と十二号の作品を憑《つ》かれたように仕上げたが、偶然やはり絵を描きに入山していた宮坂千代蔵も彼の仕事振りに圧倒されていた。つい一カ月前訪れたばかりの同じ山々であるのに、季節のうつろいは目まぐるしく、穂高連峰の残雪は消えて黒々とした岩肌は淡い日ざしに鈍く光っていた。八月入山の折には、若いアルピニストと奥又白へ出かけたり西穂、奥穂などへ登った。常さんの小屋に行ったり、西糸屋で夜おそくまで穂高岳についての画想を自信たっぷりに披露したりして、充足した山での幾日かを送ったのである。この間に彼はなんとか穂高を描かねばと決意して、四六時中スケッチ帳を手ばなさなかった。帳面が穂高のスケッチで一枚一枚と埋めつくされるにしたがって、穂高描かざるべからず――という決意に似た自負が彼の心に湧きあがっていた。

それというのも太平洋の戦争が激しくなり、山へ登り絵を描くことが時代の目からは閑事としてみなされるようになって、日ましに彼は憂鬱でならなかった。日本山岳会の主力メンバーも、櫛の歯の欠けるように日ごとにルームから消えていったし、若い岳友たちも後から後から戦地へ召された。内地へ残っている者も職工となって軍需品増産のために工場へ出かけ、画仲間でも敢然《かんぜん》と筆をすてるものもあった。そんな時局の切迫した状況を他人顔に呑気に山に絵を描きに出かける茨木猪之吉について、周囲の人は、非国民などと陰口を屢々《しばしば》耳にした。そんなとき、六十歳に近い老人がいまさら従軍画家を志願するわけにもゆかんだろうし、さりとて工場で産業戦士として働くほど手先が器用ではない。せめても祖国のためにつくす道があるとするならば、日本の国の美しい山河をひたすら描くことしかないし、一枚の充実した作品を完成することが、危急存亡の祖国へのせめてもの献身なのだ――と自問自答し、心に鞭打つように彼は山へやってきた。九月のこんどの山行は、夏から目論んでいたのだ。しかしサイパン島が占領され、当然B29による本土空襲は早晩おこなわれるという噂が日ごとにたかくなり、もしかするとアルプスへふたたび入山できかねる最悪の事態になるかも知れないとさえ臆測されていた。そこで彼は入山前に入手難の絵具を神田文房堂の番頭から無理いって多量に頒《わ》けてもらったし、画布もたっぷり用意してやってきたのである。

寸刻も惜しむかのように茨木は数日上高地で描きつづけると、九月二十三日の午後、西糸屋をあとに徳沢へ向かった。ところがその折いつもの茨木画伯らしくもなく、同家の人びとにひどく名ごり惜しげに挨拶し、いくどとなく振りかえっては掌をかざしながら河童橋を渡っていった。上高地へ来れば、まるで自然同然に振舞っていただけに、そんな彼のしぐさがなんとも宿の人びとの眼には不可思議に映じた。同夜は徳沢に一泊して、二十四日に涸沢へ登った。池ノ平はまだ紅葉にはいくらか早かったが、それでもナナカマドの葉末はめっきりと黄ばみ、秋めいていた。彼は山の紅葉を予期して絵具箱には赤と黄色系統の絵具を十分に準備してきたし、上高地での快調な制作ぶりに自信を得て、涸沢の登りもあまり苦にならなかった。汗ばんだ顔に水のような秋風をうけて、いくどとなくたたずんでは、背後の常念や穂高の連峰に涼しげな視線をあてた。すでに穂高小屋は八月下旬に閉じていたし、涸沢小屋は九月いっぱいで閉ざすという話だったが、時間いっぱいまで滞在して描きつづけようと考えていた。

小屋には日頃から親しい平林次男と人夫の二人がいるだけで、池ノ平には天幕一つ見あたらなかった。八月にやってきたときには、それでも数張のテントが見られたのだが――その蕭条《しょうじょう》とした圏谷の秋に彼は陶酔したように見入っていた。その間、彼は上高地における同様に熱っぽく早朝から夕刻まで絵筆をはなさなかった。小屋の平林は、もう来シーズンは小屋を開くまいかと思っているというし、たしかに彼自身でも山へ来られるのは今回かぎりのように思えた。小屋の人夫は彼と入れちがいに下山したが、珍しく三人づれのパーティが登ってきた。なんでも前年夏に穂高で遭難した山仲間の慰霊供養に来たとかで、ランプを囲んで夜ふけまで山の詩や絵の話などをたのしくしゃべりあった。

はじめの彼は、涸沢で仕事を一応すましたら上高地へ下る予定でいた。だが、穂高の清冽な秋に絵筆をひたしているうちに、このまま穂高と別離するのが名ごり惜しくなっていた。ことに来シーズンはもう小屋は開けないかも知れぬというし、茨木自身にしてからに山へ来たくとも来られるかどうか予測しがたかった。そう思いこむと、この機会になんとか飛驒路からの穂高を描きたい衝動にかられ、ザイテングラートから白出沢を下り蒲田川に出て、槍見温泉を訪れてみようと目論んだ。かねてから滝谷を描いてみたいと念願していたし、飛騨路も歩きたかったので三十日に奥穂を越えるつもりだった。ところが三十日は朝からかなりの雨が夜まで降りつづき、翌十月一日は雲一つなく晴れわたったものの、岩はびっしょり濡れていた。白出沢が滑るから危険だという平林の忠告にしたがい一日滞在することにした。平林も、茨木がいなくなり一人ぼっちになるのが淋しくて引きとめたのかも知れないし、彼自身も秋色日ましに鮮かになってゆく圏谷の風景に別れがたかったのだ。

その涸沢滞在の最後の一日、彼は早朝から濡れた堆石を踏み、あちこちを永年住みなれた自家の庭先でも歩むように、スケッチ帳を片手にしてひとり散策した。囲《い》繞《じょう》する北尾根から前穂、吊り尾根、奥穂、涸沢槍、北穂といった見なれた山々の風景ではあったが、もう一度丹念にその微妙な色彩や、岩襞の陰影をしかと心眼にとらえんと努めていた。夜はランプの下で、大井の自宅や先輩小島烏水、その他の山の友人たちに数枚の葉書を書き記して送った。

2

あくる十月二日午前七時、茨木猪之吉は一食分の握りめしをこしらえてもらうと、小屋の主人に見送られて瓢々《ひょうひょう》として穂高小屋をめざした。はじめは平林が同行しようかと親切に言ってくれたのだが、小屋じまいの準備もあって、彼は固辞して一人で出発することになった。彼にははじめてのコースだったが、山なれているのでさほどの不安もなかった。空模様は前日よりいくらかくだり気味であった。午前中は青空が涸沢の上に大きく円みをおびてひろがっていた。彼はザイテングラートの磊々《らいらい》とした堆石の上を歩みながら、もしかすると、このアルプスの峰々の見おさめになるのかも知れないと考えると、ひどく感傷的になり心がしきりと滅入ってならなかった。

はじめて彼が日本アルプスと呼ばれる高山を踏んで、すでに四十年になる。明治二十一年五月一日、静岡県富士郡岩本の影山家に生れ、のち横浜の茨木家の養子となった。神奈川県立中三年から画家を志望し、京都の洋画家浅井忠門下として学んだが、師が急逝したため、明治四十年東京博覧会に出品した「愛鷹山の夕日」が初入選し、秋には第一回の文展にも「駒ヶ岳支脈」が入選して順風満帆の門出だった。高山へ出かけたのは明治四十二年七月、二十一歳のときで小島烏水、中村清太郎、高頭仁兵衛一行と白峰、赤石山脈縦走のときである。茨木猪之吉は同じ横浜の烏水と家族同士が古い知りあいであったためだ。まだ日本山岳会が設立されて数年にしかならない頃で、烏水が山に誘ってくれたのである。茨木の風態《ふうてい》は、ズングリした達磨さんのようで、若い頃から頭髪がうすく、鬚が濃かった。画家らしく妙なサラサ風の風呂敷みたいなガウンに似たオーバーを羽織っており、小島烏水が保護者といった立場であれこれと気をつかっていた。

山行は甲府から鰍沢へ、そこを起点として七ツ峠から西山温泉へ一泊し、翌日湯島から新沢峠へ出て峠上に新品のテントを張ったところが、ここまで元気だった茨木は急に高山病にでもかかったのか得体不明の病気になり、ぐったりして行動不能になってしまった。山旅の第一歩で病人が出たことで一行の意気阻喪することおびただしく、ことに隊長格の烏水が保護者の責任上から茨木と同行して下山するというのにはみんな困惑しきってしまった。人夫と烏水に支えられるように、彼はとぼとぼと峠から下っていった。あとに残された一行は腑ぬけたようにぼんやりしていると、しばらくして烏水がふたたび姿を見せて、いくらか下ると病人の茨木は元気になったので、人夫だけつけて下山させたというのだ。隊長の帰参に一行の喜色はよみがえり、元気も回復して記録的な初縦走に成功したのであるが、茨木にとっては三〇〇〇メートルの山の初登山で、未経験だとはいっても忘れがたい忌まわしい想い出であった。

当時、文壇にも紀行文家が多かったように画壇にも風景画家は多く、画塾の関係で石井鶴三、平福百穂と丸山晩霞などは先輩である。ことに信州出身の晩霞の関係から、明治四十二年の春、彼は小諸小学校の図画教師に奉職することになるのだが、この頃、彼は画業もゆきづまり、養家先の家庭ともいざこざがあったあげく、二十一歳の秋あてどもなく漂泊の旅に出て、友人の世話で小諸に滞在していた。ちょうど島崎藤村がこの山村を下って数年後であった。それから三年間の信州の明け暮れは、故郷にかえったように平穏で充実していた。寺の庫裡に下宿して絵を描き、孤独にたえてはげしい芸術の燃焼に身をまかせていた。歌人若山牧水とまじわったのもこの時期であるし、後年よく彼を信州出身と誤認されるほどこの山国を愛したのも、もとはといえば小諸生活がその発端であった。山村の朝夕に浅間山や鹿沢など近傍の山にはよく出かけたが、ふたたび高山に登ったのは明治四十五年八月で、案内人勝野玉作と二人で二十日以上の山行をした。大町より針ノ木峠を越えて、平ノ小屋から立山、別山乗越から立山温泉へ下り、富山から能登半島を一周して北陸旅行に出かけた。さらに木曽路を歩いてから八月二十三日小諸にもどった。すでに茨木猪之吉は、山岳画家たらんと志し、日本のセガンティニたらんと自らの心にかたく銘じていたのだ。

明治四十二年八月、彫刻家荻原守衛が読売新聞紙上に、イタリアの山岳画家セガンティニについて紹介した一文が掲載された。彼は小諸小学校の教員室で眼にして、ある恬然《てんぜん》とした世界を発見したかのような鮮烈な感銘を受けた。その文中の「アルプスの山中を生涯写生して歩いて、遂にその山で死んだが、彼の画も悉《ことごと》く一種の説教である」など、この欧州の一山岳画家につよい関心をいだいた。のちには小島烏水から英文の『セガンティニ伝』を借覧して熱心に精読したものだったが、よほどセガンティニには心服したらしく、同校の職員会でもこの一画家の生涯について述べ、アルプスの雪原でたおれた芸術家の熾烈な魂について熱弁をふるったほどで、山岳画家たらんとした決意は、セガンティニの存在がその生涯の指針となったのだ。すでに針ノ木からの立山縦走も、この情熱のおもむくところ計画されたのであって、大正二年小諸から帰京して、いっそう山岳画家たらんとした。はじめて彼が槍・穂高を訪れたのもその年の夏である。

槍沢から殺生小屋まで登り、槍の山頂で夕暮の山々をスケッチしていると、偶然槍から剱まで縦走するという木暮理太郎、田部重治の二人が、案内者もつれずに下から登ってくるのに出会ったものだ。あの有名な槍ヶ岳より日本海への山行のときにあたる。それから毎夏のように山へ行った。南は台湾、九州から北は北海道まで季節を選ばずに山を描くべく専心した。野人的性情のつよい彼には画壇の空気はなじめなかった。浅薄な社交家となり権力におもねり、売絵の制作に努めるなどくだらぬと思った。彼は山岳風土を愛すると同時に、山に生きている人間も好きだった。年齢にへだたりなく山男は社会人も学生も案内者もすべて素朴であり篤実であると信じてやまなかった。昭和十年に山岳画協会を石井鶴三、足立源一郎、中村清太郎などと設立し、事務所を自宅にして会務に献身したのも彼の山へのひたむきな愛情からである。名誉金銭に恬淡《てんたん》として、収入といえば山岳雑誌にカットや挿絵を描いたりするくらいのもので、売絵などまるで見向きもしなかった。その作品、その人柄をめでる愛好家も多かったのだが、頓着なくひたすら山を歩きつづけた。第二の故郷ともいえる信州には、いたるところ隅々に彼の知友が散在して泊まるべき宿に困ることもなかった。

中国大陸に戦火がひろがっても彼の山行は年ごとに精力的につづけられ、昭和十四年には朝鮮の金剛山に四カ月間出かけたこともある。太平洋での日米開戦後、敵愾《てきがい》心の昂揚のために上高地にある英人ウェストンのレリーフについて、一部の地元国粋主義者からとかくの批判があった。日本アルプスの存在を世に紹介したこの一英人牧師についても、敵国人なるがために鞭打たんというのだ。昭和十八年日本山岳会では、万一にも破壊でもされたらと危惧して取り外すことに理事会で決定したが、そのとき理事であった茨木はその任を引き受けて、すでに雪ふかい師走、上高地に入山した。まるで他人の眼をはばかり密猟にでも来たかのように、そっとレリーフを外して松本まで搬出したのであった。明治人であり、どちらかといえば多分に「日本人」的ではあったたが、たとえ英人であっても山好きのウェストンを敵性国家の人間として見ることはできなかったのであろう。日本の山岳会設立に献身したこの一英人牧師に、彼は同胞の山好きとかわらぬ親近さを感じていたのである。

3

涸沢小屋の平林次男は茨木猪之吉が発ったあと、もう登山者も登ってこないだろうと小屋を閉じる準備をはじめた。十月の声をきいてナナカマドをはじめあらゆる草木の紅葉は鮮かな朱色に染まり、空までもほんのりと赤みをおびている。午前中は青空が見えていたが、午後になると霧が湧きあがり風もいくらか出てきた。気温も新雪間近らしく日ごとに低下していた。きっと白出沢も紅葉がみごとだろうが、今どき画伯はもう蒲田川の柳谷出合近くまで行っているだろうか……と平林はひとり臆測していた。

だが、その頃すでに茨木猪之吉は山に召されていたのかも知れなかった。ともかく同日の夜、宿泊予定の槍見温泉には到着しなかったし、以後ふたたび上高地にその姿を見せなかったわけである。西糸屋には描いた二点の作品も預けたままであるし、平林へも日程として槍見、平湯に各一泊して、三日後には安房峠を越えて上高

地へ帰るといっていた。それに涸沢小屋から出発の前日、葉書を家族に記しており、

「上高地では十二号と十号をば仕上げて徳沢に一泊して涸沢小屋に登る。紅葉が今盛りでとても美しい。（中略）明二日早朝山越しして飛驒側に下り槍見温泉に泊り、更に高原川を登り平湯温泉泊り。この付近の山村風俗を見る。安房峠を越して上高地へ戻り、画を携えて帰京のつもり。松本市へは七、八日頃になるでしょう……」

といった短信を筆でしたため、大井元芝町八七〇番地の茨木富士子宛に送っている。家の方は、この葉書が着いても山好きの父の数日の帰宅の遅れなどあまり気にかけてもいなかった。

「富士子」とは娘の名前で、妻の峰子は次男の立夫を生んだとき産後の日だちが悪く数年前に亡くしていた。彼が結婚したのは大正十一年、関東大震災の前年で、信州の友人山崎斌《たけし》の紹介である。新婦は維新前までは追分の素封家大黒屋土屋家の孫娘で、たいそうの美人だった。妻の名前が偶然に峰子というのも、山好きの彼には嬉しかった。十数年間におよぶ家庭生活で四人の子をもうけた。いずれも山にちなんで富士子、駒子、丘人、立夫と名づけた。北国の女性らしく従順で貞淑な妻に家

庭はゆだねて、折りにふれて彼は旅に出かけた。しかし彼の収入が不安定なために、彼女の苦労はなみたいていのことではなかった。おまけに蒲柳《ほりゅう》体質であり人目には痛々しいくらいに見えたのだが、彼女は不平ひとつもこぼさずに山岳画家の留守を無事息災にまもりぬいていた。それだけに苦労させつづけの妻を失い、彼の心の痛苦悔恨はたえがたいかにみられた。

　上高地には山の絵仲間の宮坂千代蔵がまだ滞在して、茨木の戻ってくるのを待ちかねていたが、七、八日になっても音沙汰がない。そこで上高地―涸沢―白出沢―槍見―高山という同じコースを歩くという名大医学部パーティに捜索を依頼してみたり、平湯方面や槍見に茨木画伯の消息を索《もと》めてみたが、どれもこれも手掛りとするに足りる資料も報告ももたらされなかった。あげくには信州へ来るとよく滞在する常念山麓烏川の知友斎藤茂宅へも問い合せが十六日にあった。そのほか松本の友人穂苅三寿雄宅、画家の松本昇宅、飛騨屋旅館などあたってみたが、どこにも訪れた形跡はない。すでに「茨木画伯、穂高で遭難か？」といった記事は信濃毎日など地元新聞に掲載されていたが、十六日には東京の各紙朝刊にも報道された。時節柄三面記事に小さくあつかわれていたが、山岳愛好者には十分に目を惹《ひ》くに足りる悲報だった。記事は「行方不明」ということで、遭難地点も原因も分かっていなかった。記事も簡単なので、見方によっては十分に生存の可能性のあるふうにも読まれた。

茨木猪之吉が理事の一人である日本山岳会では、即刻対策を練り捜索隊として塚本繁松、田辺主計、交野武一の三理事を入山させることとした。交野は明大山岳部OBで、ウェストンのレリーフ搬出のときには同行者であり、冬の蓼科へもパートナーとなっている。二十二日夕方に涸沢小屋へ入ったものの、すでに付近一帯は捜索されたあとで、遭難地点は白出沢――というのが一致した意見だった。同日、同沢の枝流など細部にわたって捜索した平林、上条、杉本の三人が戻ってきたが、まるで神隠しにでもあったように山中に消えたままで、「行方不明」というよりはむしろ、「失踪」といった感じだと報告した。涸沢から槍見へ向かったことは確実だし、穂高小屋から北穂や奥穂へコースを誤るということも、この付近に詳しいだけにまず考えられない。だが白出沢は、彼にとって未知のコースで、迷うことは十分にありえた。すでに穂高小屋は閉ざしていたし、白出沢は一般コースというよりは小屋へのボッカ（荷上げ）道で、指導標完備とはいえない。この谷筋を遭難地点と見るのは塚本、交野も同意見で、翌日二人も槍見へ下った。途中、沢の上部の滝場などはたんねんに検分したが遺品すら見あたらず、さらに槍見に滞在して蒲田右股の奥や、林道の両側の草むらまでくまなく探しつづけたがむなしかった。
東京から槍見へ直行した山岳会の田辺主計をまじえ三人は、この年はじめて新雪のおりた槍・穂高連峰や、笠ヶ岳を眺め、狐につままれた気分で二十五日中尾峠を越えて上高地へ下った。——茨木猪之吉の消息は「謎の失踪」とでも形容しないかぎりどうにも納得しかねる成行だった。

4

「イバラギシ、ホタカデユクヘフメイ、シキュウカミカウチマデ、オイデコフ」という電報を、伊藤洋平は京都の下宿先で受けとった。発信人は明大山岳部OBの助川喜雄である。彼はつい一週間前に屏風岩の初登攀に成功して山から戻ったばかりであったが、すぐふたたび山支度にとりかかった。新聞でも画伯の行方不明の記事についてはは目にしていたし、捜索依頼があったら出かけようかと思案していたところだった。彼自身は、たった一度山行を共にしたにすぎなかったのだが、かねてから茨木猪之吉の名は山岳画家として、日本山岳界における大先輩として知られていたし、著書『山旅の素描』や山岳雑誌の絵や文などで親しんでいる。ことに昨夏、助川と連れ立って画伯と行を共にした奥又白行も印象ふかい山行であっただけに、画伯が遭難したと知ると、あの一夜の画伯の行動がなんとも不吉に想起されてくるのだった。

……はじめ一緒に登ろうというのではなく、画伯は又白ノ池に画架を立てて、二人は岩登りをしようというプランで奥又白の押出しのある出合に辿りついた。いくらか雲はあったが天候はわるくなく、前穂東面の岩壁が北尾根とともに圧倒的に三人の頭上にのしかかってくる。画伯は「凄い、凄い」と子供のように興奮してはしゃぎ、ときおりスケッチ帳をとり出して鉛筆を走らせるが、すぐと駆けるように先頭に立った。助川と伊藤は五人用ウインパー型テントに二十本以上のハーケン、二本のザイル、それに三人の一週間分の食糧と十貫以上の荷物を背負っているのに反して、画伯は絵具をいれたサブザックの軽装である。はじめはそれでも三人の歩速はそろっていたのだが、しだいにトップの元気いっぱいのペースにまきこまれて二人はあえぎはじめていた。それればかりではなく松高ルンゼなど目もくれずに本谷の滝の下に立って、右のルンゼを攀じようと言い出すと、相談する暇もなしに画伯は身軽に登りはじめ、たちまち滝の上に姿を消した。あとから二人はつづき、なんとか二番目の滝までは越したが、三番目になって荷が重くザイルをとり出し荷を吊りあげねばならない。かなり時間をかけて第六の滝でもザイルを使用して登りきると、すでに黄昏で日脚のながい夏でも四囲は暮れかかっていた。そのとき激しい夕立におそわれて、二人は近くの岩上にテントを張った。茨木画伯の姿は、どこにもなく交替でいくども呼んでみた。まるでなんの応答もない。この雨の中どうしているのか心配でたまらず、夜中まで二人とも寝つかれずに案じていた。

翌朝めざめると、いぜん激しい雨でいっそうその安否が気がかりになった。助川の話によると、谷川岳東面にスケッチに出かけて、一ノ倉を眺めているうちに登ろうかと考えたりするほどの闘志の持主だというが、いささか伊藤洋平には怪奇だった。すると、頭上で人声がするようなのでテントの外へ出てみると、ルンゼの上方から夢遊病者みたいに人が下ってくる。凝視すると茨木画伯にまちがいない。そこで彼は二十メートルほどルンゼを駆けあがり、しっかりと画伯の手をつかんでテントまで下った。なんでもルンゼの途中で一人きりで雨の中を夜を明かしたのだと平然として、「ぼくはちっともこわくなかったよ。それよりも夜明けに寒くなって腹がへったから、あたりを見まわしたらコケモモの朱い実が一ぱいなっているんで、ムシャムシャ喰ったが、うまかったなあ……」と茨木画伯は、嬉しそうに言っているのだ。

画伯をザイルで結び確保しつつ、濡れたルンゼを三人で下ったのだが、伊藤洋平には、この老登山家の言動に山への鬼気せまる執念を見る思いだった——。

晩年のこの一時期、奥又白の一件のみならず、茨木猪之吉の山と絵への一徹な情熱はたしかにすさまじかった。たとえば冬の蓼科でパレットを持つ指先が寒さで紫色になってもキャンバスの前から離れなかったり、大石峠の森林中で吹雪に道を失いながら吹雪の美しさに寒さを忘れて眺めいっているなど、まさに山岳画家の芸術への執念がもえたぎっていた感がある。

伊藤洋平は、二十六日助川と上高地でおちあうと、中尾峠を越えて日本山岳会の一行が槍見から下ってくるのに出会ったが、なんら手掛りなしの報告を耳にして、翌日涸沢へ向かった。涸沢では数日あちこちを探して穂高小屋へ登った。新雪も二日から三日にわたって降りつづき、山稜上には五十センチは積もっている。十一月四日、問題の白出沢を捜索することとなり、アイゼンの上に、さらにワカンを裏返しにして結びつけて雪の積もった谷間を五〇〇メートルほど一直線に下ってみた。

標高が低くなると雪はかなり淡くなり、二人はアイゼン、ワカンを脱いで地下足袋に履きかえた。するとそのとき、異様な臭気がガスにのって吹きあげてくる。その臭いは、噴火口近くの硫黄みたいでもあるが、医学生の伊藤の鼻孔には、まるで屍体解剖室の屍臭にも思えた。

「なんだろう、この臭い?」助川は、薄気味わるげに言った。「風の方向で焼の硫黄の臭いなんだろうかね」

その臭いを追って二人が下ってゆくと白出の滝場のあたりで、悪臭の発生地はその地点にちがいない。伊藤は、その臭いを屍臭と即断することを避けたものの、疑惑の眼ざしでいくども滝のあたりを探索してみた。しかしこのあたりは、地元の案内人たちがいくどとなくたんねんに捜索したはずであるし、やはり風にのってはこばれた焼岳の臭いかも知れないと蒲田川へ下った。一応、二人は画伯が滝谷につよい関心をもっていたので、雄滝の下部まで出かけて調べてから、夕刻槍見へ辿りついた。

　日本山岳会一行と同様に、具体的な収穫はなにもなかった。ただ、あの滝場付近での屍臭に似たものの発生原因がいったいなんであるのか、唯一の疑問だった。まるであの屍体解剖室の臭いにそっくりではあったのだが、医学生でない同行者に確認してもらうわけにもゆかず、伊藤は自身の嗅覚をどれだけ信用してよいものやら判断しかねた。それに伊藤自身でも、異臭には相違なかったが屍臭とはっきり断定する自信はない。二人の行動がすでに捜索行であるだけに、先在的な彼の意識が異臭として即断しているのかも知れないからだ。

　昭和二十年八月十五日、敗戦によってゆがんだどす黒い日本の山河に、平和がおずおずとしておとずれた。その月の下旬、上宝村々長と書記の二人で白出沢を登っていたところ、滝下の雪渓で、二つに裂かれたリュックザックが偶然に発見された。中味はなにもなかったが、ザイテン（側面）のポケットには日記、絵具、弁当箱などがつまっており、その内容から茨木猪之吉の携帯品と確認された。日記は十月二日まで記されているが、濡れて判読困難だった。すぐに付近一帯に屍体捜索が実施された。しかし彼がまとっていた一片の衣類すらもあらわれなかった。以後、それらしい屍体発見の報告はない。そして伊藤洋平が鼻孔にかいだ異臭は、あるいは茨木猪之吉の屍臭であったのかも知れないし、そうではなかったのかも知れない。

もしも遭難地点を滝場だとしたら、コースは下りに際して右手の樹林帯に入って滝をからんでいるのだ。そこで霧のために谷どおし下って滝にぶつかり、奥又白の意気ごみで下り墜ちたのかも知れなかった。あるいは白出沢の紅葉のあまりの美しさに見惚れて、岩角に足を踏みすべらしたのかとも臆測されてくる。いかに想像をたくましくしても、その遭難原因の真相は永久の謎であり、まして遺体すら発見されていないのだから、医学的にも推理すべき手掛りがないわけである。

ただ言えることは、茨木猪之吉という一人の山岳画家が山を描かんと登り、ついにふたたび還らなかったという事実のみである。そして、その死は、彼が生前においてもっとも尊敬してやまなかった、イタリアの山岳画家セガンティニと同じく山での最期だった。一八九九（明治三十二）年、年こそ異るけれども、同じ秋の九月二十九日、セガンティニは雪を踏んで山に写生に出かけ、約二六〇〇メートルの高原上で急逝している。

おそらく生前茨木猪之吉は、この異国の偉大な山岳画家の四十一年の生涯について、伝記を読んでつよい感銘と共感をおぼえたにちがいない。だとするならば、秋色とみに濃い一日、裏穂高の一角で五十六年の山岳画家としての生涯について、あるいはその死の訪れを彼は独り従容《しょうよう》として迎えたであろうか。

生前の昭和十五年『山旅の素描』が上梓されたが、同書の序文中で田部重治は、「氏の真面目は山岳画家として最もよく発揮されていることは言うまでもない。しかし氏の絵には、何人も真似ることの出来ない野趣があり、特に、山と人生との入り組んでいる方面の描写において優れているように思われる。山を背景とした山村や街道の風貌、山を背景とせる寂れた裾野の人家人間など氏に最もふさわしい題材ではなかろうかと思われる」

と、その画風の特性を適格に指摘している。

すでに没後二十年――いまだにその遺体の骨片すらも発見されず、その死の行方についても依然さだかではない。

一　登山家の遺書

昭和二十二年十二月二十一日、東京登歩渓流会松濤明、北鎌尾根より槍・穂高縦走のために単身湯俣に入る
二十九日、パートナー有元克己、入山して北鎌ベースキャンプに戻り登攀準備
暖冬異変、雨と風雪の山稜に苦闘して、翌二十三年一月四日下山を決意
五日、天候回復して再挙して槍へ死の登高、ついに有元のみ力つきて転落
松濤も僚友とふたたびかえらず。同年七月、千丈沢で遺体と共に手帳に記された刻明な遺書発見される

1

安曇野を犀川ぞいに大糸南線は松本から北に走っている。いつもなら大町に近づくにしたがって、左手の視野に後立山連峰の爺岳、鹿島鎗、五竜といったアルプスの連峰が朝日の日ざしに目もくらむばかりに美しく仰視されるのだが、けさは日が昇っても分厚い鱗状の雲に覆われて山々は見えなかった。北国の鉛色の空は、裾野ちかくまで低徊してたそがれのようにほのぐらかった。

昭和二十三年十二月二十一日、松濤明は独り森閑とした大町のプラットホームに下車すると、十貫ちかくにふくれあがったリュックザックを肩に、ピッケルを右手にわしづかみにして改札口を出た。屋並の低い大町の町は、まだ眠りからさめていなかった。彼は、いったんザックを駅のベンチに下ろすと、不安げに密雲の低くたれこめた頭上を仰いだ。つい一週間前に彼は、荷上げのために大町から湯俣を経由して、北鎌尾根の末端まで登ってきたばかりだった。そのときに比較すると、春さきのようにひどく気温が高いし、山国の師走にしては異常なほど暖かすぎるようだった。

十二月十二日から十六日までの五日間、彼は独りで十数貫の荷を天上沢の岩小舎と、北鎌尾根の末端まで揚げて準備はすでに完了している。あとはパートナーの有元克己が、勤務先の役所から正月休暇をとり、行動を開始するばかりだった。槍ヶ岳北鎌尾根末端から穂高連峰を縦走して焼岳まで――それは長く険しい旅程である。ことに最大の関門は発端の北鎌尾根で、いまだに厳冬期の記録を見ない処女ルートだった。せめてこの氷雪の岩稜を突破して槍の山頂まで到達できれば――松濤明は北鎌尾根に山行全体の成否を案じていた。その鍵も天候しだいで、十二月下旬から一月上旬までの気象条件が彼の最大関心事だった。それだけにけさあの大町の気温の高さが妙に気がかりであり、不安でならなかったのである。

大町から笹川までバスに乗り、あと葛温泉まで荒涼とした高瀬川沿いの冬の崖道を彼は黙々として歩いた。十九日は葛温泉で一泊して、翌早朝トロッコ道を湯俣の取り入れ口まで入った。雪は、濁沢《にごりざわ》のあたりまで来て、日かげにちらほら見えはじめたが、たしかに例年に比してひどく異常で四肢が汗ばむほどだった。

松濤明が、二十六日に有元と落ち合う予定地、北鎌尾根末端のＰ２に辿りついたのは二十三日の午後五時、すでに暗くなってからだ。山にも積雪は薄く、まるで五月頃の山のように地肌を露出し、灌木が顔を出している始末で、荷上げのときに二尺ほど降った雪もあとかたもなく消えてしまっていた。

パートナーの有元は、十二月二十四日に新宿を発った。彼は山では松濤明の後輩だったが、大学は先輩で農業大学を二年前に卒業してすでに農林省農事試験場に勤めていた。さすがに今度の山行は、いかに準備しても十分とは思えなかった。厳冬期の北鎌尾根登攀という目標だけでも、かなりの緊張と重圧感をしいられるのだった。槍ヶ岳は、標高三一七九・五メートルの高峰で、その円錐形の穂先は鋭く天をさして、いかにも壮大なアルペンの風貌を備えた山だ。

「日本のマッターホルン」とは、日本アルプスの父ともいわれるウェストンの言葉であるが、彼自身も北鎌尾根の一角から山頂をのぞみ、日本に近代登山の黎明をもたらしたことは、あまりにも有名である。北鎌尾根とは槍の山頂から北方へ連なる岩尾根で、その北端は高瀬川上流の千丈沢、天上沢の合流地点付近まで花崗岩層に大小とも十五の岩峰をつらねている。槍ヶ岳は、この尾根を北方に、さらに東西南の四方に山稜を放射して、その軸心に三一七九・五メートルの山頂をせりあげている。大正末期には早大山岳部、学習院山岳部の両パーティによって先登が争われたと当時ジャーナリズムで喧伝された岩尾根——北鎌尾根。さらに「単独行」の登山者加藤文太郎が、この尾根の風雪に逝《い》ったのも忘れがたい。まさしく日本のアルピニズム史上の象徴的ルートだった。二人はその積雪期初登攀を狙うばかりでなく、さらに槍・穂高の積雪期初縦走を企図しているのだ。

　有元も、この山行の至難さに入山前からある決意を胸に秘めて、出発に際して自分の部屋に次のような一文を書き残した。

「あれほどまでの真摯な年の末、氷雪の殿堂で命を終わるならば私にとってあるいは幸せであるかもしれない。もちろん私はそんな幸せは求めはしないが。私は決して危険だとは思わない。しかしアクシデントが決しておこらないと誰が言い得よう、ベルグ＝ハイル」

　この一文を彼に書かしめたのは、青春のヒロイックな感傷のためというよりは、前途の縦走にたいする本能的な不安感のためであったろうか。すでにパートナーの松濤は入山しているはずだし、二十七日北鎌尾根末端のP2の一角で会う約束になっていた。

有元が入山して合流するまで、松濤明は北鎌尾根上部の偵察、さらに荷上げなどに従事していた。しかし気候は信じがたいまでの異変を告げて、二十四日など雨が降る始末だった。二十五日には、上部のP5地点まで燃料食糧などを荷上げしたものの、湿雪のために極度に四囲の情況は悪化して、キャンプに戻ったときは下着までぐっしょりと全身ずぶ濡れになっていた。夜になるとさらに雨は激しくなり、テントの屋根を濡らしつづけた。彼にしても十二月のアルプス山上では異常な経験だった。二十六日も雨で行動不能、二十七日も豪雨。テントはいまにも引き裂かれそうに雨のためにはためいている。

彼は、もっぱら寝袋にもぐりこんでいたが、すでに四日間、一匹のけものになりきったように雪にまみれ、半ばつぶれかけた天幕に黙ったままである。ときおり安曇節などを思いきって大声でどなってみるが、時間の経過はのろのろとして腕時計の針は停止したようにうごかなかった。予定によると二十四日クリスマス・イヴの夜行で有元は新宿を出発して、二十五日に湯俣に到達、二十六日の昼頃には、このP2の地点に来るはずだった。そこで二十六日、彼はいくどとなく天幕の外へ出て、雨の中を登ってくるのではないかと待ちあぐんでみたが、ついに有元の姿はあらわれないままに夜になった。夜半から雨はさらに激しく車軸をながす勢いになった。天幕は支柱を失い、まるで船の帆のように風雨にほんろうされて、はためいている。山での孤独になれているはずの彼も、この時候ちがいの風雨にはいささか意気消沈ぎみで寝袋の底に身をちぢめていた。ことに二十六日を過ぎると、これまで味わったことのない狂おしいまでの人恋しさの思いにかられて、彼自身でも灼けつくような苛立たしさだった。いわば心理的な孤独というよりも、生理的な渇望かも知れないが、これまでの山行でもまれにしか味わったことのない経験である。

昭和七年十月、小学校の遠足で奥多摩の御岳に登って以来、どれほどの山を登っているか数えたこともないが、似た体験といえば昭和十五年三月の南アルプス縦走の折に、一度こんな灼けるような人恋しさを味わったことがあると想い出した。その縦走とは、三月二十三日から四月二日にいたる易老沢から易老岳、光岳、仁田岳、聖岳、赤石岳といった南アルプス南半の山を単独で歩いたときのことだ。二十六日夜、易老岳鞍部でのビバークで、ちょっとした不手際からバーナーの火が飛火してツェルトに大きな焼穴をつけてしまった。もう引き返そうかと滅入った気分で思案したことがあったが、それでも彼は勇気を起こして泥濘《でいねい》のような春の雪の中をたったひとりでのろのろと歩きに歩いた。一刻も早く人里に辿りつきたいと……五日目、赤石の山頂を踏んで荒川小屋で一泊し、三十日悪沢岳を越えて大井川流域の椹島《さわらじま》へ下ることにした。きっと椹島なら飯場があるし、人夫の人たちでも暮しているだろうと千枚岳からの尾根を一気に駆け下ってみた。もう一週間近くも他人としゃべっていない孤独感は、すでに生理的な痛苦でさえあった。針葉樹林の急勾配の尾根を下りきると、落葉松林にかこまれてひっそりと一群の小屋がならんでいた……あの屋根の下に人が棲んでいるのだ――その思いにかられて彼は軒下に立つと、飯場は引き払ったあとなのか、どの建物にも人間はおろか猫の子一匹いる気配さえもなく森閑としているのだ。暮れるにはやい春の谷間は、見るまに夜のとばりがおりはじめる。彼は森閑とした空家群をながめて呆然として立ちつくしていた。なにか意味もなく絶叫したいし、男泣きに泣きたいような荒涼とした淋しさであった――。

すでにこの北鎌尾根にとりついて五日になる。それも毎日不吉な雨と風にとざされていた。まさか有元が入山中止したとは思えなかった。だが約束の日に姿を見せないことが彼の心を苛立たせた。有元と合流したら一刻もはやく行動を起こしたかった。せめてこの尾根も標高が高くなれば、しぜん温度も下がり雨も雪となり、山の状況もいくらかはましになると想像していたからだ。そして一日も早く上高地へ下りたいと思った。

2

一方、有元克己は予定どおり二十四日の夜行で新宿を発ったが、師走のために汽車はひどい混雑ぶりであった。故郷へ帰る帰省者や買い出しの乗客で、どの列車も立錐の余地もないまでに人と荷物を満載してふくれあがっていた。周囲を見回しても、ピッケルやスキーをもった乗客など一人もいなかった。彼は一晩じゅう立ちつくして一睡もできぬまま大町に着いた。彼のリュックザックも十貫以上である。駅前に降り立つと、葛温泉行のバスは運休であった。やむなく営林署のトラックにたのんで便乗させてもらったが、そのために予定よりも時間はかなりおくれてしまった。

葛温泉の高瀬館に着いたのは午後三時半である。そこですでに入山している松濤のメモがあった。雪不足でスキーは不要——ということで彼は三十分休憩すると、すぐ湯俣に向けて出発した。雨はいぜん降りやまず、そのうえ睡眠不足のためにふらふらだった。二十五日は湯俣までゆけず途中の営林小屋で一泊し、さらに二十六日も湯俣の休憩小舎で雨のために足どめをくったまま、Ｐ２岩峰にいる松濤の動静がしきりと気がかりでならなかった。いぜん連日のごとく気温は高く雨も小やみなく降りつづいていた。

翌二十七日、有元はなんとしてもＰ２にいる松濤に連絡しなくてはと、空身で休憩小屋をあとにした。出発すると沛然《はいぜん》たる豪雨になり、水俣川はみるみる水量をまして濁流となった。仰ぐ四囲の山々はすっかり雪も解けてしまい、まるで秋の山肌のようだった。足もとの谷隅にはフキノトウが時候ちがいの暖かさに芽を出しているのも、一月だというのに奇怪な光景にみられた。この入山前の有元の行動は、東京の登歩渓流会事務所宛に湯俣から手紙がとどけられた。その末尾に「晴れなくともよい、せめて降るなら雪であってくれ――と祈るや切であります」とあった。

二十八日、Ｐ２の松濤はもはや待ちあぐみ疲れきっていた。天幕は濡れ雑巾のように重く、衣料その他の装備の散乱する天幕内は洪水のあとの惨害地を思わせた。昼近く彼は、ついにＰ２から湯俣へ下った。はたして有元が入山しているのかどうかも分からなかった。彼は、まるで敗残者のような無残な気持ちだった。有元に会えなくても誰でもよいから人の顔を見たかった。あの南アルプスの帰途のときの椹島での孤独地獄に似ていると思った。その日、湯俣の手前でついに彼は登ってくる有元に会った。それは信じがたい邂逅であり、二人はすでに山行から下山したときのように疲れきっていた。

二十九日、二人は湯俣の小舎でゆっくり休息した。そこで今後の計画、方針について協議した。松濤も有元もこの雨つづきの暖冬異変に不安感はぬぐえなかったが、すでに第五岩峰まで荷上げもしている。天気さえ回復したら、なんとか再起したいのが二人の内心であった。すると同夜半から雨もやみ、気温も下がりはじめた。夜空は凍りつくような蒼さで星もまたたいていた。

「どうやら天気は持ち直してきたね」有元が明るい表情で言った。一日たっぷり休息して、松濤の体力もめざましい回復ぶりを示していた。まだきょうは十二月二十九日、予定より三日おくれただけなのだと考えると、身体の芯に燃えつくような熱感をおぼえた。

三十日の朝温度計はマイナス十度を示していた。どうやら十二月らしい気温となった。二人は再挙の意気ごみで湯俣を午前十時半に出発した。濡れてくたくたになった天幕は湯俣にのこして、ツェルトと雪洞の併用で露営することにした。二人ともに第一岩峰からの荷物は八貫目以上になった。翌三十一日ふたたび温度は上昇のきざしで、朝からミゾレまじりの小雪である。松濤が第五岩峰の岩穴に荷上げした荷物を、第六岩峰までいくどか往復して上げた。雪質は極度に悪く、アイゼンの爪も立たない。

夕刻からアラレ、ミゾレまじりの雨となり、二人はツェルトを頭からかぶった。天候の異常さはいぜんつづいている。有元を待って第一岩峰で天幕の中にいたときに比較するとさらに辛い夜になった。はじめの山行予定だと槍山頂が元旦、北穂二日、ジャンダルム付近三日、西穂付近四日、中尾峠五日、上高地六日というスケジュールである。だが、この山の状況では元旦の槍山頂はきわめて困難視されてきた。厳冬期の北鎌尾根が未登攀の処女ルートだけに、かなり手こずるであろうことはかねてから覚悟していたし、それだけにこの踏破には丸五日を予定しておいたのだ。また一方では、うまくつまり槍から中尾峠まで以上の日数を準備しておいたのだ。

状態さえ良好なら、三日間ぐらいで成功するかも知れないとも楽観視してみたりしたが、いまや日数の蓄えは乏しくなりつつあった。

「予定よりだいぶおくれた。なんとか元旦は槍の山頂で迎えたいけど、二日のおくれはこの天候じゃあむずかしいだろう」

さすがに松濤も重い口調である。

「あす独標まで登れれば十分というところでしょう」

「うん、まあそんなところだ」

大晦日は夜どおし雪と風はやまなかった。湿雪のために衣類からからだの芯まで濡れそぼって、まるで眠れず、苦しい夜との闘いとなった。

3

昭和二十四年の元旦は、吹きやまない風雪の中にのろのろと明けていった。夜の明けたのもわからぬくらいに外は薄暗く、二人は、午前十時三十分やっと行動を開始した。きのうまでの水を含んだ湿雪は、けさは完全に凍化して、その上に一尺近く新雪が積もっている。冬山においては、もっとも条件が悪く、雪崩の危険もあるし、登るにしてもアイゼンもワカンもまったく用をなさない。

「有元、今日はなんとか北鎌のコルまでのばそう、コルに雪洞を掘ってビバークだ」

と言うと、松濤は雪の中を全身でころげまわるようにして登りはじめた。まるで二人とも脚を失ったようによくころぶ。そのたびに濡れた雪のために全身は水をふくみ、不快なことこの上もなかった。

昼頃に北鎌コルに辿りつくと、ふたりは北鎌沢に面した天上沢側に横穴の雪洞を開鑿した。激しい風雪中の仕事だけに、ひどく手間どって二時間を要した。

内部は高さ一メートル深さ三メートル幅二メートルの広さである。

「予定どおりにゆけば、本当は槍の小屋で、じゃんじゃん火を燃やして雑煮でもたらふく食べているのになア」

松濤は、雪洞の底に落ちつくと、濡れた衣類を脱ぎながら自嘲するように言った。元旦だというのに、けさから、二人は餅のひときれも口にしていなかった。

「じゃあせめて餅だけでも食べようか？」

有元は彼の言葉にうながされて、数片の餅をとり出すとラジュースで焼きはじめた。

「なんとか槍の山頂までがんばりたいな。槍まで行けばまた考えようもある。京大のパーティが西穂からわれわれのコースを逆に縦走してくるというから、あんまりのそのそしていたくないしね」

松濤は、ときおりガスの炎の怪しくなるラジュースに神経をつかいながら言った。

「今日はもう元旦なんだし、これから先が予定どおりにいっても上高地は一月十日ごろになるなあ」

「うん、あとがうまくいって、十日に下山できれば大成功だろう……」

「ミイちゃんは、乗鞍に幾日に登ってくるわけ？」

「十日という約束だったが、とても間に合わない……来れば三、四日だろうが小屋で待ちぼうけを食うことになるよ、きっと」

彼らが「ミイちゃん」と呼んでいるのは、飛驒蒲田川の新穂高温泉の留守居をしている少女芳田美枝子のことだ。正月に三人で待ち合わせて位ヶ原あたりでスキーを滑ろうと約束していたのである。雪洞の外の風雪はいぜんやまない。冬山にやってきて、風雪がこわくては山へ登れようはずもなく、またどんなに寒くても耐えられる自信はあった。これまでの一月、二月の山行を想いうかべれば、すぐにでも八ヶ岳、穂高、富士、後立山などの氷雪をまとった険しい山々が彷彿として憶い出されてくるのだ。

あれはたしか昭和十四年十二月、三月の南アルプスの単独縦走を試みた前年にあたる。島々の名ガイド上条孫人と二人で、二十三日から積雪期未踏の滝谷第一尾根をめざした。あの登攀も寒かった。飛騨側から吹きあげてくる北からの風雪を全身にあびて、いまにも岩の一部に凍りつくのではないかと思ったくらいだ。ルートの途中で雪はやみ、夜となった。すると北穂の上に青白く月がうかんできて、その悽《せい》愴《そう》な美しさはいまでも忘れがたい。山上に辿りついたのが午後十時十五分、孫人が「良い月だなあ」と空に向かって叫んでいた。まるでなにか別世界の一場面のような眺めで、彼もうっとりとした覚えがあった。それにしてもあの風雪中の寒さも、ひどかった。そう回顧して、もしかしたら槍の山頂に青白い月でもうかんでくれないものかと心で彼は祈ってみた。

一月二日は、午前五時二十分に目ざめた。具合の悪かったラジュースは、ついに完全に機能を麻痺して沈黙した。やむなく非常用のメタとガソリンで火を起こし、雪を融かした。まるで小型ナイフで材木を切るような心細い作業である。午前七時頃になって有元のマッチが湿って火がつかなくなった。松濤も呼吸がにわかに息苦しくなったが、どうやら入口が雪に閉塞されて洞内の酸素が欠乏したのだ。有元は、スコップで入口の部分に穴をあけ、どうやら風雪まじりの酸素を補給した。

「どうだい外の様子は？」

松濤は蒼ざめた表情で有元に訊いた。

「相変らずひどいですよ。きのうよりも激しく吹いている」

「きょうもまた沈澱か？」

「ちょっと行動は無理でしょう。吹雪で一尺先も見えないんだから」

有元は、暗い口吻で言うと、背を丸めた。

「いよいよ敗色濃厚になってきたなあ。頼みの綱のラジュースは不能者になりやがるし、それに燃料も乏しい。このへんで諦めるか？」

「……」

松濤の沈鬱な言葉に、有元は黙ったまま腕を組んでうつむいていた。

「まさに雄途空しという感じだなあ……せめて槍の山頂まででも登りたかった。この日のために一年ものあいだ営々辛苦して準備してきたんだから……」

だれに言うでもなく松濤は、低い声でうらめしげにつぶやいた。

この計画の挫折は彼にとってたまらない苦痛だった。昭和十八年の暮れに兵役のために山から離れ、二十年九月に敗戦の故国に復員して以来、三年あまりひたすら狙いつづけていた計画だったからだ。その間に八ヶ岳、谷川岳、北岳、穂高といった山々に往年の情熱をもって、月にいくどとなく山行を重ね、懸命にアルピニストとしての自己の存在を見つめつづけた。わずかばかりの米軍の配給物資によって露命をつなぎ、買い出しと闇市の乏しい食糧によって糊口をしのぐ日々にあって、彼は憑かれたごとく山を思いつづけたのだった。だが他方、彼もすでに二十八歳となり、いぜん農大の学生として安閑として山へ出かけていることへの自省が、彼の心の一隅に重い影を投げかけていた。父をうしなった松濤家のためにも、彼は嫡男としての責任があった。山との十年余にわたるやけるような青春の年輪に、一つの座標を見つけだそうと明らかに彼は苦慮していた。

まさにこの転機を、こんどの北鎌尾根からの槍・穂高の縦走に賭けてみたのだ。この栄光を山と青春との彼の忘れがたい一座標たらしめたかった。この計画の結実と成功が、彼のあらたな人生の前途を照らす脚光となり、出発点になるであろうとせめて信じてみたかった。

「このままの天候ならもう諦めよう。森羅万象のなりゆきは、人間がどう逆立ちしたってどうにもならん。神の摂理なんだから潔く退却しよう」

彼は蒼黒くむくんだ顔を力なく有元に向けて言った。

「もういちど三月に狙ってみたら……。山の状態があまりにも悪すぎる。これではだれが来たって登れっこない……」

有元も憮然とした面持ちで言うと、諦めきれないように故障ラジュースに手をのばした。

すでに雪洞内は油煙と煤のために黒く沁みて、まるで石炭山の穴底にでも潜伏しているかのようだった。風雪は、午後になってもすこしの衰えも見せず、いぜんとして激しく吹きつのっている。三月の再挙と有元はいうが、果たしてふたたび現実的にこれだけの日数と労力をかけての山行が可能かどうか、冷静に考えてみると疑問だった。この三月にはなんとしても農大を卒業せねばならなかったし、もともとこんどの山行も、学生生活のフィナーレとしての計画だった。今回だけはわがままをきいてもらいたい——と会代表の杉本光作にたのみこんで、いささか横車的にこんどの山行に踏みきったのである。はじめ会としては十二月末から一月にかけて、川上晃良を中心にして北海道の知床半島の計画が立てられていた。それを延期してもらい、北鎌尾根の二人に装備その他を譲ってくれたのである。戦後の会の装備は乏しく、冬山に二つのパーティを出すだけの余裕はなかったからだ。ラジュースその他すべてを振り向けてくれただけに会員たちの厚意にも応え、なんとしても成功したい思いなのである。ことに日頃から彼の山への信条として、軍隊式登山とも見えるヒマラヤ登山を目標としての大学山岳部の極地法登山が苦々しくてならなかった。まるで軍事作戦のごとく大勢の部員を擁して登る集団的登行法が、スポーツ・アルピニズムの正統とは彼には信じがたかった。新人は、まるで人夫のごとく酷使されて、ろくに山も見ないで、山麓で荷物かつぎをさせられる現状が我慢できなかったのだ。それだけに二人だけで、北鎌尾根よりの槍・穂高縦走を成功させたかったわけであり、彼自身のアルピニズムの悲願でもあった。おそらくことしの三月では、再挙不能と考えざるを得なかった。卒業したからには、就職だけでもして母親を安心させたかったからだ。

松濤は、内心に諦念をいだきはじめると、にわかに疲労が湧き出るように全身を分厚く隈どりはじめた。四肢は、鉛玉を結びつけられたように重く、奈落へおちこむような眠りに誘いこまれる。十二月十九日朝からもはや半月ちかい山での辛酸が、ほんの一、二日のできごとのように思い出された。

――登山とはおかしなものだ……彼は模糊とした意識の底で、だれだったか山の先輩の書いた文章の一節を鮮やかに思いうかべて、つぶやくように言った。たしかに、おかしなものだ、という実感だった。これまで肉体を仮借なく酷使して、なお山に登らねばならぬことの不条理さが自分ながら不可解だった。

昭和十八年の十一月、北鎌尾根を登るべく偵察のために湯俣まで入った。いずれ兵隊に召し出されるとするならば心おきなく戦死するためにも、せめてそれまでに冬の北鎌尾根だけでも登っておきたいと出かけたのである。その年の四月、まだ記録のない北鎌尾根と平行に連なる硫黄、赤岳山稜を単独で縦走したのも、ひとつには積雪期北鎌尾根登攀のための偵察的山行だった。が、十一月の高瀬入りから帰京して旬日を経た頃、応召令状が無情にも舞いこんできたのである。かねて覚悟はしていたもののさすがに堪えがたく、生命の停息を感ぜざるを得なかった。もはや山に訣別せねばならないという寂寥感が、彼の心に暗い影を投げかけたのである。

昭和十九年春に、南方のビルマ方面に派遣された彼は、一兵卒として軍務に励んだ。もはや山は諦めたとはいうものの、暇があればひたすら故国の山を思った。もしかすると二度と踏めないかもしれない山々ではあろうが、それだけにいっそう思いはつのった。ことに登りのこした槍ヶ岳北鎌尾根の氷雪の岩稜が誘うごとく山への憧憬を象徴して、癒やしがたい渇望とともに彼の脳裡に高く峻《けわ》しくその山容をうかばせるのである。自分の人生前半二十数年の過半、ひたすら情熱と生命の対象として凝視しつづけてきた山々が、かくまで異国の星の下で切実に忘れがたい存在になるとは予期し得なかったのである。もう一度故国に帰還して、なんとか山に登りたいという希望は、日ましに松濤明の心に崇高な思念となって刻みこまれていった。同時に、あの氷雪の槍ヶ岳北鎌尾根が灼けつくように彼に思い出された。それは生命への執着というよりは、彼の生命の強烈な意志であり、情熱の主張だった。

4

夕暮れ近くなって風雪はおとろえを見せはじめた。松濤は雪洞の奥で寝袋にくるまったまま、輾転反側してはうつらうつらとしていた。有元は背を丸めていぜん諦めきれないのか、他にすることのない無聊さをまぎらわすためか、辛抱づよくラジュースの修理に専念していたが、暫くしてふとラジュースがふたたびたくましくうなり声を発した。

「直ったのか?」

がばとはね起きて松濤がどなった。

「ラジュースも直ったし、雪もやんだらしい。どうします?」

有元は、いささか得意げに言った。

「どれどれ……」

濡れた寝袋から這い出すと、雪洞の入口から外をうかがってみた。

いつのまにか山は夜に包みこまれて、凍りつく大気が快く彼の頬ではげしくふるえている。ほのかに四囲の山々が漆黒のシルエットをうかばせて、奈落のように暗い。ふと空を仰ぐと、槍ヶ岳の独標地点とおぼしい円錐形の岩峰の肩に蒼い星がまたたいている。

「有元、晴れたぞ。きれいに星が出ている！」

彼は、歓声をあげた。

雪洞の入口から、有元が穴熊のように顔を見せた。二人は思わず微笑をかわした。山に来て、お互いはじめての明るい表情であった。冬山は周期的に荒れるということは、二人とも過去の体験から学んでいた。理解しがたい年末からの悪天候と、元旦からの大風雪——どうやら天気は回復の兆《きざし》を見せはじめているのだ。彼の内部の敗北感はしだいに消滅して、一縷《いちる》の希望に胸をふくらませて有元に言った。

「どうだ、ラジュースも機嫌を直してくれたし、天気もどうやら回復の兆しが濃厚だ。せめて北鎌だけでもこの際突破しよう！」

翌三日、期待の天候はむなしく、鉛色の空からは小雪がぱらついていた。それでも雪ならば……と、午前九時、まず有元が先発して、あとを松濤が追った。これでも一日たっぷり休養をとったので、こころなしか体力もかなり回復して、新雪の積もった岩場を全身雪にまみれて攀じた。山稜はしだいに険悪になり、午後近くなって〈天狗の腰掛け〉と通称される独標手前の岩峰に辿りついた。もはや独標の突破は体力的にも無暴だった。二人は、二時間かけて四つ目の雪洞を掘る。

「有元、大丈夫か？」

今日一日の行動で有元がひどく疲労したらしい様子を案じて言った。

「なんとか槍の山頂までがんばるさ。ところで今日は幾日なんだろう？」

「一月三日だよ。予定どおりなら今ごろ奥穂を越えて、ジャンダルムあたりまで行っているところさ。ところが現実は、第一段階の北鎌尾根もやっとまんなかちょっとという地点だろう。山頂まで、この速度だとあと二つ雪洞が必要だろう。もしも、一つでも突破できたら幸運さ」

一月四日の朝は、前日の夜半から吹きはじめた風雪で、天候はふたたび悪化していた。それでも朝八時十五分に出発したので昼近くには独標を越えて、午後三時過ぎに槍山頂から四つ目の岩峰、第三峰まで一気に登りつめた。彼らは渾身の精力をふりしぼって攀じたのである。その朝、雪洞から出発のとき、もうすでに湿雪の雪洞で六日、骨の髄まで濡れそぼり、胸の奥まで凍りつきそうだった。それに四肢の関節も筋肉の一本一本までもが硬張って、今にも剝脱しそうにさえ思えた。

「どうも足先を凍傷でやられたらしい」

雪洞におちつくと、有元は顔をしかめて言った。オーバーシューズから靴、靴下と脱がせてみると、指先の爪はどす黒く変色して、指の尖端は明らかに第二度程度の凍傷の症状を呈していた。彼は、両手で少量の雪をすくうと足元をゆっくりゆっくり摩擦しはじめた。

「大丈夫かい？」

「うん、今日一晩摩擦すれば治るだろう。あと岩峰二つ越せば槍の山頂なんだから、なんとかがんばってみる」

有元は、せまい雪洞の壁に背をもたせかけて、わりあいと元気な口調で言った。だが辛苦と疲労のためにまなざしはどことなく焦点を失いかけていた。

「……」

松濤は黙ってうなずきながら、マッサージの掌を休めなかった。彼自身でも、体力はもはや限界に近く、すでに蓄えもつきはてていることは明瞭に意識された。日一日と風雪に凍えて、肉体の内部に氷塊が大きく、硬く膨脹してゆくようで不安でならない。それにこの五つ目の雪洞は、ひどく粗末だった。二人がやっと横になれる広さしかなく、入口もやたらと雪が舞いこんでくる。もう雪洞をたんねんに整備する余力も乏しくなっていた。

「もう眠らんほうがいいぞ」

彼は、有元の肩をやたらと叩いたが、雪洞内も安眠できる状況ではなく、ろくに食事ものどを通らなかった。チーズとハム、ビスケットと口へつめこんでみるが、どうやら嚥下《えんげ》力すらもなくなっていた。やむなく火力の衰えたラジュースで雪をとかし、どうやら味噌汁をつくっては食べものを腹へと流しこんでみた。

「有元、たしかお前の役所の仕事始めは今日からだろう。きっと正月気分でおめでとうをのんきに言いあっているぞ」

松濤は、表情をつとめて明るくつくり、有元に言った。

「今日からでしょう。しかしぼくは勤めて以来、四日に顔を出したことなんぞありませんよ。いつもスキーか山に行っているんで……」

「そうだったなあ。おれなんか下界の正月というのは、どういう風景なのか忘れてしまっているよ。クリスマスだってもろくに知りゃしない。いつもジングルベル、ジングルベルの音楽は、吹雪のうなり声と、ラジュースの歌が代役なのさ」

いささか自嘲ぎみに言うと、十五年近い山での青春が、ある深い感慨をもって想起されてくるのだった。小学校時代から首席でとおし、府立一中に合格して、さらに一高、帝大という、前途に当然待ち受けている日本人の第一等の出世コースも、彼は山を愛するがためにあえて放棄したのである。一中卒業後もアルプスに近い高等学校という魅力に惹かれて松本高校を受験したが、山行のために受験勉強も怠けがちとなり、松本まで受験に出かけながら、穂高に入山して、吹雪のため受験当日になっても下山できず、山に閉じこめられた苦い記憶もあった。彼は、下界での青春のいっさいを根源から否定し去ることによって、自己の純なる青春の存在をつねに確認してきたのである。

5

一月四日の夜は、三日よりもさらに苛酷な寒気と風雪の牙にさいなまれて暮れていった。もはや飢えと寒気のために刻一刻と体温が失なわれてゆく恐怖に彼らはおののいていた。餅もハムもビスケットも、すべて石のように凍結して口には入らなかった。この岩峰のビバーク地点は、標高もすでに三〇〇〇メートルに近いはずである。右手に天上沢、左手に千丈沢の源頭が急峻にせりあがり、視野がきけば平行線上に槍の穂先を軸にして西鎌尾根、東鎌尾根が間近く見えるはずだった。

有元克己は、いくどとなく落ちこむような眠りに誘いこまれるが、すぐに寒さで目ざめた。短い眠りの中で雑煮を腹いっぱい食べたり、小屋の炉端を囲んで酒をくみかわしている夢をいくどとなく見た。目ざめると痛むような寒気が全身を包み、首から下は他人の体のように無意識にふるえてならない。はたして明日もう一日、あの風雪の中で闘えるかどうか自信はもてなかった。ふと出発の日、部屋の机の中に書きのこしてきたメモが不吉な予感であざやかに想起された。

——しかしアクシデントが決しておこらないとはだれがいい得よう。

そんな言葉をふと心でつぶやいてみた。すでにこの状況は遭難の領域に属しているのかも知れない。すくなくとも明日の夜も雪洞を掘らねばならなくなれば、状態はさらに深刻になると予想された。おそらく口にこそ出さないが、松濤もこの成り行きは十分に察知しているはずだった。それだからこそ二人は、四日は〈天狗の腰掛け〉から一気に独標地点を突破して第三峰まで登ったのだ。

「さあ支度して今日中に槍までのばそう。もう一日だけ命がけでがんばろう」

松濤の乾いた声が耳もとでした。いつのまにか五日の朝になっていたのだ。濡れそぼったセーター、靴下、ヤッケ、防風ズボンが魚の臓腑のようにくたくたになっている。それをのろのろと身にまとうと、四肢は海底でうごかしているように重い。雪洞が狭いので、松濤は洞外に出てアイゼンを靴につけようとした。すると全身は急激に枷《かせ》をはめられたように硬着し、アイゼンバンドが凍って一本の曲がった針金のように氷結している。

「アイゼンを履けない。なんとかピッケルでステップを刻んで登るよりしかたあるまい」

彼は、怒ったように言うと、すぐピッケルをふって一歩一歩と足場を刻みはじめた。尾根の雪はかなり氷結して硬質ガラスのようである。松濤が歩き出すと、すぐ有元もつづいた。二人の背には凍った露岩のようなリュックザックが重く背にくくりつけられてある。

朝だというのに四囲は黄昏のように薄暗く、雪の白さがいくらか明るさを周囲にひろげているようだ。

彼は北鎌の山稜を右手から千丈沢の源頭にいくらか寄ってコースをとった。あと二つの岩峰を越えれば槍の本峰にかかるのだ。ときおり突風のような風雪に彼は歯を食いしばってたえた。その谷間から吹きあげてくる風圧が、彼の内部の生命の火をかき立ててくれていたのかも知れない。アイゼンを履いていないために踏ん張りようもなく、ピッケル一本でいまにも空中に浮かびあがりそうになる五体を支えた。背を丸め、全身の重心を低くおとして、いくらかでも風に抗しようと彼は頑張った。どこか岩の陰を見つけてアンザイレンをせねばならぬと思った。

そのときまた幾度目かの突風が山稜を吹きはらった。同時に彼は背後で、風のうなり声ではない動物の恐怖におののく短い叫び声を耳にした。反射的に彼の視線はあとからくる有元の姿に向けられた。視界はほんの十数メートルしかきかない。しかし今しがたまでの、シルエットのはりつけられてあった雪の山稜は空白となっていた。

「有元！」

松濤は、反射的に叫んだ。眼をこらして、じいっと足下を見やった。有元のいた山稜から一条の雪のおちたような浅い溝が、天上沢に向かって、雪の斜面に刻まれている。その雪の狭い溝に点々と黒い点も見えた。明らかにリュックザック、眼鏡、尻あて、帽子といった装備だ。その下方に有元がいた。距離にして目測約五十メートルもあるだろうか……。

「有元、登ってこい、ケガはないか？」

口に手をメガホンのようにあてると、力いっぱいどなってみた。が、一瞬黒点は雪の上でうごめいたが、すぐに動かなくなった。分厚く新雪の積もった斜面なので、滑り落ちてもひどいケガはしていないと思われる。が、あの地点からふたたび急勾配の斜面を彼が自力で登ってこられるかどうか、松濤にも確信はもてない。それに自分自身でも有元を肩にして、この山稜上まで運びあげるだけの体力もなかった。

もはや下の有元には、動く気力さえも失われつつあると察知して、すぐに下降をはじめた。斜面の積雪は胸近くまでうずまり、もはやふたたび登るなど不可能だった。ころげおちるように急勾配を滑りおりて、有元のうずくまっている地点に到着した。

「大丈夫か、有元！」

松濤は、雪の中に肩までもぐってうずくまっている仲間の肩を激しく叩いた。

「すまん、本当にすまん。すっかりブレーキになってしまって……」

有元は、低い声で泣きじゃくりながら言った。

「諦めが悪かった。これからでもなんとか湯俣まで下ろう……」

そう言ったものの雪は深く、空身でも際限なくもぐる。はたして有元に行動力の余裕があるとも見えなかった。山稜から谷間へ下ったので、いくらか風力はおちたが、寒気はいぜん激しく刺すようだった。湯俣まで下るにも、もう一晩雪洞を掘って泊まらねばならない。しかし、有元はスコップも失くしているし、はたして体力的にも雪洞も掘れるかどうか疑わしい。ザックの中のいくらかの乏しい食糧と衣料で、この風雪の一夜が越せるかどうか、松濤は仲間の腕を肩にかけると新雪の谷を下りはじめた。

冬の日暮れはふだんでも早いが、風雪の吹き荒《すさ》ぶ谷間はさらに早足であった。二時間近くも彷徨するように二人は雪の中を下りつづけた。どうやら千丈沢の本流に出た頃周囲は夜となった。荒涼たるヨミの世界のような雪の谷間をさらに松濤は、仲間の肩を支えて落武者のように歩きつづけた。いくどとなく彼は雪の上に膝を屈し、折り重なって倒れた。このまま起きなければ二人とも死ぬのだと思うと、恐怖の感情よりも絶望と無念の思いにかられた。

あすは一月六日——予定どおりならば中尾峠から上高地に下り、おなじみの常さんとも握手ができる。冬期小屋には木村さんなどのいつもの懐しい人びとが顔を揃えているはずだと思った。だがそんな光景がなにかひどく遠い世界の事柄のように、彼には思えてくるのだった。

右岸から谷筋が一本注入してくる地点で、彼は肩から崩れおちた。もはや有元を肩にしての歩行は至難だった。岸辺の岩陰に雪洞ともいえない小さな穴を掘ると、まず有元を収容し、次に自分が入った。

これからいったいどうしたらよいか？　有元をこの雪穴に残して、倒れるまで湯俣を目指し下るのも一つの手段だ。しかし、そうすれば有元は朝を待たずに確実に死ぬ。自分自身だってもわかりはしない……。そう考えると、もう一度だけでいいから蒲田川の紅葉を見たいとふと思った。飛驒の静謐なほのぐらい谷間を、新雪のアルプスに向かってゆっくりゆっくり歩いてみたかった。新穂高温泉の小屋に、たったひとり留守番の少女と榾火をはさんで、ロマン・ロランを語り、ドビッシーについてしゃべりたかった。蒲田川の夜の瀬音を耳にしながらベートーベンの「情熱」の古レコードを聞きたいとうつつに思った。

6

一月六日の午後くらくなって芳田美枝子は、ひとりスキーで上高地の冬期小屋に登ってきた。だが松濤、有元の姿はなく、小屋の話だと元旦以来というもの山はひどい吹雪だという。冬山での計画の遅延は当然の成行きなのだと、彼女は小屋で二人の下山を待った。八日になって西穂高から近藤等、安川茂雄らをまじえた七人の日本山嶺倶楽部パーティが下ってきた。むろん、その中に二人はいなかった。

下山したパーティの人たちも、一行の壮挙を知っているらしくしきりと案じている。彼女もいささか不安になり、徳沢へ出かけてみたりして十一日まで待った。ついに来ない——彼女は得体の知れない不安感にさいなまれて十二日の朝、単独で西穂にスキーで登った。いくらか悪天候のために行動が遅れていても、一週間も消息がないというのは、不可解だった。もしも北鎌尾根から下山しているのなら、当然上高地まで電話連絡があってよいはずだし、入山前の連絡の手紙でも二、三日以上は遅れないとも記されてあった。

彼女は、西穂の山稜をいちおう確かめると、すぐにそのまま蒲田川に下った。もしかしたら悪天候のために槍から蒲田川へ下っているかも知れないと一縷の希望をいだいてみたが、それも空しかった。松濤明に、はじめて彼女が会ったのは昭和二十三年九月、まだ半年にもならない。それから翌十月にも姿を見せて幾日間かをともに暮らした。その間、彼女の印象の最大のものは「信義に厚い人」という実感だった。どんなささいな約束でもいつもきちんと守ってくれる。こんども彼女の依頼で東京で購入してくれたスキー靴は、きちんと松本の連絡所に置かれてあった。

それだけに上高地に姿を見せない二人の山での消息は、彼女にとって遭難以外には理解のしようがなかったのである。

松濤明、有元克己の消息が、彼女の連絡により、東京の会事務所にもたらされたのは一月十六日だった。ただちに大町に連絡して下山の有無を確かめたが、十九日両人の遭難確実と判断されて、先発隊が大町に向かった。さらに本隊も一月二十六日から天上沢小屋を中心にして捜索を実施したが手がかりはなく、北鎌沢のコルに一行のザック一個を発見したのみであった。

三月下旬、農大山岳部によって槍山頂に両名は到着していないことが確認され、四月になって北鎌尾根を登った関西登高会パーティにより、第三峰付近に雪洞の跡および松濤の遺留品が発見された。

かくて七月の雪解けを待ち、さらに密に捜索が行なわれた結果、二十三日千丈沢・四ノ沢出合に両人の遺骸が見い出された。

七月の槍ヶ岳北鎌尾根は、あの厳冬の氷雪の鎧もうそのように、くろぐろとした岩稜を青空にそびえさせ、千丈沢の谷川の流れものどかだった。半年ぶりの遺骸発見に、遺家族をはじめ関係者の列は、沈痛な足どりで沢の河原を踏んでつづいた。

遭難現場は、ダケカンバの葉影がゆらぐ四ノ沢出合の下流右岸の水際だった。上流に有元、二メートルの間隔をおき松濤が横たわっている。有元は頭部を上流に向け、その付近に水筒とジョーゴが、松濤の身近には防水袋に包まれた写真機一台と手帳が残されてあった。検屍は係官によって簡単にすみ、午後一時、五尺の高さに構築した薪の櫓に二つの遺体は移された。

この頃より北鎌尾根に濃い霧がおりはじめ、薪に火が点ぜられると、待っていたかのように冷たい雨が降りはじめた。だれも無言だった。が、そのとき沈黙の参列者の一人から、激しい慟哭の叫びがもれはじめた。山岳会代表の杉本光作が、防水袋中の手帳の記録をはじめて目にしたためである。すぐに彼は頰に溢れる涙をもぬぐわず、川岸の露岩にたたずむと、

「松濤、有元両君の遭難の模様については今日まで明瞭を欠くきらいがありましたが、本日この防水袋の中の松濤君の手帳によっていっさいが明白となりました。いま遺書ともいうべき最後の一日の手記の大略を朗読させていただきます」

こう挨拶すると、彼はゆっくりゆっくりと次のような手記を読みあげたのである。

——1月6日フーセツ

全身硬ッテ力ナシ。何トカ湯俣迄ト思フモ有元ヲ捨テルニシノビズ、死ヲ決ス

オカアサン　アナタノヤサシサニ　タダカンシヤ。一アシ先ニオトウサンノ所へ行キマス。何ノコーヨウモ出来ズ死ヌツミヲオユルシ下サイ。ツヨク生キテ下サイ。

井上サンナドニイロイロ相談シテ

井上サン　イロイロアリガタウゴザイマシタ　カゾクノコトマタオネガヒ。

手ノユビトーショウデ思フコトノ千分ノ一モカケズ　モーシワケナシ、ハハ、オト

ートヲタノミマス
有元ト死ヲ決シタノガ　６・００
今14・００　仲々死ネナイ、漸ク腰迄硬直ガキタ、全シンフルへ、(略)ソロソロク
ルシ、ヒグレト共ニ凡テオハラン(略)
サイゴマデ　タヽカフモイノチ、友ノ辺ニ　スツルモイノチ、共ニユク（松ナミ）
我々ガ死ンデ　死ガイハ水ニトケ、ヤガテ海ニ入リ、魚ヲ肥ヤシ、又人ノ身体ヲ作
ル……

　判読しがたいためか、悲しみに絶句してか、いくどとなく杉本代表の言葉は中絶し、またつづけられた。そのたびに潮騒のように悲しみの声が参列者のあいだから、高く低く湧きあがってくる。

　両人の遺骸が小さな骨箱におさまった午後三時三十分、雨はやんだ。やがて夏の陽ざしが千丈沢の岸辺に水たまりのような日だまりをつくりはじめると、はるかな槍の山頂に夏めいた藍色の空が小さな布片のようにはたはたと揺れうごいていた。北鎌尾根に七月の斜陽がまぶしい下を、葬列はのろのろと千丈沢を下りはじめた。昭和二十四年七月二十八日の夕暮れである。

「ナイロン・ザイル事件」前後

昭和二十九年ようやく戦後の復興も目ざましく冬
山も賑い、戸山高校パーティ四名西穂へ
暴風雪の二昼夜、山稜上の戸山パーティ遭難か？
二十四日朝、独標付近に裂けた夏用テントと凍っ
た二死体を立教パーティ発見
数日おくれ松本県《あがた》ガ丘高校パーティも奥明神沢
で雪崩遭難
さらに翌三十年一月三日、三重岩稜会三名、前穂
東壁でナイロンザイル切断のため一名死亡
井上靖『氷壁』によって描かれたアルピニストの
愛と死

1

昭和二十九年のクリスマス・イヴの当日。午前十一時頃であった。正月用の写真の撮影を済ませた朝日新聞の平木靖記者が西穂山荘に戻って一服していると、立教大学山岳部の寺畑哲朗リーダーが、蒼黒い雪焼けした頬を硬張らせて飛びこんできた。懸命になって戻ってきたらしく呼吸をはずませながら、小屋に居合わせた碓井徳蔵、宮原進、平木記者の三人に言った。

「凍死だ……戸山高校の人たち二人凍死している……テントが破れ凍傷で全身が赤紫色になって二人の人が倒れていた。すでに息はない。なんとか早く連絡をとってもらいたい」

それだけ一気に言うと寺畑リーダーはいくらか落ち着いて、戸山高校パーティの遭難の詳細について報告してくれたが、つい二日前この小屋からまだあどけなさの漂っている元気な顔で手を振りながら出発した四人の面影が、三人の瞼に悲しく甦ってくるのである。屍体は二人だというが、伝えられた遭難現場の状況から予想して、まず全員凍死したことは疑いなかった。

「やっぱりあの暴風雪に巻きこまれてやられちゃったんだな」

碓井は、二十二、三の両日、夜昼なく吹きつづけた風雨のすさまじさを想い出して独白するように言った。

戸山高校――といっても戦前の松本高校のような旧制の高等学校ではない。旧「府立六中」で戦後占領軍によって改革された六・三・三制による高校なのだ。旧制の学年からすれば中学五年生――十七、八歳ぐらいの年頃にあたる少年たちであった。あの昭和二十年八月十五日からようやく足かけ十年、敗戦の傷痕も年ごとに癒えて、衣食住の国民生活も一時の窮乏も嘘のように、日本人の表情は脂肪の厚味もまして豊かに明るくなっていた。

その年の四月には世界平和会議が開催され、十月にはフランスのルーヴル展が上野で催されるなど平穏な世相がつづいた。山々にも登山靴を履きリュックザックを背にピッケルをもった登山者の姿が、シーズンごとに増加の一途をたどっていた。前年の五月にはヒマラヤ・マナスル峰の第一次遠征隊が派遣されたし、京大ではアンナプルナへ出かけた。登山用具店、デパートの運動品売場にはさまざまな登山装備があふれんばかりに陳列されて、その復興はめざましく、化学繊維——ことにナイロン製品のテントやザイルなど登山者の憧れのまとだった。各大学山岳部、一般登山団体のパーティは、四季の別なく槍・穂高連峰の登頂を競い、つい数年以前の寂漠とした冬の上高地周辺の静けさを知る者には、信じがたいような変貌であった。その年の十一月二十八日、富士山中腹で冬山トレーニング中の東大、日大、慶大パーティが、ときならぬ乾燥雪崩のために十五名の犠牲者を出したのはまだ耳新しい惨事のはずだった。この戦後最大の山岳遭難から一月もしない十二月中旬、すでに上高地には冬山登山のパーティが隊列をくみ、陸続《りくぞく》として雪の梓川道を繰りこんでいた。

戸山高校もそれらのパーティの一隊として十二月十六日上高地へ入山し、翌日西穂山荘へ登った。すでに荷上げのために一度十一月初旬入山して、はじめの計画だと明神東稜より前穂を登頂しようと企図していた。ところが碓井、宮原の二人が高山気象観測のために十月初旬から翌年まで越冬するという噂を耳にして、計画を西穂、奥穂行に変更、徳沢園からこの山荘に荷物を移動させたのである。一行が、予定どおり十七日に元気な姿を見せた頃、すでに穂高連峰は根雪も十分に積もって、いくどかの風雪に磨かれて本格的な冬山の風貌を見せている。西穂山荘も十一月初旬にはサイダー、ビールが凍り、室内にツララがたれさがるほどの温度となり、十二月になると小屋の周辺には一メートルほど雪が積もっていた。

翌十八日、戸山高校パーティは、上高地からの荷上げと、独標付近の偵察のために二人ずつで二班に分かれて行動した。気象観測のため越冬中の二人も根っからの山好きであるだけに、登山者の経験の有無を見分けるには習熟していた。四人の入山で小屋は賑やかになり気がまぎれたが、一瞥してどことなく頼りなかった。まだたった一晩同じ屋根の下で過ごしたにすぎないものの、彼らの挙措《きょそ》言動があまりに無邪気であり奔放に見えた。リーダーとして教師も一人として参加していないし、夏の槍ヶ岳あたりの山小屋でたのしげに騒いでいる高校生のパーティと変りなく、厳冬の穂高を登るにはいささか荷がかちすぎているかに思えた。ことに話に聴いていると西穂に前進キャンプを設営し、さらに雪洞を掘って奥穂登頂を試みるのだと壮語しているだけに、彼らの雪山での経験がどのくらいのものなのか案じられてならないのだが、その危惧感も午後になっていくらか和んだ。

立教大学山岳部パーティが十五名大挙して山荘に姿を見せたからだ。寺畑リーダー以下三十五日間の予定で西穂山荘をベースキャンプにして槍ヶ岳までの極地法登山のためで、同じ一本の山稜上での行動なのだから、立教隊は自然あの四人の少年パーティの遭難監視役になってくれると信じられたからだった。どうやら気象データから類推すると、数日間つづいた好天も十八日を境にしてくずれ気味である。

2

十九日、日が昇ると朝焼けだった。蒲田川をへだてた笠ヶ岳の雪の稜線が朱く染めあげられていたが、しだいに雲量をました。風速三・九メートル、最低気温マイナス十一度。朝のうちに北方にいくらか水たまりのような小さな青空が見えていたが、午後から雪がちらつきはじめた。雲の激しい常念山脈への動きからも低気圧が徐々に近づきつつあるかに見える。

立教パーティは、第一キャンプを西穂の第二峰に設営するために山荘を出発した。戸山パーティも前後して出ていったが、パーティの眼鏡をかけた一人(独協高校の金子隆司)だけは頭痛のために残留して三人である。雪は一メートル近くあり、風は数十メートルで飛驒側から吹きつけた。立教パーティは、整然と行動を起こして西穂を越えた一つ目のピーク付近にテントを設営し、三人のザイル工作隊をのこすと午後、山荘に戻ってきた。戸山パーティも独標手前まで荷上げして昼過ぎに帰ってきた。午後からは天候は荒れ模様になり、雪が横なぐりに吹きつけて、森林限界以下にある山荘でありながら、風雪は小屋の梁や根太を揺りうごかしていた。

二十日は前夜の雪もやんで雲一つない晴天になった。東には梓川をへだてて霞沢岳が朝日を浴びてクリームケーキのように聳えている。立教パーティは第一キャンプに向けて出発したが、十時になると早くも天候はくずれて激しく雪が降りはじめ、風が吹きはじめた。まだ第一キャンプまで行きつかないうちで、立教パーティはたちまち乳白色のガスに包みこまれて前進不能となり、荷物も途中にデポして山荘へ引き返した。戸山パーティも立教のあとから健気にもキャンプの建設のために行動を起こしたが、独標手前で立教隊と出会った。彼らも悪天候のために独標すら越すこともできず山荘へ引き返した。翌日も朝は晴れあがっていた。雪もやみ払暁には星が降るように輝き、凍《し》みかげんも上乗だった。東方には雲海がみなぎり、気温はマイナス十八度、風もさして吹いていない。眺めも八ヶ岳まではっきり遠望された。

午前七時に立教パーティは山荘を出発し、戸山高校も追いかけるようにして山に向かった。積雪は小屋付近で八十六センチ、雪はまぶしく乱反射している。午前十一時半に西穂山頂より一つ天狗のコルに近いピークに張られた第一キャンプに到着。メンバーを交替させたのち帰途にかかると、西穂より一つ山荘寄りの鞍部に戸山高校パーティが二人で天幕を設営中だった。いくらか飛驒側に寄った斜面である。軽く挨拶をかわしてのち、独標付近でさらに二人の戸山パーティに出会った。

この朝平木記者も、写真撮影のために独標まで一行と出かけて、戸山パーティと掌を振って別れている。

「元気でやれよ、気をつけてな」と言うと、「ありがとう、元気で行ってきます」と答えて西穂山頂をめざして登り出したが、ザックの上にはマット代りの炭俵がしばりつけられてあった。立教パーティの装備に比較すると、なんとも貧弱であり、この三〇〇〇メートルの冬山と闘うには見劣りがした。

この夜から戸山高校は山荘に帰らず、天幕生活に入ったわけだ。天候は好天がつづき、夜になっても星が切子細工のように空にまたたいていた。だが、この天候も一日ぽっきりで夜半から天気はくずれはじめ、早朝すでに小屋の外は風雪がうなり、風速計は二十一メートル半近くを示している。小屋も半分近く雪で埋めつくされ夕刻まで寸秒の休みもなしに吹きつづけた。山荘の内部も雪が吹きつけて、窓は雪のために埋めつくされて穴蔵のように暗くなった。今シーズン冬になっての最初の大雪で、ストーブの煙突はへし折れて、折れ口から風と雪が逆流して薪も燃えつかないほどだった。観測データによると気温マイナス十七・五度、雪は昼までに百十五センチ、風速二十一・四メートル——まさに暴風雪である。

二十三日も午前中吹きまくり、午後になっていくらか風力はおとろえたが、雪はいぜん降りしきっていた。十二人の立教パーティは西穂のキャンプの三人がどうなったか心配していたが、やがて戸山高校パーティについてもその安否が気づかわれてならなかった。この山荘内部にいてさえ便所は雪に埋もれ、風は屋根を吹きとばさんばかりのひどい荒れようだった。上高地では河童橋が風に揺れて渡れず、小梨平の茶店の屋根など吹き飛ばされ、樹もかなり倒された。二十年ぶりの暴風雪といわれる凄まじさだった。

越冬の二人と平木記者は、戸山高校の四人についてそれぞれに不吉な予感をいだいていた。果たしてこれだけの風雪の中で、彼らに冷静な判断と沈着な行動が十分にとれるかどうか疑わしかったからだ。とくにリーダーらしい経験者も年長者もいないし、体格だけは立派であるが、どことなく幼いところが目立ち、まるで見様見真似の冬山といった印象である。装備もいちおう冬山登山者らしいといった程度だったし、平木記者の眼にしたマット代りの炭俵など、この悪天候を逞しく生きぬけるかどうか不安でならなかった。しかし、すぐ近所には立教パーティのキャンプのあることも知っているはずだし、万一の折には救いを求めて合流するだろうとも楽観視したりして、天候の回復するのを待ち望んでいたのだ。

3

三日ぶりで暴風雪はやんだ。二十四日のクリスマス・イヴの日は朝から静かに明けた。まるで交響楽の幕でもおりたように小屋の外はひっそりとして、近くの林の中から鳥の啼き声すらきこえてくる。山荘は雪で屋根からすっぽりと包みこまれて、入口の扉を開けるのに大騒ぎだった。樹々は白いモンスターのように信州側に身を傾け、飛騨側からの吹雪の凄まじさを無言のうちに告げていた。眼下の上高地もアイスクリームでも流しこんだように、雪で一面こんもりとふくれあがって森閑としている。

朝食後、七時に寺畑リーダー以下全員で、西穂の前進キャンプへ出発した。二日間たっぷり休養しているので、十二人の若者たちは元気いっぱい腰高の積雪をラッセル車のように威勢よく西穂へ向かった。山稜へ出ると積雪は硬質ガラスのように凍りついて、アイゼンのツァッケもはね返すほどだった。独標を越えて西穂直下のコルへ出ると、戸山高校の天幕が見えてきた。あの中に四人がいるのだろうか？——とみんな怪訝《けげん》な面持ちで、いくらか傾いた天幕のあまりの静けさが不可解でならなかった。吹雪のあとのこの好天気なら、一人や二人はテントの外へ出ていなくてはならなかったし、その周囲に踏跡のないのも奇怪だった。あるいは立教のキャンプにでも避難したのであろうか？——とも憶測してコルへ足早に下った。

天幕がすぐ目前になると、二人の人間が雪をかぶって身じろぎもせずにいるのが寺畑リーダーの視野に入った。一人は横たわっており、一人は座ったままだ。〝凍死〟〝遭難〟……もはや手の施す術もなかった。あの二日間の風雪のすさまじさがすぐ脳裡にうかんできた。腕時計をのぞくと午前十時十五分。すぐに周辺を手分けして調査しはじめた。まずテントは引き裂かれて、すでに雪はたっぷり内部に降り積もり、寝袋が三つおかれてあるだけだ。あとの二人の姿はどこにも見えない。付近を仔細に調査すると、薄く雪をかぶっているので気づかなかったが、彼らの備品があちこちに散乱している。揃えたままの一足の靴、散らばった餅、堅パンや罐詰などの食糧、アイゼンやピッケルなどの登攀用具。まさに完膚なきまでに風雪に叩きのめされていたが、それにもまして悲惨だったのは、天幕が使い古したらしい布地の夏用だということだ。内張りもなく支柱も貧弱だし、とうていあの暴風雪に堪えようもなかった。

「むごいなあ、これじゃあまり無茶だ。まるで夏山装備だもの」「でも哀れだ。こんなテントであの晩過ごしたんだとしたら……」「ことさらに風当りのつよい飛騨側のコルに設営するなんて、信州側ならいくらか風も弱いし、岩の陰もあるのに……」そんな声が立教パーティのあちこちから囁かれていた。破れた天幕の端にはピッケルが四本、支えの代りに突きささっている。破れ目はいくどか修理したらしく木綿糸で簡単な応急修理がほどこされてあった。

二人の凍死体は発見されたが、あと二人の姿はどこにも見当らない。改めて二遺体を克明に調べてみると、片方は靴をつけザイルを手にして座りこんでおり、もう一体はテントの布片をかたくにぎりしめていた。寺畑リーダーは、ただちに登山計画を一時停止して、全員捜索と屍体の収容にあたらせることとした――。

かくて寺畑リーダーは西穂山荘へすぐに戻り、この惨事を小屋の三人に報告したのである。越冬パーティの宮原進は私用で上高地へ下るところだったので、そのまま急を帝国ホテルの冬季小屋へ連絡してもらった。しかし、パーティが戸山高校生という以外には、名前も住所も分からず連絡方法もなかった。ことに二体の凍死体が四人のうちの誰なのか、行方不明の二人が誰なのか、見当もつきかねていた。

同日午後、ただちに立教パーティは二遺体を寝袋につつもうとしたが、座っている一体はそのまま運ばざるを得なかった。まるで氷塊のようにカチンカチンに凍りついていたからだ。なんとか独標と山頂の間まで運搬したが、天候はくずれて中止せざるを得なかった。一方、越冬パーティの一人碓井徳蔵は、彼らの使用した部屋を再調査した結果、やっとダンボール箱の中から風呂敷包みにくるんだ衣服、定期券、財布を発見した。なかに学生証明もあって、島田敏彦（二年生・十八歳）、伊豆野英二（三年生・十八歳）、今井康夫（二年生・十七歳）の三人は判明した。あとの一名が不明だった。寺畑リーダーは、そこに貼付されてあった写真と凍死体の容貌から推定して、一人の座っていた方が今井、もう一人が姓名不明の少年ではないかと思った。同夜クリスマス・イヴなのに山荘内は沈痛な雰囲気にみたされ、下界の賑いなど信じがたいくらいに重たげだった。

翌二十五日、風雪のために行動不能。二十六日、いくらか風雪がやんだので引きおろしに出発。午前九時、もう一体の大柄の座ったままの凍死体を現場から下ろすのだ。そこで天幕内をもう一度調べて、隅にあった遺品のリュックザックの一つを開けてみた。なんと衣服、食糧、寝袋まできちんと収められており、そのうえ石油コンロなど使用された形跡はない。これらの点を推理すると、四人は天幕を張り、まだろくに食事の支度もしないうちに強風にあおられて破損し、そのうちに風雪がひどくなり、収拾しがたくなったのであろう。そのあげくに疲労困憊して凍死したのではないかと判断された。作業は午後一時天候悪化のために中止して、遺体は一応独標近くまで運ばれた。

二十七日も吹雪。二十八日になって天候も回復し、どうやら独標下まで屍体を下ろした。この頃には戸山高校関係者やＯＢなどの救出隊が入山して、姓名不詳の一人も金子隆司（独協高校三年・十八歳）と判明した。二十八日天候はまったくおだやかとなり作業もはかどった。二十九日上高地へ下り、死体検屍ののち玄文沢出合付近で荼毘《だび》にふされることになった。

4

この年の冬山――やはり穂高へもう一隊の高校山岳部パーティが入山していた。地元長野県の県《あがた》ガ丘高校山岳部一行で、戸山高校の惨事が上高地に報告されて数日たった二十六日に、ホテルの冬季小屋に姿を見せた。小屋は合宿をすませた法政大学山岳部や遭難関係の人々でごった返している。パーティは十人で、同じ高校でも顧問として三沢教官や矢野源一先輩なども参加しており、訓練もこの入山のためにゆきとどいていた。こんどの奥穂登頂のためには、三月の雪上訓練、五月の白馬合宿、夏のアルプス縦走などでトレーニングを実践し、新雪前後の十一月に二度も荷上げ、偵察にも入山している。すでに十一月に富士の大雪崩があり、入山すると西穂での戸山高校パーティの遭難の話を警告的に聴かされたのであるが、別に躊躇することもなかった。夏用天幕を一月の穂高山稜に設営するなどの遭難批判を耳にしていたし、同じ高校生だからといっても同一視されたくない山への自負心があった。隊員は三年生三人、二年生三人、一年生二人でウィンパー型冬用天幕三張を用意してきた。

二十七日、吹雪のなかを午前八時にホテルの冬季小屋を出発し、岳川谷の森林帯へ入った。左岸の道をスキーで登ると、途中に東京医大、専修大などの山岳部のキャンプがあった。一行は夏の重太郎新道が奥明神沢を横切る白樺林の中に、五人用ウィンパーを二つならべて張り、雪塊や補助支柱などで補強して設営を完了した。翌二十八日は晴天で、前穂山頂下に前進キャンプを進めることになった。雑煮を食べてから、中野チーフ以下五人はキャンプ設営のために、他の四人は上高地へ荷上げのため下った。予定どおり森林限界上部まで荷上げしたが、深雪のためにラッセルは肩を没して全員くたくたにしごかれた。夜ラジオの気象通報に耳を傾けると、どうやら元旦まではこんな状態で、二日から下り坂だという。中野チーフは、すぐ日記帳をとり出して、「十二月二十八日、上高地のベースハウスに残っていた食料を全部サポートさせた。これで初めて完全なるベースキャンプができあがった。これから一週間ここをベースとして……」と記していた。米一斗五升、味噌三貫目、餅三五〇切、パン二貫目といったふうに、ベースに集積された食糧だけでも一山はある。

二十九日、まだ夜中といってよい午前二時、すでに炊事当番が起きはじめラジュースが威勢のよいうなり声を発しはじめた。天幕のシボリの紐をほどいて戸外を見ると、どこかに月でも昇っているのか、星影のかなたに穂高の山稜がのしかかるように間近く仰望された。「夜の山は近く見える」とよくいわれるが、冬の山はいっそうその効果がつよいようだ。午前四時には全員食事を済ませると、五時に先発隊としてOB矢崎、耳塚の二人が星のまだ淡くまたたく空の下を出発した。前日の上部のラッセルは、まるで雪中を泳ぐような深さで肩までつかった。それだけに今日は、なんとか登路を確実に開拓せねばならないわけだ。後発隊は、三人のアタック隊と二人の予備隊が一週間滞在するに必要な食料と個人装備のボッカで、平均一人四貫になった。その日、前進キャンプには五人をのこして、残りはベースへ下る予定になっていた。

午前十時、前日の到着地点に登ったが、そのとき先発の二人は五十メートルぐらい上方でラッセルしていた。上半身だけが雪の上に見えるが、かなりの苦闘である。天気はよかったが風はつよく、山稜から吹きおろす突風に息がつまりそうだ。途中ビスケットをかじり、テルモスのミルクを飲んで明神のコルが同等の高さに見える地点まで来ると、前穂のピークが雪煙をあげて「怒れる巨獣」といった壮絶な風貌に見えた。そこでパーティは矢崎、中野、耳塚、次に藤岡、相馬、中村、最後に三沢、金森、丸山と三班に分けて登った。いちおう雪崩への警戒体制であった。すでにハイマツ帯でワカンが枝に引っかかったり、もぐったりして苦闘の連続である。やっと小さな沢に出た。上部は平坦で広くひろがり、この地帯さえ越えれば、あと小さな岩稜にとりついて、前穂のピークまで雪の平坦な尾根筋がつづいていた。

三つに分かれたパーティは、沢筋の上部を左側のハイマツ帯に沿ってトラバースしようと、電光形に小さくコースをとった。先頭パーティの矢崎、中野、耳塚の三人と、第二パーティの藤岡、相馬、中村とは約十五メートルほど間隔をとっていた。第一パーティはすでに上部に達して、三人で並んでトラバースをはじめた。つづく三人は相馬沖之助がワカンの紐がゆるんだために待つ間、ハイマツに腰をおろして休憩していた。最後のパーティは、いくらか遅れ気味で、ハイマツ地帯をやっと抜けて沢筋に入りかけている。第一パーティの先頭でラッセルを引き受けていたリーダーの中野和郎は、三メートル間隔でピッケルを斜めに構えて沢の中心にさしかかった。そのとき中野は足もとをすくわれたように全身のバランスを失い、踏んでいた雪が奈落へ吸いこまれていった。その触感と同時にザザアという底深い不気味な響きをどこからともなく耳にした。

「雪崩だ！」「雪崩だ、みんな逃げろ！」そんな誰かの声を聴き、また中野自身も絶叫していた。ほんの一瞬間の出来事だった。中野和郎たち行動中の先頭パーティは反射的にハイマツ帯に逃げこみ、ハイマツの幹にしがみついていた。地鳴りが夢魔のように白い奔流を動かして沢筋をつたい、下流へ末広がりに押し出してゆくのが俯瞰された。雪崩の尻尾がゆっくりと斜面を下り切って停止すると、しばらく沈黙した沢筋に恐怖と興奮のどなり声があちこちから湧きあがる。「そっちは大丈夫か！」「大丈夫だ！」下方から第三パーティの元気な声がした。すると同時に「第二パーティがやられた！」別の声が恐怖にゆがんで聴こえた。中野が「誰だ？」と訊くと、「藤岡です。相馬、中村が……」と声をつまらせた。「やられたのか？」怒りに満ちた声で矢崎先輩がどなった。「やられました！」と藤岡の涙声が返ってくる。「畜生め！」と誰かが叫んだ。どこからどのように雪崩が起きたのか、まるで分からなかったが、沢筋いっぱい雪が泡立ち、すでにラッセルの跡も消えている。明らかに表層雪崩のようだ。二十二日から二十四日まで二日二晩にわたり、上高地一帯は暴風雪に見舞われて二メートル近い積雪を見ている。おまけにその日の朝は気温がいやに暖かく、マイナス十二度だった。あとで判明したことなのだが、この沢筋の雪崩地点は草付で、根雪の付着状態もわるく、二メートルの積雪荷重に堪えかねて表層の雪崩となってくずれおちたと推測された。相馬、中村がこの雪崩に呑まれたことは、もはや疑いなかった。せめて無事でいてくれたらと祈り、雪崩の泡だちの中からぽっくりと二人が姿を見せてくれまいかと一様の期待をいだいてみたが、それもむなしかった。

残された一行の中から耳塚忠治（高校二年）が伝令として急を告げに、岳川に設営している専修大と東京医大のキャンプへ救援をもとめ、さらに上高地の冬季小屋へ向かった。中野たちはただちに捜索にかかったが、奥明神沢の雪崩は谷筋に溢れており、二十分ほどして最初に相馬沖之助を発見した。三沢教官が雪まみれになっている犠牲者を抱きおこして「相馬、相馬！」と悲痛に叫び、揺りうごかしてみたが、なんの反応もなかった。ちょうど第二パーティはハイマツ帯の端で休息して、相馬がワカンの紐を結びなおしているとき雪崩に遭遇したのだ。いくらか体温はのこっているが、意識はまったくない。左足を骨折し、さらに全身打撲の重傷である。せめて生きていてくれたらと、一時間以上も人工呼吸を試みたり救護に最善をつくしてみた。だが体温はしだいに失われてゆき、生死の明暗も絶望視されつつあった。午前十一時半、万策つきて相馬は絶命した。遺体はシュラーフに入れてベースキャンプに即日収容したが、中村は午後になって雪崩の末端で発見された。さしたる外傷もなく、まるで眠っているような姿態であったが、呼吸は途切れてすでに死亡していた。

三沢教官は、二人の死亡を確認すると、すぐにスキーを履いて上高地へ下った。すでに黄昏ちかく、日は西の山背に沈みかけている。河童橋のたもとから西糸屋の前をぬけてホテルの冬季小屋を目ざした。つい二日前この同じ雪の道を全員で勇躍して岳川谷を目ざしたのに、いまや二人の若い隊員を失い、敗残の落ち武者のように下ってゆく自分が腹立たしくてならなかった。雪崩の危険についても降雪後の行動なので、十人の隊員を三つに分けて十分に警戒したはずだったが……愚痴とも諦めともつかないつぶやきを脳裡でもらして、彼は重いスキーを滑らせていた。

その同じ頃、玄文沢の出合付近の森林中で、戸山高校生二人の凍死体がうず高く積まれた薪の上に置かれていた。やがて薪に火がつけられたが、その頃から風が上空にうなり、雪がおちはじめた。夕陽がとっぷりと山背に沈みきると、空は鉛色にけむり、火焔が夜空を赤黒く焼いていた。いままた追いかけるように岳川谷で二人の高校生が、このアルプスの空たかく昇天したのである。

5

クリスマス当日を契機として、師走の西穂山上、岳川谷奥明神沢と、踵を接するかのように高校山岳部パーティの惨事が相ついだ。後に「高校山岳部の冬山入山禁止」となる先駆的なケースと目されて一部識者からつよい批判の声もあがったが、それ以上にビッグ・トピックともいわれる遭難が同じ穂高山域で、やはり十二月末から一月にかけて三件つづいた。

一件は梓川畔にそびえる明神岳五峰東壁での東雲山渓会大高俊直、有賀浩の十二月二十八日の遭難であり、さらに翌年一月二日の前穂高東壁で岩稜会若山五朗、石原国利、沢田栄介パーティが登攀中に、若山が滑落死亡したものだ。そしてさらに三日には北尾根で大阪市立大山岳部パーティのもう一件が起きることになるのだが、いずれも使用のナイロン製ザイルの切断事故であった。東雲山渓会パーティの場合は、墜ちた大高は雪の吹きだまりに頭から突っこみ、頭部の重傷で生命に別条なかったが、前穂東壁では若山が墜落死亡したために、ザイルとしての耐久性が問題視されるにいたったわけだ。二つのケースは共に、従来の麻製ザイルであったら当然滑落が防止されたはずなのに、まるで藁紐《わらひも》のように簡単に切断された材質の脆弱《ぜいじゃく》さに問題があった。化学繊維としてのナイロンは、米軍の放出物資として最初にその革命的な効能についての洗礼をうけて以来、登山用品として防水、防寒、軽量といった特質をもち、天幕、リュックザック、寝袋、アノラックなどの材料としていっせいに使用されはじめ、その効能についても定評があった。ことにナイロン・ザイルは欧州アルプスやヒマラヤなどで外国遠征隊により使用されていたし、船来品もいくらか輸入されていた。そのしなやかさ強靱さなど定評があっただけに、この冬山で連続した国産ナイロン・ザイル切断事故は、材質への疑惑、さらに科学的データへのつよい不信感を生まずにはおかなかった。

岩稜会は、三重県神戸中学山岳部の卒業生を主体とした山岳会で、八高、名古屋大学山岳部OB石岡繁雄の情熱的な指導力によって、鉄の団結を誇るともいわれていた。昭和二十一年夏、屏風岩正面を完登以来、明神五峰東壁の登攀などに意欲的な行動を示して、その実践力は穂高においても瞠目すべき尖鋭グループだった。石岡繁雄著『屏風岩登攀記』の一冊は、一人のリーダーと一群の若いクライマーの激しい闘志と情熱によって綴られた稀有の報告書であり、さらに写真集『穂高の岩場二巻』も同会の労作として知られている。

戸山高校、立教大学パーティが入山するのに数日おくれて、岩稜会パーティ十二名も上高地の雪を踏んだ。冬季前穂四峰、東壁登攀が目標で、奥又白の池畔にベースキャンプを設営した。年末の天候は西穂山上と同様わるく、吹雪がつづき行動は停滞しがちだった。だが翌年元旦を迎えてようやく天候も小康状態を見せはじめて、石原国利、若山五朗、沢田栄介の三人が東壁に向かった。午前六時又白池畔のキャンプを出発して、八時に取付点に達して登攀を開始したが、壁の状況は極度に困難で、Aフェースの修了点から約四十メートル下方で日没となり、ビバークを余儀なくされた。三人はツェルトにくるまり、氷の厚く張った岩棚の上で一夜を明かし、翌二日午前七時半ふたたび登攀を開始した。

もはや頭上には四十メートルの壁しかのこされていない。前日に引きつづいて石原がトップとなり直上、約十二メートルのクラックを登り、突起状の岩にザイルをかけて、なんとかダブルのザイルを利用して自己吊り上げ気味にオーバーハングを越えようと三回試みてみた。だがかぶった岩は頑強に前進をこばみ、もう一息で突破できそうに見えながらも、前日からの疲労とビバークのための体力不足に力尽きて、石原は下のテラスへ後退した。そこでトップを若山に交替することとなり、ジッヘルは石原があたることとなった。

「オーバーハングを避けて、右手へ振り子式にやったら」石原が指示したので、若山は突起にかかっているザイルを支点にして、トラバース気味にオーバーハングを斜めから越えようと攀じはじめた。若山が動き出すと、石原は上方を注視しつつ慎重にザイルをコントロールしはじめた。トップが岩の突起から右上方へ攀じ、自然ザイルは支点を中心にして、時計の針を逆に回したように四十五度近くのぼりかけていた。そのとき若山が「アッ」と短く叫んで左足を滑らせ、ジッヘルしている石原のいる地点に向かって墜ちた。一瞬、石原は反射的に次に起こる事態についてザイルを全身の力で支えようと、身体の重心を低くして構えた。当然トップの落下にともなう衝撃を十分に予知していた。ラストの沢田も、石原にかかる衝撃にたいしての補助的な態勢を整えていた。トップとセカンドとの中間には上方の岩の突起を支点として繋がっているので、まず落下の衝撃は岩角によって減力されてのちに確保者の肩におよぶのが、この場合の順序なのだ。

それにもかかわらず、石原の掌にしたザイルにはほとんどショックはなく、若山の滑落の直後に切断されたザイルの一端が虚空から彼の膝もとへ落ちてきた。その事態は下の二人には信じがたく、呆然として黒い影をのこしておちていった若山に向かって「ゴローチャン、ゴローチャーン!」と大声で絶叫したのは、それから暫くした後のことである。どう観察してもトップの滑落は岩角の支点から五十センチ内外であり、その落下距離、岩壁の傾斜からずり落ちたようなスリップの状況から推理しても、ザイルの切断は常識的にはあり得べからざる経緯なのだ。とうに寿命のつきた古い麻ザイルならともかく、こんどの山行のために前年十一月購入したばかりの新品のナイロン・ザイルなのである。東京製綱の製品で、八ミリザイルでもマニラ麻十一ミリの抗張力に匹敵するし、もっとも重要な衝撃力についても、約三倍の強度を有するとの折紙つきの登山用ナイロン・ザイルのはずなのだ。若山の滑落と同時に、なんの手応えもなくザイルが他愛なく藁紐のように切断された……二人ともなにか魔法の呪縛でも受けたように、Aフェースの風雪の岩棚に絶望的な一夜を送らねばならなかった。

6

前穂東壁での遭難の報は、郷里津島でめずらしく山にもゆかず正月を過ごしていた石岡繁雄の許《もと》に二日の夜もたらされ、ちょうど子供を連れて映画館に出かけているとき、緊急の呼び出しを受けたのだ。島々の警察から中継された途切れ途切れの電話で、「誰がやられたんだ?」石岡の声に、遠い雪の山村からリーダーの石原一郎の悲痛な声が応じた。「ゴロチャーン(若山)、クニトーシ(石原弟)、サワダー」「どんな様子だ?」「昨夜は前穂東壁Aフェースでビバーク、猛烈な風雪なんでいまのところ救援は不可能」、「助かる見込みはないのか?」、「いまのところ絶望的……」そんな応答がごく手短かにつづいた。

三日早朝、石岡は岩稜会のメンバーを集めると上高地へ出発――同夜十二時近く冬季小屋へ辿りついた。だが状況は現地に到着しても好転の兆候は見えなかった。翌日、奥又白から石原（弟）、沢田の救出の報告があって、同時にナイロン・ザイルが切断し、若山五朗がスリップして行方不明との報がもたらされた。石岡にとって若山は実弟にあたる。終戦直後、小学五年生の弟を連れて徳本峠を越え、屏風岩へ来たときの幼かった五朗、どうしても一緒に岩場へ連れていけとせがんだ十年昔の光景が、つい昨日の出来事のように彼の脳裡に鮮明に想い出された。すぐ「ゴロウノミゼツボウ、サイダイノフコウヲオワビシマス」との電文を両親へ打電のために電話局で大声でどなりながら、いくどとなく息をつめた。

翌日、石原、沢田の二人は手足を凍傷でやられ、繃帯をぐるぐる巻きにして橇《そり》で運ばれてきた。

「ゴローちゃんは、たった五十センチほど滑っただけなのに、ザイルはブッツリと切れてしまった。ザイルは岩角で切れたのかも知れないけど、あんな弱いザイルってないよ」と石原国利はうらめしそうに訴えるのである。このとき石岡は、はじめて明神五峰でも東雲山渓会パーティが、十二月二十八日ナイロン・ザイルがなんのショックもなく切断して遭難しかけたという話を耳にしたのだ。そればかりではない、一月三日前穂北尾根登攀中の大阪市大山岳部パーティが、やはりナイロン製十ミリのザイルがショックもなく切断されたという遭難未遂の起こったことを知らされたのである。

ホテルの冬季小屋には、前年末からの連続的な冬山遭難に、各新聞社の記者たちが詰めきっており、「ナイロン・ザイルは果たして切れたか?」といった見出しで各紙に遭難記事と共に発表された。だが、これまでのナイロン・ザイルの信用度は高く「そんな弱いはずはないので、ザイルが傷ついていたか、ほどけたためではないか——」という批判も掲載せられてあった。そこで石岡繁雄は山岳雑誌、主要新聞に上高地で原稿を書き、ナイロン・ザイル切断の実相について訴えた。ザイル購入の模様から、遭難時の詳細について彼は精力的にペンを走らせた。ことに鋭く刃のように尖った岩角の接触においては、麻以上に脆《もろ》いのではないかということを重要な疑点として書き添えたのである。

若山五朗の捜索は奥又本谷を中心として継続されていたが、深雪のために発見しがたく、七日全員上高地を引き揚げることになった。もしもザイルさえ切れなかったら弟も死なずに済んだのだ——と考えると彼の胸は怒りと哀惜に煮えたぎった。帰途、沢渡でバスを待つ二時間ほどの時間を利用して、ナタでナイロンザイルと麻ザイルをそれぞれに切り刻んでみた。するとナイロンは、すっぱりとカミソリで切ったように切断され、麻は鋸《のこぎり》のようにごしごしこすらなければナタの刃では容易に切れないことが判明した。つまり、仮説として憶測した、鋭い岩角における摩擦にナイロン製ザイルが藁紐のように脆いことを立証したのだ。登山者に「生命綱」といわれるザイルが、このように岩角に脆弱な点は致命的であると確信した彼は、なんとか真相を広く社会に発表して、以後の遭難を未然に防止しなければならないという使命感を心に灼けつくようにいだいた。同時にそれが、せめてもの亡き弟への供養であるかのように信じられたからだ。

以後岩稜会の山行はいっさい中止されて、ナイロン・ザイルについての実相追究のために全員が働いた。事件のアピールのために、ガリ版によるレポートの作成には徹夜したことも幾度かあった。クライマーの生命保護のためにという一途な正義心が、全員を憑かれた者のように熱中させた。だが、僅か五十センチのスリップにナイロン・ザイルが切断されたとは信じがたい旨の反論はいぜん跡をたたなかった。遭難原因をナイロン・ザイルの責任に転嫁したのではないか、という疑いからのさまざまの憶説がなされた。ビバーク中にアイゼンでザイルを傷つけたのではないか、あるいは尻に敷いて凍らしたのではないか――結び目がほどけたのではないか、あらゆる推量がパートナーであった石原国利に集中され、岩稜会にたいして牙をむいて迫った。

すでに登山界だけの問題ではなく、一つの社会問題としてジャーナリズムでもとりあげ、一月十五日付朝日新聞では「今日の問題」として、「ザイルが何メートルも真直ぐに落ちて切れたというのならともかく五十センチかそこらずり落ちただけで切れるのはおかしい。そんなものは藁縄より弱いものである。最近は保証付と証して粗悪品を売るメーカーが多い。この事件は徹底的に究明されるべきだ」と報じ、さらに十七日のＮＨＫの「私の言葉」では石岡の父親が、「息子は新製品の試験台となって、あたら若い生命を落した」と語った。これらの抗議によって、メーカー側も深刻に事態を憂慮し、四月二十九日工費百万円をもって、ザイル衝撃落下装置を篠田軍治教授の指導のもとに東京製綱蒲郡工場において実験されることになった。

その前日、石岡繁雄は岩稜会パーティと共に、雪どけの奥又白に弟の遺骸発掘に夜行で出発した。かねて篠田教授もナイロン・ザイルの材質的欠陥については承知していたし、石岡はよき理解者と承知していたからだ。一行は雪のおちた第二テラス付近を捜索したが、なんの手掛かりもなかった。数日して後発のパーティも到着し、彼らの手からナイロン・ザイル実験結果を報道した中部日本新聞一部をはじめて彼は目にしたのだが、その記事は寝耳に水の成行だった。内容はあらゆるケースに応じて実験を試みた結果、その耐久性と強度は立証されて、前穂での事故の原因と見られる鋭い岩角による切断説は影が薄くなったというのだ。奥又白の天幕内で一読した石岡は、瞋恚《しんい》と不信感に全身を震わせて言った。「こんなバカなことがあるか、実験はマヤカシなんだ」彼はその発表文を目にして、これまで考えてもみなかったのめり込むような絶望を感じた。名大土木教室ですでに実験したし、鋭い三角形の鉄材のエッジで、脆くも七、八十キロの重量で切断されたナイロン・ザイルが、専門学者の指導下で百万円の実験装置ではなんの異常も認められないというのである。信じたものからの裏切り、背信、さらにその権威によって、いまやジャーナリズムの向ける眼も冷たかった。それ以上に彼の父親すらが、NHKでの放送を悔《く》やみ、石岡の不誠実さを攻め立てたあげく、石原国利を殺人罪で起訴するといいだす仕末なのだ。

四面楚歌の中にあって、若い彼らはさらに分厚い「ナイロン・ザイル事件」なる三〇〇ページにおよぶ厖大な報告書をガリ版で作成し、同時に篠田教授を石原の名によって名誉毀損罪で告訴した。のちこの一冊のレポートに素材をもとめて、作家井上靖は山岳小説『氷壁』を朝日新聞に連載、アルピニストの愛と死の哀歓を描いたベストセラー小説として、広く一般読者からも評判を得たことはあまりにも有名であろう。だが同作品中においても、ナイロン・ザイルの真相は明らかにされてはいない。アルピニスト魚津恭太は、孤独な胸中にその謎を秘めたまま月光下の滝谷に独り死んでゆくのだ——。

かくて一九五四年クリスマス以後、翌年一月にかけて忙しくも六人の若者の生命を奪い去ったあの一ノ俣の一冬のように、上高地一帯を覆った濃密な死の影は分厚く非情だった。六月に柳谷下流二俣付近で戸山高校の残る二名の犠牲者が発見され、七月には若山五朗の遺骸も、奥又白B沢に切断されたナイロン・ザイルをかたく胴体に結んだまま夏日の下に仲間たちの手で収容された。

滝谷への挽歌

昭和三十四年十月二十日朝の遭難記事

〝登山ブーム〟に新雪シーズンの惨事つづく

遭難とジャーナリズム

上高地の冬期小屋での取材とその実相

穂高滝谷での相つぐ惨事、ついに八名還らず

学制改革と大学山岳部の実態

秋色の涸沢にみる青春の悲惨と感傷

1

その日——正確には昭和三十四年十月二十日朝の寝覚めは、私にとってあまり気分晴朗とはいえなかった。前夜なんの前触れもなく、学生時代の山仲間であるSが九州から社用で上京したからといって幾年ぶりかで顔を見せ、そのために十一時過ぎまでウィスキーをしたたか飲みすぎたせいであろう。つい時間のたつのも忘れて、昔の山の想い出話に夢中になっていたのだ。こんどの戦争中から戦後にかけての五、六年の期間、なにもかもなしに私が憑かれたように山に打ちこんだ一時期、やはり彼も激しい青春の燃焼を山に身をゆだねていた。敗戦の疲弊と窮乏のどん底にあった往時の山への献身は、熱病者のように一途だった。それは現在となっては信じがたい、青春の幻影そのものの墓碑銘にすぎない。だがたしかにその一時期が厳存していたのだ——と二人の対話が熱っぽく過去をあれこれと模索しあううちに、中年男めいた分別顔のSの乾いた表情にも、しだいにほんのりと若やいだ気色が漲《みなぎ》ってきたかのようだ。

つい一週間ばかり前に、女子学生の一行と秋の穂高涸沢へ出かけて戻ってきたばかりなのだと話すと、終戦の年の十月に二人で徳本峠を越して奥又白へツギだらけのボロ天幕を張って暮らした幾日かの山行を、彼はきのうの事のように明細にしゃべるのだった。その前年秋の、茨木猪之吉画伯の白出沢での謎の遭難などがまたぞろ話題になったが、そう言われて、そうだ終戦の年の秋に奥又白へ出かけたっけ——と私ははじめて懐しく想いをあらたにする始末で、あげくに来秋は一緒に徳沢へでも行ってみようと、帰り際に約束したのを私は覚えていた。そんな一夜だったせいか、いつの間にかウィスキーもかなりの量を飲んで、私はいつになく酩酊していた。まだその酔いが醒めきらないらしく、眼ざめたものの頭の芯にうっすらと靄がかかったように茫漠として重く、身体の中枢あたりが倦怠でならなかった。ベッドの上で輾転反側しながら前夜の二人の対話について逐一咀嚼しては、十年以上も山ともまったく疎遠になったはずの旧友が、山の話をもとめてなぜ訪ねてきたのか、山のもたらす不可思議な魅力についてあれこれと私は考えあぐんでいたのである。

やがて階下から母が気ぜわしげに階段を昇ってくると、「ほら、このけさの新聞をご覧なさいよ」と彼女はおろおろ声で言って、新聞の束を私に突きつけるように差し出した。「穂高や八ヶ岳でまた遭難が起きたんだって……東大の学生さんたちが多勢亡くなったそうよ」

その母の言葉に、反射的に私は上半身を起こすと差し出された紙面を俯瞰した。「寒波の山で遭難続出」という丸太棒で組みあげたような太い活字が眼ざめたばかりの私の重たげな瞼に溢れんばかりに映った。その記事によると、十月十八日から十九日にかけて、日本アルプスをはじめとして日本列島の脊梁山脈とみられる山地一帯に異常な寒波が襲来して、北穂高滝谷では東大山岳部など二つの山岳会のパーティ中、四人が凍死、四人が行方不明になり、さらに八ヶ岳で凍死二人、奥秩父で一人行方不明といった惨事の概況が、紙面いっぱいに所狭しとばかりに報じられているのだ。同時にどの新聞にも、それらの活字を圧して新雪に白く薄化粧された穂高連峰の写真が掲載されてあるのが、なんとも無心で美しく、私にはうらはらに思えてならなかった。

例年十一月の声をきくと、必ずといってよいほど新雪の山のどこかで遭難の起きるのは、この幾年間かの忌わしい日暦となっていた。そんな記事をどんなに小さなニュースででも目にすると、私は山々の秋のふかまりをしのび、冬山シーズンもやがて近いんだな——新雪に彩られた山々を憶い、心につぶやくのである。もはや山好きの一人として、その記事に報道されている遭難の詳細について検討するよりも、ある諦観に似た順化の心理状態になっているのだ。いったいいつ頃から、そんな遭難にたいして日常茶飯的な無神経さでいられるようになったのか、前夜も古い山仲間と論じあったのだが、私自身はっきりとした自覚はない。いつからか自然と一つの遭難にたいして、あたかも遠い異国の山での出来事のように他人行儀でいられるようになったのだろう。この不感症さながらの心理は私にとっても悲しい成行ではあったが、あるいは私が年齢的にも肉体的にも、高燥《こうそう》な岩と雪の山々から離れかけているせいかとも案じてみた。しかし、そればかりではなくて、一方では在来の登山という行為が、どこか本質的に変質化してきているのではないかとも臆測せざるを得なかった。かつて私の灰色の青春における《孤独な愉楽》として享有していた山が、ほんの少数の秘密結社めいた仲間で行為し思考する場だった山が、かくまで殷賑《いんしん》をきわめるなど、私には信じがたかった。アルプスの峰や麓には、続々と山小屋が新築され、都会の運動具店やデパートには登山用具が千差万別さまざまに溢れていた。週末の山国行夜行列車には、リュックザックを背にした若い男女が長い列をつくり群をなしている。

戦中戦後の荒廃した一時期に、勤労動員をさぼり贋《にせ》診断書で休暇をとって山にでかけた往時を思うと、それは別世界の山であり、異次元の行為に思えてならなかった。ジャーナリズムは、この現象について「登山ブーム」と呼ぶが、たしかに戦前にも見ることのできない、桁外れの山の賑わしさであることだけは間違いないようだ。朝鮮戦争による国力の回復、さらにサンフランシスコ平和条約の調印によって独立国としての国際地位を確立すると同時に、経済成長による国民生活の高度の向上はめざましく、いつか消費経済がアメリカ・ナイズされた新時代の主調音となりつつあった。「よく働き、よく遊べ」という単純で現世的な人生訓が、敗戦以前までの閉鎖的であり勤倹《きんけん》力行主義の日本人をみごとに変質させた。消費することに人間の快楽を学びとった戦後の若い日本人、そしてやみくもにスリルと冒険を望んでやまない彼らの眼には、アルプスの岩と雪は快楽の源泉と映ったかも知れない。あるいは敗戦による目に見えない鬱屈を山への闘争と渇仰《かつぎょう》に求め、大自然の山河に野性的な日常をもちこむことで、無意識に先祖返りめいた日本的叙情の囚《とりこ》となったのであろうか——。

だが、世界の動向もまったく無視することは不可能で、日本の復興と平行して地球上の国々にも平和が甦り、すでに昭和二十五年には「人類最初の八〇〇〇メートル」といわれた、フランス遠征隊によるアンナプルナ峰の登頂成功によって、世界中の山岳界がにわかに活発に動きはじめた。二十八年のイギリス隊のエベレスト、ドイツ隊のナンガ・パルバート、二十九年のイタリア隊のK2、オーストリア隊のチョー・オユーなどヒマラヤ巨峰群の相つぐ登頂。そして日本隊の二十八年のマナスル第一次遠征隊の出発などが、地球をおしつつむ新時代の潮流として極東にも押しよせてきたのかも知れなかった。

昭和三十一年には、遂に待望のマナスル山頂に第三次遠征隊が日章旗をヒマラヤの空高くかかげた。それは単に山好きのみの喜びではなくて、敗戦で喪失した祖国の矜持《きんじ》を世界に顕示し得たことで国民的な勝利でもあった。登山が日本人の大いなる栄誉の担い手としてクローズアップされ、欧州の先進文化国のみしか踏み得なかったヒマラヤ八〇〇〇メートルの峰頂の一角に、日本人が立ったという事実は、いささか功利的な見方かも知れないが、どんなにか潰《つい》えかかった民族意識を高めてくれたことだろう。

スポーツといわれ、すでに七十年の伝統をもつ山ではあるが、マナスル登頂につづいてさらにその火勢に油を注いだとみるのが、昭和三十二年秋の前穂東壁におけるナイロン・ザイル事件を題材とした、井上靖の新聞小説『氷壁』―朝日新聞に連載―である。翌三十二年夏まで好評裡につづけられたが、当代最高の人気作家の小説として、山好き以外の読者までもが穂高の山名を知り、登攀用具についてさえ興味と関心をもつにいたった。魚津恭太――作中の主人公であるアルピニストの狷介《けんかい》孤高な青年像は、アウト・ロウ的な影をおびた新たな青年像を描いた。ナイロン・ザイルをめぐる山の掟ともいうべき信念を、恋愛情熱や立身栄達以上の高みにおいて凝視しようと試みて、ついに滝谷に独り逝った――この異端者的人生とも見える一青年の短いストイックな生涯は、戦後十年ようやく奢侈《しゃし》な日常と崇高な使命感を見失いがちな現代人の眼にひどく新鮮であり、感動的に映ったのではあるまいか――。

2

私はベッドの上にあぐらをかくと、前夜の懐旧談やら議論などについて回想しながら、とりとめもなく自問自答を繰り返していた。昭和二十九年十一月下旬に、新雪の富士山吉田大沢で雪崩による十五人の犠牲者を生んだ惨事は、まだ私にも耳あたらしいのであるが、まだその十一月にもならない十月中旬すぎにこんな大遭難が惹起《じやっき》されるなど、稀有の出来事に私には思えた。つい四、五日前の新聞紙上には、「北アルプスはすっかり冬姿」という見出しで、新雪に白く衣替えした穂高連峰の航空写真を眼にしたばかりだった。そのときには私自身穂高から下山したばかりだったので、たいそう懐しく新雪の山稜を背景にして、触れると灼けつくように紅葉したナナカマドの朱色をふと瞼にうかべたものだった。

たしか十月十日の夜行であった。私はこの数年うるさく束縛される勤めもないので気儘《きまま》に山へ出かけるが、もはや山仲間という連れもなかった。社会通念上でも三十六歳といえば会社でも官庁でも中堅層であり、もっとも忙しく、また家庭人としても育ち盛りの子供の一人や二人はいる環境にあたる。もうおいそれと呑気に山などへ出かけられる年齢ではないはずなのだ。昨今の山は十代の学生たちか、二十代の独り者の天国であって、三十歳になるとにわかに減少する。こんどの穂高行には、私には珍しく四人の同伴者があった。女子短大生の従妹にあたるK子と、彼女の三人のクラスメートを引率して出かけたのである。まだ麓の山々の新雪もおりず、島々谷はめくらむような紅葉に彩られていた。さすがに上高地まで来ると山々には羽毛をのせたような新雪が光り、紅葉もいくらか色褪せていた。徳沢、涸沢と梓川ぞいの濶葉樹林の道を登ってゆくと、さらに秋はふかまって、山々は粛条《しゅくじょう》とした気配を見せている。

私がK子たちの引率をゆだねられたのは、叔母からの慫慂《しょうよう》によるものだ。なんでも彼女たちのボーイ・フレンドがみんな山好きであるせいか妙に山に熱中しはじめ、万一にも遭難でもされてはと心配のあまりに、私が保護者に任ぜられたのである。だが彼女たちはまったく手がかからなかった。四日間のあいだ若い羚羊《かもしか》のようにピチピチした四人の娘たちに囲まれていたものの、彼女たちは私を適当に無視してボーイ・フレンドの噂やら品定めに騒いでいたかと思うと、「おじさま、おじさま」と大切に扱ってくれるなど天真爛漫であった。どこの山小屋でも私のこの役柄について、なじみの人びとから羨ましがられ、あれこれと揶揄《やゆ》されたものである。

従妹のボーイ・フレンドが大学の山岳部員だという叔母の話であったが、彼女たちの話を聴いていると、山岳部員でなくてもみんな若者は山好きで、いくどとなく山へ一緒に出かけているらしい口振りだった。いったい彼女たちの山好きのボーイ・フレンドが、どれほどの山男であるのか私には判断しかねるのだが、やはり時代につれて彼らの環境も変質しつつあるのだろうかと、漠然と考えずにはいられなかった。かつてある山の先輩が、ハネムーンに四月の奥又白で雪洞生活を営んだという話は、どんなにか山でのロマネスクとして私は嫉妬し羨望したことだろう。前夜も古い山仲間との話に出たのだが、昭和二十三年の一月、あの槍ヶ岳北鎌尾根で松濤明パーティが遭難したとき、やはり私たちも十二月から一月にかけて上高地から西穂へ登り、雪洞訓練で数日を過ごした。年末から年始にかけてひどい暴風雪となり五日にやっと上高地へ下ると、ホテルの冬季小屋に飛騨から来たという少女が一人で滞在していた。なぜたった一人で厳冬の上高地へやってきたのか、いくらか怪訝《けげん》に思いながらも、一緒に二日ほど焼岳の裾でスキーを滑って私たちは下山したのだが、あとで彼女は槍から穂高を縦走して上高地へ下ってくる松濤明一行を待ちわびていたのだと噂にきいた。むろんはたして恋人同士であったのかどうか、単なる山の友人であったのか知らないのだが、私たちには北鎌尾根での凄惨な一行の最期を思いあわせると、山をめぐってのドラマチックな結末を視るようで、いつまでも雪の上高地での飛騨の少女の悲しげな表情が忘れがたかった。

だが現在は、そんな十九世紀のローマン派詩人めいた夢想を胸にいだいて山へ来る若者など果たしているだろうか――山が流行的なスポーツであることは疑いをいれないにしても、単純素朴なスポーツではなかったはずである。もっと自然をとおして思惟的であり、ときには宗教的、哲学的な側面が私には感じられてならなかった。登山における行為自体は、つねに山を志す人びとのある個性的な意志なり思惟を発条《ばね》にして実践されて、そこには一般スポーツのもつ勝負とかプレーとはかなり異質な一面があるのではないだろうか。山が審判も観客もいない孤独なスポーツであることの貴重さは、つねに対象が山であり大自然である絶対者であることだ。たとえそれが初登攀であっても、決して登攀者は永久には満たされはしない。もしも彼が山へのより深い信奉者であり献身者であるならば、さらに困難と危険にみちた山頂を志して、さまよえるオランダ人のように、山をめぐって死に至るまでの永遠の旅人たるのではないか。ある山の先輩は「山は登る人間の心にのみ存在する」と教えてくれたが、それは虚栄でも功利のためでもない、自己への存在証明のための行為といっていけなければ、ナルシズムへの果敢な情熱といってもよい。そこにこそアルピニズムの孤高さがあり、純粋性があるのだと身勝手に信じこんで、私は閑があるとよく山岳犠牲者の追悼号を読む。山での惨事の報告書として決して読んでたのしい本ではないが、なぜかくまで山を愛しながら山に殉じなければならなかったのか、暗い運命的なレポートであり比類のない鎮魂の書である。蝶よ花よとなに不自由なく育てられ、高等教育を受けて人生の未来にどんな夢も希望も手近くかなえられそうな有為な人びとが、アルピニズムへの憧憬と献身の果てにどれだけの人数がこれまで山懐にむなしく逝ったことだろう。それは私の素朴な感傷であると同時に、私が山に寄せる悲しいけれどもたゆることのない信頼でもあるのだ。この非情な運命の数々が、私をして山から離れがたいものたらしめているといってもよい。

「こんどの遭難した山は、ついこのあいだK子さんたちを連れていった山と同じ山なんだろう?」

朝食の折に母はおぞましげに言った。

「うん、同じ山ではないけど割合に近い山さ」私は曖昧に答えたものの、母のその顔はいぜん飽きることのない私の山好きをなじるように険しかった。中学生時分から私が山へ出かけるというと、きまって露骨に示す不興げな母の表情であって、もはや私にはあまりに見馴れており、むしろ懐しくさえあった。

3

その日の午後、Y新聞社社会部にいる友人のFから電話があって、穂高へ出かけてくれというのである。やはり大学時代のクラスメートで遊軍記者をしている関係から、山の遭難などあると担当させられるらしく、この一、二年しばしば遭難現場の山について私のところにいろいろと取材に姿を見せたり、電話で質問してきたりするのだ。前年（昭和三十三年十二月）の慶応の中岳、早大の明神、日大の涸沢の相つぐ大学山岳部の遭難のときも、あいにく山に詳しい記者がいないからと電話がかかる。私が山好きで、勤めをやめてからも欧州の山岳書の翻訳やら登山技術書など書いているので、重宝に利用しているにすぎないのである。そのたびに取材に協力したものの、新聞には「山岳評論家」なる肩書つきで私の意見が活字となって発表されていたのには、驚かされ閉口させられたものだ。Fの記者的主張によると、山岳遭難というネタはきわめてロマンチックで、同時に悲劇的な性格をもっており、ジャーナリスティックな記事としては最上のジャンルに属するのだといった。つまり無償的な情熱のあげくに、下界から遥か異郷の山中において若者が死をとげるという惨事は、それ自体すでにドラマなのだ――となんのてらいもなく断定する始末で手に負えなかった。たしかに皮相的には私にも分からないではないのだが、遭難の当事者や関係者の心情を思うと、小説か読物のネタのように興味本位に取材されるのは、やはり私などある抵抗を感じざるを得ない。それに上越の谷川岳に登山者が蝟集《いしゅう》するのも、遭難の多い山としてあたかも「殺し」の現場を見たがる被虐心理に通ずるのだ――などと演釈されては、最早なにをかいわんやといった心境にならざるを得ない。だが昭和三十年前後を境にして爆発的な流行をみた登山は、私の青春の存在証明ともいえる、あの限定された汗と脂のしみた沈静な世界とは次元を異にした、新しい行為の場に変貌しさったのかも知れなかった。ドラマチックにいかに拒否しようとしても、すでにアルピニズムの変質は、社会の時代的要請としていかんともしがたいのかも知れなかった。かつて指名手配の犯罪者のように、うしろめたい思いにかられて登ったあの穂高の山々が、現代の若者の王国として占める厖大な魅力――そして依然シーズンになれば絶えない遭難の悲劇――。一人の傍観者でありたいと努めながら、いつとはなしに惹かれゆく山好きの宿命とでもいうのだろうか。ちょうど翻訳の仕事もひとつ片づいたあとだったので、ついFに一分の油断を見せたらしい。電話のあと三十分もして社旗をはためかした自動車でF自身やってくると、私に膝詰談判で熱っぽく懇願してくる始末なのだ。私は返答に窮していると、Fは追討をかけるように、

「頼むから行ってくれよ。お前一人だけというんじゃないよ。日本山岳会の役員をやっているTさんにも同行してもらうんだから大した責任のある仕事じゃないんだ」

そう言われてみると、私の心もいくらかうごきはじめた。Fの言うように余り責任もなく大先輩のTさんが一緒なのなら——という気分になった。だが同時に私の意識の底には、どうせFからの頼み事では拒みきれまいという諦観もあった。大学時分からそんなときの態度は、寸刻も争うように気ぜわしかった。自分の依頼を承諾するのが相手の義務でもあるかのように押しつけがましく、強引なのだ。それだけにジャーナリストらしく有無をいわせない迫力があった。だが、同じ大学のクラスメートでありながら、前夜のSは学生時代は山ばかり登りながら現在は商事会社の支店長におとなしくおさまり、スポーツなどこれといって学生のときには縁のな

かったFが、新聞記者で山だの遭難だのと追いかけているのも皮肉な人生の流相に思えた。その夜、私はずるずるとFに押しこまれるように、新宿発の松本行準急に山支度も早々に乗せられていた。同行されるはずのTさんは、いつまで待っても姿を見せず、結局よんどころのない用事のために参加不能になったというFの伝言である。はじめから私を承諾させるためのFの謀略だったのかどうか判断しがたかったが、私は知らないうちにとんでもない芝居の舞台上に押しあげられてしまったようで、いささか後悔の臍《ほぞ》をかみしめたものの、すでに手遅れだった。

列車内には、やはり遭難取材に出かけるらしい各社のニュース・カメラマンや新聞記者があちこちに物々しく屯《たむろ》している。Fは、そんな空気を鋭敏に察知して、素人記者である私にあれこれと指図したり、励ましたりしてくれるのだが、たった一人で不馴れな取材記者にかり出された私は、不機嫌に黙りこくったままであった。たしかに私は山好きであり、山へ登りたいばっかりに三十を越してすぐに、サラリーマン生活からも足を洗ったのだが、それだけに同じ山好きの若い人びとの不幸を批判したり、冷然として記事を書いたりする気分にはなれなかった。つい前夜もSとウィスキーを飲みながら山の話に時間のたつのも忘れてしゃべりつづけたのだが、山における人間の存在の微小さをしみじみと感じ合ったものである。山における遭難――つまり人間の生命の危機感は大なり小なり不可避なもので、一応山登りに熱中した人間には、だれでも遭難しかけたような体験の一度や二度はあるものだ。五メートル墜ちても死ぬ奴は死ぬ。五十メートル墜ちても助かる奴は助かるので、大自然には下界とは別次元の運命がはたらくものなのだ。

Sが山をやめたのは勤めの関係もあるが、それ以前に故意に九州の会社へ自分からすすんで就職したのだ。九州ならアルプスへは来られまいと考えて、自分で足枷をはめたのである。卒業の年の冬に剱岳で遭難し、パートナーが死んだ事件があった。

そのときもう山をやめるというSを私はあれこれ励ましてみたのだが、彼は九州でも北海道でもどこかアルプスから遥かに隔絶した地方へ行って生涯暮らすのだといって東京を離れた。そんなとき、きまって「ひとつ山へ生命を支えあって登っているパートナーに死なれて自分だけ生き残った人間の気持ちは、お前には分からんよ」と彼は沈鬱な面持ちで呟いていたものである。

きのうもかなり酔ったあげくSは、

「もういい加減に山もやめろよ。いくら登ったってたかの知れたもんだろう。いい想い出のうちにやめた方が賢明だぞ」

と忠告じみた口調でしんみりと私に言った。

Sのそのような心の傷痕が、どのように苦痛なものか私には想像もしがたかった。きっと私の予期しえない暗い記憶が、彼の心に執拗にまつわりついて山を断念させたのであろうが、幸か不幸か私には、いぜん山は、生命の恩寵のように明るく豊饒にかがやいて見えている。

やがて発車のベルがプラットホームの端で響く。Fは、汽車が走り出すまで忙しげに私にあれこれと指図をしてくれたが、私は重い得体の知れない緊張感を全身にいだきしめながら、怒ったように黙って頷いていた。

4

十月二十一日の夜、私が新宿を発つまでに、すでに各新聞は北穂高滝谷での遭難の状況について詳細に報道していた。吹雪のやんだ二十日朝からの捜索で、東大山岳部四名と西朋登高会二名の死亡が確認されたが、さらに二十日正午頃にはザイルを結びあったまま凍死していた東大山岳部OB吉田貞夫他二名の凍死体が発見され、二十一日の朝には最後の行方不明者であった東大山岳部茂俣雅男の遺骸も第四尾根の右俣、左俣の合流点付近で見つかったという。また生存者の一人である井上良治は左手および右足が重症の凍傷を受けて動けず、二十一日朝に浜松の航空自衛隊のヘリコプターが来援して救出したとも報じられていた。

私は夜汽車に揺られながら、いちおう各新聞の遭難ニュースに眼をとおし、もはや遭難そのものは完了したのだと判断した。だが山における遭難の悲劇はたしかに終息したにちがいなかったが、ある意味での遭難の真の悲劇はこれからはじまることも、私は知っていた。もはや犠牲者たちは一個の化石のような肉塊となって山を下るのであるが、それを運びおろす山仲間や、山麓で犠牲者の下山を待つ骨肉の人びとや関係者の沈鬱な光景が、すでに私の脳裡に重苦しく、しかも鮮やかに浮かんでくるのである。いったい私は特派記者として、どんな態度でその光景を眺めペンを持てばよいのか、困惑しきっていた。「勝てば官軍、負ければ賊軍」とは私たち山仲間ではよく言うが、たしかに遭難は山での敗北であり罪悪であっても、私には敗北についてこの罪悪について、どれだけ批難し糾弾する資格があるだろうか——

まったく自信がなかったのである。いくどもいくどもSとの前夜の話が私の脳裡に反芻されて、私はまんじりともせぬままに、早朝の松本に着いた。

私は松本に下車すると、すぐにタクシーで上高地に向かった。爽かな秋晴れで、常念山脈もくっきりと碧空に新雪の連嶺をきざみこみ、遥かに乗鞍岳も雪をかぶって白く光っている。つい一週間前にやってきたときのあの爽かさは感じられても、空に近い山々は冬に近く、安曇野の野づらもすでに晩秋の気配であった。

その色調は島々から梓川ぞいに谷に入りこむとさらに濃厚となり、いつのまにか梢々は黄ばんだ乾いた葉をつけて、枝と幹の白さだけが目立つ。あの燃えるような谷間の紅葉をいつのまにか灰色じみた風景にしていた。

上高地に着いたのは十時近かったであろうか。いつもの大正池の取入口から新雪を分厚くまとった穂高連峰を眼にすると、つい十日足らず以前に見た山の光景とは別の山のように映った。だが、それはまぎれもない穂高——西穂から天狗のコル、奥穂も明神も、それら連峰を形成する山稜に、私は心の一隅に山に来たことの慰楽をいだきしめるが、ふとこの十月の山の白さにこんどの山行の任務の沈痛さを思わずにはいられなかった。

私は自動車を帝国ホテルの前で降りると、予定どおりホテルの冬季小屋を訪れた。こんどの遭難の上高地の本部になっているからだし、この小屋の主人公である木村のオヤジに会うためだ。上高地に年間在住して明治以降嘉門次、常さんと歴代の「上高地の主」としての伝統をつぐ穂高精通者の一人だった。帝国ホテルはすでに板戸で窓をかたく打ちつけて閉鎖されており、冬季小屋はホテルの裏手の白樺の林間にあった。私にとっては学生時代からなじみぶかい小屋だ。いくどこの小屋を根拠地にして、冬や春の穂高に登ったことであろう。現在でこそ冬でもかなりのパーティが入山するが、戦中戦後の一時期、冬の上高地は荒涼たる孤絶の世界であった。沢渡から二日がかりで雪の道を重荷を肩に登りつづけて、この木村さんの小屋の凍った戸をあけるときの実感は、冬の穂高へはるけくもやってきたという若やいだ感動で充たされたものである。

小屋の周囲には、やがて近づくながい冬のために、薪がうず高く積みあげられていたが、その入口の戸は開けはなたれて、新聞記者らしいヤッケ姿の人たちが気忙しげに出入りしている。電話がひっきりなしに鳴りひびき、いつもの小屋の雰囲気とはまるで異質だった。私はしばらく小屋の戸口に立ったまま呆としていた。いったい自分の仕事をどこから手をつけてよいのか途方にくれた恰好だった。

そのとき、誰かが私の肩を背後から叩いた。振りかえると小屋の榑《くれ》さんである。冬季小屋には木村さんの他にこの榑さんとチョウさんの三人が、通年常住しているのだ。歯のかけた唇のあたりに人なつこい微笑をうかべて、「また山へ来たのかい。ついこの間可愛いいお嬢さんたちと見えたばかりなのに――」と不思議そうな面持ちで言った。過日来た折も冬季小屋にちょっと寄ったので、半月もおかずにまた上高地にやってきた私を訝るのも無理のないことだった。「いやこんどは仕事で来たんだ。遭難の取材さ」「ああ新聞の仕事かい。まあ大変な騒ぎだじい。まるで穂高が消えてなくなったみたいになあ。奥にオヤジさんがいるから会うといいよ」こう榑さんに言われて、私ははじめていくらか励まされた感じで小屋の奥へ入っていった。

奥へ入るとオヤジがいた。やはり榑さんと同じようにまた来たのか、といった怪訝な表情である。そこで入山の理由を告げてだいたいの上高地の様子を聴いた。上高地では、十月十八日は朝から奥穂一帯の稜線には薄い灰色がかった雲がかかり不吉な空模様だったので、登山者にはいちおう登山の中止を勧告したが、案の定、昼近くになってみぞれが降りはじめ、山は雪になったという。

「みぞれは、雪よりも恐いずら」とオヤジは言ったが、たしかにみぞれは秋山でもっとも怖しい。水分が多いために衣服を濡らし、そのあと雪が降り温度が下ると、水を吸った全身はたちまち凍化して氷の衣服をまとった状態となり、体温をみるみる消失してゆくからだ。秋山遭難のケースで最大の牙といわれているゆえんである。

「まあ、山の遭難の詳しいことはOBのNさんに聴きましょう」とオヤジは最後に言って、Nという名前を言われて私は懐しかった。

「東大のNかい？」と私が訊くと、オヤジは、黙って大きく頷いた。彼なら私の山の後輩である。旧制高校時代から山が好きで、東大の地質に入って山の研究をしたいが——という相談を受けたことがあった。たしかそのときはっきり記憶してはいないが、生涯の仕事を決定するのに趣味と仕事を混同するのは危険だ、といって反対したことを私は覚えている。まだ世相の落ち着かない戦後の一時期だった。だが彼は初志のとおり東大の地質に入学し、岐阜神岡の鉱山事務所に勤めたという噂を耳にしたことがあったが、きっと部のOBとして、遭難の報を聴いて神岡から駆けつけたのであろう。彼とは十年近くも会っていなかったので、お互いに懐かしかった。

「新聞の仕事でTさんと一緒に見えるという話は聴いたんですが……」と、そのとき戸口から、ロイド眼鏡をかけて、小柄な彼が姿を見せて、私に挨拶代わりのように言った。

「Tさんは急に来られなくなって、ぼく一人なんだ。いやな役割だよ」

私は自嘲するように言って、煙草に火をつけた。

「いや、かえって正確に山の事情を知っている人に書いて貰った方が、われわれも助かりますから。それでリーダーの沼田をきょう小屋へ来させて待たしてあるんです。詳しいことは彼から聴いてください」

そのときNのそばに、雪焼けしたいかにも山男といった印象のイガグリ頭の若者が姿を見せた。胸の厚い、背はあまり高くはなかったが、紺のとっくりセーターを着て黙ってぴょこんと私に頭をさげた。

「彼が今度の山行のリーダーの沼田です」とNが私に紹介すると、彼は唇をかみしめて俯向いてしまった。私はすぐに質問の言葉が出ぬままに、暫く重苦しい沈黙の時間が淀んだ。それから、

「今度の遭難は、不可抗力のものですか？」私はいたわるようにまず訊いてみた。

彼は言葉をさがすように、やや頭をうごかし指先を握ったり延ばしたりしていた

が毅然としたごとく眼をあげ、

「いや不可抗力ではありません。十分に避け得たはずです」と言うと、また視線を丸い膝小僧におとした。Nも脇で黙って頷いていた。

十八日の遭難前後の模様は、そのときの沼田君の話とNの補足を綜合すると、次のような推移を示していた。

5

秋の東大スキー山岳部の計画としては二つの山行が実施された。第一は一年部員訓練のための南アルプス縦走であり、第二が三十四年度の冬と春山の合宿のための偵察と荷上げを目的とした北アルプスの滝谷行である。北アルプス隊は主として二年部員を主体として、十月十二日に先発隊の五名が出発。十四日には沼田リーダー以下九名の本隊が、十五日横尾への荷上げを終了して、十六日涸沢入りしたわけだ。

その間の天候はだいたい良好でスケジュールも順調に運んだ。十六日に涸沢の天幕設営を完了すると、十七日は快晴だったので八時に五パーティに分かれて滝谷のクラック尾根、第四尾根、第三尾根よりのドーム中央稜に向かった。終日快晴で、滝谷はガスもなく出合まで鮮明に稜線から俯瞰された。積雪は北穂高沢の深い所で膝くらい、滝谷のB、C沢も夏以上にコンディションのよい雪の斜面で、アイゼンも必要とせぬくらいだった。岩場もほとんど露出していて手懸りに不自由なく登れた。だが全員連日の荷上げその他の行動でかなりの疲労を見せ、涸沢帰着の最終パーティは第四尾根を登った沼田隊で、十九時三十分である。

夕食後はみんな疲れ切った様子で、誰かが、「明日は雨でも降ってくれんかなあ。明日だけでも……」となかば冗談まじりに言っていたが、テントの中の者は誰も反対しなかった。あるいはその声からも雨が降らなくても停滞すべきだったかも知れないが、沼田リーダーは、決意しかねていたのである。天候はどうやら十七日の夕刻から悪化の兆しを見せはじめ、涸沢周辺の山稜もガスリはじめ、星空も見えない。古田、三上の二人のOBは「もっとも台風が近づいているから、大丈夫、明日あたりから雨になるさ」などと噂していた。そこでトランジスター・ラジオをとり出して二十二時の気象通報を一応聴くことにした。「台風は鳥島南方にあり、太平洋沿いに北上の見込み。速度はおそく毎時二十キロ」という内容だった。

滝谷概念図

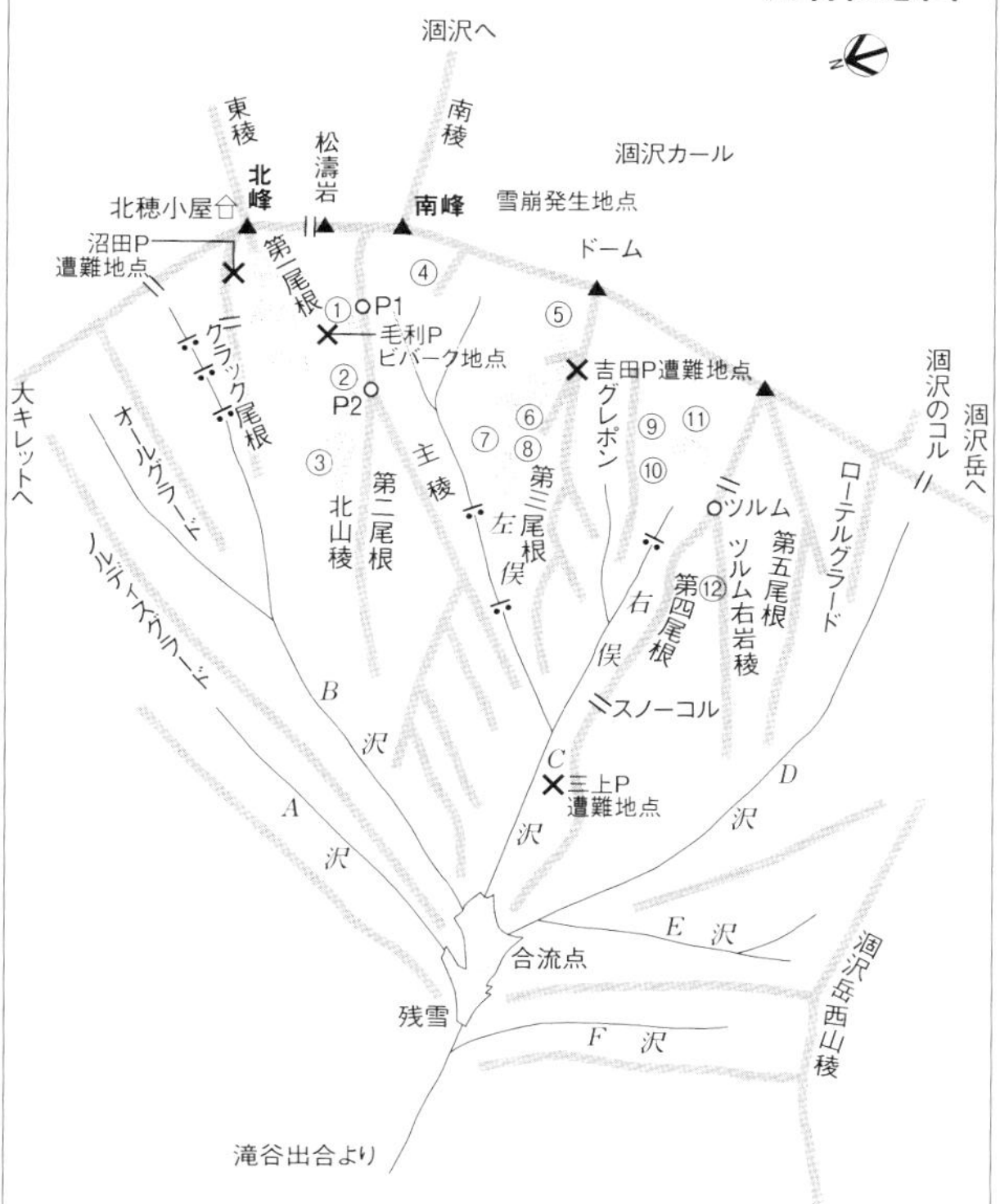

①P1フランケ
②P2フランケ
③P2フランケジェードルルート
④北穂南峰チムニー
⑤ドーム北壁
⑥ドーム西壁
⑦ダイヤモンド・フェース
⑧ドーム中央稜
⑨グレポン尾根ローソク岩
⑩グレポン尾根トサカ岩
⑪C沢右俣奥壁
⑫ツルム正面壁

「まだだいぶ時間がかかりそうだし、おそらくアルプスは影響あるまい。それでも明日は雨になるかなあ」気象には比較的に詳しい阿部と柴田が言った。「じゃあ、ともかく、明日出かけるとしたら、出発をもう一時間半ばかり早くしよう」と沼田リーダーが全員につたえて天幕の灯は消された。

十月十八日は全員四時三十分に起床。五時四十五分に阿部、柴田が短波の気象通報を聴いた。台風の詳細な状況は分からなかったが、西日本一帯は雨であり、一般的に天候の下り坂であることが判明した。天幕外に出てみると高曇りで、気温は山の十月の早朝にしてはやや暖かったが、圏谷をとりまく四囲の山頂は、くっきりと仰視された。時折雨がパラつくが、すぐにやんだ。起床前にも雨がパラついていたという者もいた。同日の行動を中止するか、それとも天候具合を見ながら登れるところまで登るか、二つの意見について、部員の態度もリーダーとしての沼田の決断も明確につきかねていた。そのあげくにトレーニングかたがた登れる地点まで登ろうという曖昧な結論となったが、阿部は、「きのうとけさの気象通報だと、雨になりそうだし、岩登りは無理かも知れないぞ」と一応はリーダーに伝えた。「降るかも知れないなあ。降ったら北穂から戻るさ」と沼田は阿部に答えた。

六時十分に涸沢の天幕の各パーティに分かれて順次出発。沼田と渡辺はクラック尾根、毛利、柴田、釜江は第一尾根、三上、海内、茂俣はC沢より第四尾根、阿部、大川はD沢より第四尾根、古田、島田、赤井は第三尾根よりドーム中央稜の各ルートに元気いっぱいに向かった。

北穂高沢をトラバースして南稜にとりつく頃、新雪とはいえ時候ちがいの雪が降りはじめた。雨ではなく雪――新雪だからそんなに積もるまいと沼田リーダーは内心で考えはじめた頃、左手のザイテングラートの尾根を登っている阿部パーティから「俺たちは先へ引き返して、お茶を沸かしているぞ」とガスの向こうから声だけつたわってきた。南稜を登りはじめた主力は、彼らに反対はせずに「俺たちは出かけるぞ」と応答した。空は意外なほど明るく、南稜の肩に着く頃には一時雪も降りやんで日ざしが薄くさした。

「まあこの位の雪なら大丈夫さ。ことしわれわれにとって初の新雪だからなあ」

みんな下山することなど考えず躊躇なくひたすら登った。松濤岩のある稜線の鞍部で、古田、三上の両パーティはC沢に下った。沼田パーティも軽く声をかけて北穂山頂をとおってB沢の下り口に向かった。この頃からふたたび雪が降り、かなり温度も下りはじめたので、B沢の下り口で休息のときに沼田はセーターとヤッケを着た。渡辺にもセーターを着るように言ったが、彼は「大丈夫、まだいらない」と言って着ないままだった。B沢は前日とほとんど雪のコンディションは変わらず、汗ばむほどぐんぐん下った。トラバース地点で第一尾根の毛利パーティの三人が追いついた。天候は無風状態だったが、雪はじっとりと重く湿っており雪片も大きかった。渡辺がトラバースしてくると、一緒にあとから他会の二人のパーティがついてきた。

「クラック尾根ですか?」と沼田が訊くと、「いや第一尾根です」と言った。西朋登高会パーティである。夏のワン・ピッチにあたる大テラスに出ると、第一尾根の二つのパーティがよく見えた。彼らはCフェースをトラバースの途中で、西朋パーティにトップを譲っているらしい。新雪はかなり積もっていてコンディションは明らかに悪化していた。沼田パーティはハーケンを意外に数多く打たねばならなくなり、上昇速度は遅々としてはかどらなかった。夏の数倍もすでに時間が消費されていた。この頃、やはり第一尾根のパーティはフェースの凹角付近で、まず西朋隊が下山しはじめ、やがて「午後一時十分前で、時間がないから引き返す」という柴田の声がつたわってきた。もう雪はかなりの量が降りはじめたが、第一尾根とは直線距離で五十メートルとはないので、彼らの姿は一人一人はっきりと認められた。その頃には積雪も三十センチとなり、きっと沢筋では五十センチを越すのではないかと思われ、引き返す柴田パーティの新雪表層雪崩がいくらか危惧された。「わかった。気をつけて行けよ。小屋で待っていてくれ。俺たちはアイゼンで登るんだ」沼田は、その第一尾根のパーティに叫んでなおも登りつづけた。だが、この上部の岩場はクラック尾根の最難部で、雪が積もってどうにもならない。一度は下降を決意して「俺たちも下るぞ!」と叫んだが、なんとかハーケンが一本上部の悪場に打てたうえに、下降もかなり困難なので、上へ抜けた方が時間的にも早いと判断した。ふたたび二人は攀じはじめた。この悪場を突破してから第一尾根パーティにいくども声をかけたが、もう応答はなかった。沼田の胸中に、〈雪崩でやられたのではないだろうか?〉という黒い不吉な予感がひらめいた。岩小舎下のテラスは、膝ぐらいまでの積雪があって、十五度ぐらいの傾斜がある。急にここでトップの渡辺の歩速がおちた。沼田が歩くとなんでもないラッセルが、彼にはひどく苦しいらしく全身で身悶えしていた。「沼田さん早いなあ」ラッセルを交替すると渡辺は乾ききった声で、力なく言った。前屈みに今にも膝を折りそうにした姿勢は、かなり疲れていた。

T8のテラスで、「腹でもつくろうや?」と沼田が言うと、「もうすぐだから小屋まで行って熱いお茶をのんだ方がいいよ」と答えたので、沼田のポケットのチョコレートを二人は食べた。そこから雪崩の危険などを勘案して直接縦走路へ出るコースをとった。渡辺が一度夏に登ったことがあるというので、一刻も早く山稜へ二人とも出たかったのである。稜線の十メートルぐらい下に小さなテラスがあり、次に背の高さほどののっぺりした垂壁があらわれた。腕力で一気に登るより方法のない箇所だが、日頃は体力にはかなりの自信のある沼田も、さすがに腕力を喪失しつくして歯ぎしりながら登った。やっと這いずりあがったものの、暫くは俯せたまま動けぬほどに、彼は消耗し、心臓の動悸はひどかった。稜線へ出ると意想外の風雪で、全身凍結するかと思われるほどの刺すような寒さである。濡れていたズボンはたちまち金属のように凍りつき、急に脚の血管が硬化する感じだった。沼田は、あとの渡辺のためにそれでも確保用のハーケンを打ち、引きずり揚げようとしたが、腑抜けたように全身にまるで力が入らなかった。自分の身体を烈風の中で支えているのが精いっぱいの努力である。ザイルをぐんぐん力いっぱいに引っ張ってみるが、見えていた頭部もしだいに見えなくなり、渡辺の体はずるずるおちるばかりで、まるで登る意志を喪失したデク人形のようだ。どうやら彼は登ろうとして登れないのではなくて、すでに体力的にまったく動けないのだ、と沼田は判断した。

「渡辺！　渡辺！」といくど呼んでも下方からの応答はない。身をのり出して俯瞰しても、彼の姿は消えさったごとくに、風雪にけむる奈落にはどこにも見えなかった。ザイルをたぐってみると末端に手応えはある。たしかに渡辺は存在しているのだが、すでに一個の物体のように動かなかったし、消耗しつくした彼の腕力では、渡辺の重量のため微動だもしない。この稜線にこのままいることは、もはや沼田自身の体力を破滅にみちびくのみだった。やむなく渡辺がつながっているザイルを岩に巻きつけて固定すると、雪の谷間に向かって「渡辺ガンバレよ。すぐ来るからな！」と沼田はどなって救援を求めるべく北穂小屋に向かった。立っていることも強風と疲労のために不可能で、這うように一時間ほど費して登った。小屋に着いたのは十八時、もはや山稜も暗く彼自身も半死半生の状態だった。北穂小屋にいた主人の小山義治一行が、すぐに一部始終を聴いて捜索に出かけたが徒労だった。「現場まで案内できるか？」と言われても、もはや沼田は動く気力もないほど疲れきっていたのである。第一尾根のパーティも、三人ともついにその晩小屋には戻らなかった。雪崩にやっぱりやられたのだと絶望せざるを得なかった。だが三上、古田の両パーティは涸沢へ帰着しているものと沼田は信じていた。

翌十九日、風雪の中を小屋から沼田はひとりで現場へ出かけてみると、小屋のすぐ近くで、凍って白くなった昨夜のザイルが一本ぴーんと凍りついたように張られたまま谷にたれている。懸垂下降して下ってみると、渡辺はザイルの末端に雪になかば埋まり、岩場の一部に変身したかのように堅くはりついていた。すでに覚悟はしていたものの、僚友の死を眼前にして彼は暫く雪のテラスにたたずんでいた。きのう「必ず戻ってくるからな！」と言いおいて小屋に辿りつきながらついに動けず、仲間との約束を反古にしたことへの自責の念と無力感が、剝皮の苦痛にもまさって彼の心を覆っていた。

第一尾根から引き返した毛利パーティ三人は、B沢の雪崩の頻発に岩穴に一晩待避して、西朋登高会の三人のパーティとともに沈着に過ごして助かっていた。夜中、西朋の三人は一人一人、全員疲労と寒さのために死亡したが、彼ら三人は翌十九日午前十時四十分無事に北穂小屋に辿りついた。一方、皮肉にも無事とばかり信じていた、C沢より第四尾根へ向かった三上パーティは、C沢で雪崩のためサブ・リーダーの海内が死亡し、さらに第三尾根のドーム中央稜を目指した古田パーティの三人も全員遭難していた。

6

その言葉は、ほとんど途切れ途切れで、大方は傍のNが補足したり、詳細を問いただしたりして聴いたものである。私は、メモ用のノートを膝に開いたものの、鉛筆を動かす気分にもなれなかった。むくんだように蒼黒く雪焼けしている沼田リーダーの内心を思うと、やはり自分にはこんどの役目はミスキャストだし、荷がかちすぎていると考えざるを得なかった。

「あの山稜から自分は小屋へ戻らずに、もう一度あくまで渡辺のいたテラスまで下ってなんとかショルダー（肩車）ででも、あいつを稜線まで押しあげるべきだったのです」

ぽつんと彼は、低い聴きとりにくい言葉で私に言った。

「あんまり山が便利になり、簡単になりすぎたんだ。滝谷といえばアルプスでも指折りの悪場を、山岳部へ入って二、三年も山をやるとすぐにルート図を片手にとりかかるから、どだい無理なんだ。おまけに戦後の学制改革で旧制高校が廃止になって、山での実力もおちているしね。東大山の会時代とは雲泥の差なんだ。大学生といったところで現在のは名前ばかりで、体力や経験からいったら昔の高校生にも劣るんじゃないかね」

OBのNはいくらか怒ったふうな口ぶりで私に言った。それから彼は現在の新制大学の山岳部について、あれこれと分析的に説明してくれた。「旧東大山の会」は昭和二十五年以後「東大スキー山岳部」と改称されている。かつて旧制高校山岳部出身者によって「東大山の会」としてその伝統は独自な雰囲気をつくり出していた。一高、三高、八高、松高、成蹊、甲南、富山高、浪花高などのOBが名前をつらね、大正六年以来別宮貞俊、沼井鉄太郎、渡辺漸、桑田英次、小川登喜夫、中屋健一、小林太刀夫、田口二郎、伊藤新一、渡辺兵力、朝比奈菊雄、佐谷健吉、村山雅美など、私の記憶にのこる人びとの名前を挙げてみても、日本山岳界の一大勢力とみられるくらいのものであった。だが学制改革によって、教養学部、東大のみならずその下の新制高校に至るまで、受験地獄のために、その伝統は一変せざるを得なかった。高校時代に山へ出かける余裕のなかった人びとが、東大に進学してはじめて本格的なアルピニズムの洗礼を受けるわけだ。そんな部員が大部分であるだけに、実力経験ともに旧制時代とは見劣りするのも当然で、OBのNの指摘もここにあった。年齢的にも二歳ぐらい若くなっているし、同時に合宿を中心とした登山方法にもいくたの疑問があるといわれ、すでに遭難についても昭和二十九年の明神、三十一年の西穂と犠牲者を出しており、先輩からも基礎技術の欠除が指摘されていた。

その間、小屋の電話のベルはたえまなしにけたたましく鳴りわたっている。報道関係者のどなるような話し声が響いてくるが、聴くともなしに私が耳にしたところでは、遭難者の遺骸はどうやら涸沢まで下ったらしかった。取材ともいえない沈鬱なインタービューを、私は一刻もはやく切りあげたいので、ほんの二、三十分で私は仕事を済ますと小屋の外へ出た。小屋に出入りする人びとのどことなく忙しい緊張した気配とはうらはらに、上高地の自然は森閑として、西穂から奥穂にかけての新雪の稜線の背後に秋空が清冽に高い。上高地も紅葉の色も褪せはじめて、頭上のぬけるような紺碧の空が大きく白樺の梢ごしに高くひろがっている。木村のオヤジの話でも、ことしの新雪は異常で、山と麓に同時におりたということだ。例年だと山にいくどか新雪がおりたあと、上高地に雪がくるのだが、気象的にも不順だったということになる。

私が入山したとき、第一尾根で遭難した西朋登高会パーティの関谷、副田の遺体が上高地の林で荼毘にふされた。秋晴れの夕暮れ、新雪の穂高連峰は、この世のものとも思えぬくらいに美しく荘厳だった。しかし、その一角だけが、ぽっかりと喪の孤島のように、四囲の大自然とは隔絶した鬱黒の別世界を形づくっている。副田の両親は共に山好きで、息子を立派なアルピニストに育てるのを念願にしていたが、父親は今度の大戦で戦死され、その父の遺志をついで中学生の息子をつれてお母さんがアルプスを案内して登ったこともあった。

「山に志した限り、息子についての今回の覚悟はできております。かえって皆さまにご迷惑をかけてしまって、あのまま雪の山に残して帰ってもよかったのです」

どこかの新聞記者に彼女が低い声でつぶやくのを、私は傍らで黙って耳にしていた。

その日の午後、私はひとりで上高地から涸沢へ向かった。東大の遺骸が山を下ってくるという。河童橋から小梨平の水のような秋風のわたる林間の道を歩きながら、Y新聞のFに送るべき文章を案じてみたが、まるで頭になんの構想も浮かんでこなかった。この大自然の非情な、というより無心なまでの秋色の美しさと、遭難という人間の山での死にまつわる悲劇とが、どうしても私の心では違和して同一次元の出来事として感得できないのである。

翌二十二日も秋晴れだった。その夜、私は徳沢園に一泊して、夜おそくまで新聞用の原稿を書き、小屋の上条進と深更《しんこう》まで話しこんでいた。雲一つない空が、秋の奥又白をかこむ前穂の岩壁を鏡のように磨き立てていた。午前十時頃になって散りはじめた紅葉のトンネルの向こうから、葬列がのろのろと近づいてくる。いったいいくつの遺骸がおりてきたのか、私には数えられなかった。特大のキスリングに丸めこまれたり、背負子にくくりつけられたり、まるで荷物のように一つの物体となって僚友の背に負われて粛々と歩いてくるが、その足どりは重い。悲しみのためというよりは疲労のためであろう。私もいくどか歯をくいしばって遺体を山から引きおろした記憶がある。この光景に、後日A新聞は鋭く批判の矢を放っていた。山では鼻唄まじりで楽しげにさえ見えたのだが、山から下り上高地に近づくにつれて神妙な面持ちになってくるのは不可思議だ、といった意味の記事を帰京して私は読んだ。ある点は、たしかに山男のドグマを辛辣についてはいたし、登山ブームにおける遭難の続出と、人命軽視の反社会的な動向についての批判としては、一つの当然の論及だとはいえた。だが、「鼻唄まじりで楽しげにさえ見えた」というのは明らかな誤解である。あるいはそう傍眼からは見えたかも知れぬ。だが私の体験から推しても無理にでも自分を元気づけ、鼻唄の一つでも口にしなくてはいられない鬱積した気分になるのだ。現実には「気分」などという軽妙な感情ではない。恐怖をまぎらわすための自己偽瞞《ぎまん》だといってもよい。つい数日前まで同じ天幕に泊まり、一つ釜の飯を食べ、山への愛と情熱について語り合っていた仲間が、唐突にある時間を境にして幽冥《ゆうめい》を異にしたのであるから、山という大自然にいだく偽りのない動物の本能的威怖感なのである。すくなくとも私もその威怖感におびえたあげく、作業中も仲間同士でやたらと冗談を言い合った覚えがある。

遺骸の列が徳沢の向こうの森かげに上高地に向かって消えてゆくと、私はひとりで涸沢へ登った。つい幾日か前に従妹のK子たちと登った同じアルプスの道はまるで表情を一変し、ことに涸沢は荒涼とした冬の世界に見えた。横尾からの登りの樹々の枝先には、冬山用につけた赤い布片が風にはためいている。すでに涸沢圏谷は白一色に彩られて、その銀盤を囲繞する山々は、岩と雪の斑のまま凍りついたように凝固して見えた。ことに北穂の山頂の辺りは刃のように氷が冷たく光っており、秋空がその上方に無心なまでに清冽である。つい一週間前に登ったあの燃えるような紅葉の谷間が、ほんの幾日かの時間を隔てて、かくも変貌するとは私には信じがたく、わずかにナナカマドが乾いた枝にグミに似た実をつけて、新雪の谷間に朱色を点滴とさせている。

そのとき急に日が弱りはじめたかと見るまに雪が降りはじめた。こまかな粉雪である。周囲の風景は急に白いヴェールをかけたようにおぼろとなった。このとき幻聴のように山の方から低い祈りに似た歌声を私は耳にした。さだかには聴こえなかったが、合唱でもしているような低い歌声である。まるで雪の彼方の世界から、聴こえてくるような夢幻の響きであった。どことなく哀切さをたたえていつまでも消えない。いささか不可思議な気分になって、私が丸山の台地に登りはじめると、北穂高沢の出合付近が俯瞰されて、五、六人の登山者が一列横隊に並び、北穂に向かっている姿が見えた。きっと東大パーティの撤収隊の人びとなのであろう。歌声は、彼らの合唱だったのである。歌詞は明瞭に聴こえなかったが、山岳部の歌でもあるのだろうか。低いゆるやかな悲しいメロディである。私は暫く立ったまま美しい絵でも見るように感傷をまじえて眺め入っていた。

雪の降る荒涼とした圏谷の底に、並ぶ数人の山仲間のその歌声を、私は沈痛な思いで耳にしていた。いつのまにか歌声がやむと、みんな無言で帽子をかぶり、巌のようなリュックザックを背にすると、鎖のように一列になってゆっくりゆっくり、山を静かに下りはじめた。

その光景は美しいと同時に無惨だった。だが、なんとか山での死を肯定しなければいられない山好きの心理が潜在している。

彼らにも私にも「山で死んで幸福だ」と信じこみたい、ひそかなる妄執《もうしゅう》があるのだ。

私は彼らの黒い列を見送りながら、心の底に仕切られていた感情の堰《せき》が遽《にわ》かに決潰したかのように胸底が息苦しくなった。前日、沼田リーダーとインタービューした折、最後にふと私はなにげなしに訊いた。

「これからもまだ山は登りますか？」

「はあ？」

彼は、私の質問を判じかねたようにいぶかしげに反問した。

「こんどの遭難で、これから山が嫌いになるということはありませんか？」

私は、もう一度質問してみた。すると彼は予想していなかった風景を眼にした人間のように明らかに困惑の面持ちとなり、「さあ……」と口ごもってしばらく絶句していた。

「そんなこと今は分かりません！」

彼はやがて怒ったように言った。それまでの口ぶりとは一変して、私に対して訴えるかのような面持ちになり唇を噛んでいた。

「……」私は黙った。

ふと沼田リーダーの日焼けした顔にオーバーラップするように、Sの蒼白い乾いた顔がかさなり合った。

涸沢の圏谷を下ってゆく若者たちの小さくなってゆく後ろ姿を私は眺めながら、つい半月前にやはりK子たちと「山のロザリオ」を合唱しながら、この山をのんきに下ったのに……と、私はふと、なんの連脈もなく感傷的に思い出した。

あとがき

最近は〝登山ブーム〟を反映して山の本を汗牛充棟《かんぎゅうじゅうとう》の感があり、さまざまの種類の岳書が妍《けん》を競うがごとくに書店の本棚を飾っている。なかでも〝遭難もの〟も山の本の一ジャンルとしてかなりの書目が出版されている。むろん本書もその一冊となるわけであるが、なんといってもこの種の単行本の先鞭は、春日俊吉氏の『日本山岳遭難史』（昭和八年五月、三省堂刊）で、以後同氏の筆になる同系列の本をはじめとして、かなりの数にわたって遭難関係書は出版されている。

私自身も中学生時分、春日氏の著書によって山と人との運命的ドラマをある感動をもって読んだ記憶がある。新聞記者特有の奔放な筆致で記された文章は、ときにミスティックでありスリリングでさえあった。山のこわさを教えてくれた本として忘れがたい。

だが、私がこの種の本を書くとなると、なんとも憂鬱である。この十年ちかく山での死につよく惹かれて文献などかなり蒐集してみたし、いつか書いてみたいとは考えながら書くべきキッカケをつかみがたかった。最近日本の登山史についてもあれこれと調べはじめてみると、やはり遭難も登山史上の重要な座標となることを知った。それは洋の東西を問わず登山史の避けがたい灰色のページなのであり、ヨーロッパ・アルプスの黄金時代におけるもっとも華麗なしかも悲惨なフィナーレは、ウィンパーのマッターホルンの初登頂と、それにつづく惨事によって極点を示している。また、アイガー北壁の凄絶な登攀史もその核心はヒュンター・シュトイッサーの遭難を起点としている。ヒマラヤの例についても山の悲劇から視線を避けて登山史を語ることは不可能であって、それらの遭難をのりこえて今日の世界の登山史も存在するのであるといってもよい。

私がこの数巻の〝遭難もの〟を執筆するにいたった心意は、本邦登山史の一角を悲しみの記録から探索したい一念からであり、同時に小島烏水の「登山凍死学生伝」中の「日本の山嶽にて、学術その他のために玉の緒を断った上記四五氏は、我等愛山党の最も真心を傾けて且つ弔し、且つ悼むところ。ここに終焉記を作ったのも登山史の一節を補う用意である」の一文に励まされたからであった。同時に私自身のノンフィクション的文学興味のためもあった。山においての人間のたくまざる美しさが、この惨事にのみ表出されるとは思わないが、自然における人間の運命についてつよく私は惹かれるのである。

本書は「岩と雪の悲劇全四巻」の第一巻にあたり、北アルプスの槍、穂高、乗鞍岳、岩と雪の山域における遭難記録を収めた。この十一篇が悲劇のすべてではない。きわめて代表的なアクシデントとして私の眼にクローズ・アップされ、山での死を切実に感じさせられ、前述した日本登山史に欠くことのできないケースといったものを主として摘出してみた。

だが、それらの選定（？）にあたっての基準というべき尺度はない。すべて私の主観であり、ことに私の判断によった。山と人との死をめぐっての経緯――私的感傷もまじりあってくるかも知れないし、文学的な関心もまじりあってくるだろうけれども、私なりに山での死の価値ある非情さをさぐってみたい存念なのであった。

あたう限り資料（部会報、遭難追悼号その他）に忠実でありたいと願い執筆したが、やはり筆者の主観（いささかのフィクションを含めて）は避けがたく、あるいは斯界の先輩、識者より叱声をうけるやも知れない。叱声はそれとして私は甘受したいし、この山の悲劇を通じて日本登山史の一角が構築されればと願うものである。

ともあれ烏水翁の言葉を信条として、私はこのシリーズを完成したいし、さらに将来『日本登山史』めいた一巻をいつの日か執筆したいと夢想している。

なお第二巻は「立山、剱、後立山」、第三巻は「南アルプス、中央アルプス、八ヶ岳、秩父」、第四巻は「上信越、富士、東北」の予定で引きつづいて書いていきたいと思う。先輩識者のご叱声をえたい。

なお、石川正夫、盤広、山下道雄、セオ・ヒロシ、川口邦雄の四氏には出版にあたり種々お世話になったことを厚くお礼を申しあげたい。

さいごに私の資料とした本巻の各篇における文献を列記したが、各刊行者、編者・著者ならびに遺族関係者に深甚なる謝意を表すると共に多くの貴い山の犠牲者の冥福を切に祈りたい。

安川茂雄

解説　山における死とは?

遠藤甲太

本書は安川茂雄編著・シリーズ「岩と雪の悲劇」全五巻の第一巻目として成立した。明治三十八（一九〇五）年八月、乗鞍岳において起こった事例を皮切りに、昭和三十四（一九五九）年十月、穂高滝谷の事例まで、十一章にわたって北アルプス南部山域の遭難死亡事故について言及、考察がなされている。初版は昭和四十年七月、著者自身の主催する三笠書房による刊行。

著者は数少ない登山史研究家だが、およそ登山史とは、山岳遭難史でもある。皮肉っぽく言えば、遭難（死）がなければ、山登りはたんなるスポーツ・旅行の一種となってしまい、いささかもの足りぬかもしれない。大いなる「死」が不在であれば、大いなる「生」もまた煌《きら》めかない。誤解を喚《よ》ぶやもしれぬ言いぐさだが、安川は他の自著で以下のごとき一節を記している。

〈――山岳小説は悲劇でなければならないと私は思う〉（『日本アルプス山人伝』昭

和五十六年四月、二見書房）

ともあれ安川茂雄は、本書『穂高に死す』において「山における死と生」とを、じっくりと、きわめてリアルに、冷厳たる筆さばきにのせて写しおおせた。

並べて語るには奇異な、むしろ対照的なふたりの作家だけれども、安川茂雄と三島由紀夫はともに大正十四（一九二五）年生まれである。三島の死は昭和四十五（一九七〇）年十一月十五日、例の、市ヶ谷自衛隊駐屯地における自裁。安川はその七年後、昭和五十二（一九七七）年十月二十三日に食道癌で倒れている。

大正十四年生まれということは、昭和の年代がそのまま自身の年齢を示す。たとえば真珠湾攻撃がなされた昭和十六年ならば彼は十六歳であり、敗戦の年二十年ならば二十歳、つまり思春期まっさかりの季節というわけ。いわば共に「戦中派」的感性、思想の所有者だったと想われる。たとえ彼らの進む方向が正反対であろうとも。

三島が偏屈なイデオロギーのかたまりであったのはともあれ、その対局に位置しそうな登山家・登山史家安川も、その自ら棲《す》まう世界・社会と無縁であろうはずはないのだ。

＊

と、ここまで書いただけで早くも疲れ、酒を呑みはじめる。あっさり酔いつぶれ、そのままコタツでねむってしまう。けだし睡眠は、生きたまんま、きわどく死の世界に接近してゆく営為だといわれる。以下ゆめのなか、ぼくはあの世、霊界とやらで安川氏と邂逅。生前、黙礼を交わすくらいがせいぜいだった安川と、親し気に会話するのは不条理だけれど、なにせ夢中対談なので、どうか御容赦のほどを願います。

「おいおいエンドー君、おれさまとミシマをならべて語るなんぞケシカランよ。だいたいこの一文はおれの『穂高に死す』の解説なんだろう。ミシマなんぞがシャシャリデテくる余地はないぜ」

「あっ、安川さん。こいつは失礼しました。そりゃそうと、お元気ですか。そっちの世界はいかがでしょうか」

「ああ、気楽なもんだよ、懐かしいやつらがいっぱいいるからね。きのうも奥山さん（奥山章、一九二六～一九七二）と旨い酒呑んだし、上田先生（上田哲農、一九一一～一九七〇）や吉尾君（吉尾弘、一九三七～二〇〇〇年三月十三日、谷川岳一ノ倉沢滝沢リッジ上部で凍死）とだってよくいっしょに呑むぜ」

「吉尾さんはぼくの唯一のクライミングの師匠です。『地獄へ行ったら〝針の山〟

にでも登るさ』なんぞとおっしゃってた。おおっと、こいつは芳野さん（芳野満彦、一九三一～二〇一二）のせりふだったかな？　ともあれみなさん相不変御活躍ですよね」

「ああ、しかしエンドー君、きみとは二つも同じ会に入ってたのに（第二次RCCと山岳展望の会）、ちっともおしゃべりしなかったなあ」

「そうですね。おまけにおたがい一応仏文科の出身でした。ちょっと年齢がはなれすぎていたせいでしょうか。なにせ二十三歳も歳下なもんで、畏れおおくて遠慮しちゃったのかもしれません」

「ま、そのうち君もこっちに引っ越して来たら、いっしょに、たっぷり酒が呑めるさ。そんなことより、もっと折角『解説文』を書いてくれよ」

「はい、すみません」

というわけで、やむなく夢から醒め、もう少し真面目に本書について語らざるを得なくなる。

＊

安川茂雄には百冊を超えるほどの編著があるという。じっさい、彼は作家・小説家としてもさりながら、じつに優秀、勤勉な編集者であり、それに応じたすぐれた知性、言辞のもちぬしだった。

　たとえば『谷川岳に逝ける人びと』（平凡社ライブラリー・二〇〇五年一月刊・遠藤甲太編）をめくってみると、すぐに〈この遭難記録については、いまでは汗《かん》牛《ぎゅう》充《じゅう》棟《とう》のおもむきがある〉などと目につき、この書物の編者でありながらぼくなど「汗牛充棟って、こりゃなんだ？」と教養のないわが身がなさけなくなる。ちなみに手近な辞書にあたって、ようやく「非常に多くの書籍、書庫に本が詰まっていること（出典＝柳宗元・陸文通墓表）」の意なのを教わった（これはちょっと、ぼくがヒドスギルのかもしれないが）。それにしても安川さん、フランス文学出のくせに、こんな漢語をヘイキで並べてくれるなよ。

　閑話休題《それはさておき》、本書十一章のなかで、ぼくにとって最も読み応えがあったのは、大島亮吉（一八九九〜一九二八）の最期が語られた「北尾根に死す」であった。

　慶応大学山岳部ＯＢ大島は昭和三年三月、前穂高岳北尾根の四峰頂稜であえなく墜死、二十九年の生涯を閉じたのだったが、安川茂雄にとって大島亮吉はとくべつな存在、とくべつな先蹤者であった。

安川は早稲田大学におりながら名門早大山岳部に入らなかった。しかし大島は慶応高校時代からの山岳部人間。名リーダー槇有恒（一八九四〜一九八九）の指導の下に、みっしりと登山・クライミングを学んだ。そもそも槇や大島の時代には、大学山岳部以外に先鋭的な登山活動をする団体は皆無に近かったのである。とりわけ慶応大学山岳部は、名実ともに最高最強のクラブであり、穂高においても、その開拓者、エキスパートだった。

大島は安川にとって、山岳界における至上の大先達ではあるが、彼の眼に大島は、とりわけ自分と同じ資質をもつ「山岳への渇仰者」と映った。大島の心性、教養、登山行為に、心底共振れしていたようだ。

したがって大島の遭難死は安川の心奥に深くとどまり、本書でも多くの頁を費して、彼の死を叙述している。『穂高に死す』という本書のタイトルにしても、大島の死がなにより念頭にあっただろうし、初版の表紙カバーの写真が、雪の北尾根なのも、大島の墓所を偲んで選んだものかもしれない。

じっさい大島は「登るひと」であると同時に「書くひと」であり、本格的な登山史研究においても、安川の大いなる先駆であった。大島の遺著は多々あるが、『大島亮吉全集』全五巻（あかね書房）の編集に力をそそぎ、その解説を書いたのも、安川であった。まったく、理想的な先輩が、登山界にいたものである。

＊

はてさて、ちょいと迎え酒、もういちど安川さんに会いたくなって、さっさとまどろむ。

「おい、また呑んじまったのか。エンドー君はしようがないなあ。もうちょっと、みどころがあるかと思ってたのに」

「すんません、もうトシなんで酒に弱くなっちゃって……。しかしよかった。まだお聞きしたいこともあるんですよ。井上靖の『氷壁』ね、あの小説、安川さんが資料を提供されたそうですが……」

「ま、もちろん、おれだけじゃないがね」

「『氷壁』はとってもリアルで、登山家、それも当時の最高級のクライマーでなきゃ書けないような描写もあります。あれはやっぱり、昭和三十（一九五五）年一月の岩稜会が起こした事故がモデルなんでしょ。前穂東壁のザイル切断＝若山五朗さんの墜死事件」

「まあそうだけど、井上さんの文章構成力、小説家としての力量あってこその作品にちがいあるまい」

「ぼくも夢中で読みました。もっとも、初出の『朝日新聞』じゃなくて、文庫本になってから読んだんですが……。でも、今だって登場人物名、かたっぱしから言えますよ」

「『氷壁』は大ベストセラーになったからね。おれの『霧の山』もおんなじころの刊行だったんで、『氷壁』の余波で少しは売れてくれたものさ」

「ぼくはあのころ、ようやくナイロンザイルを手に入れて、得意になって攀じてたから、あの切断事故はショックだった。あすは我が身ですからね。ところでもうひとつ、『穂高に死す』の最終章「滝谷への挽歌」の終わりの方に〈彼らにも私にも『山で死んで幸福だ』と信じこみたい、ひそかなる妄執があるのだ〉というフレーズがありますが、今でも、じっさい、そう信じていらっしゃいますか?」

「さあて、どうだろう?! しかしな、どうやって死んだっておんなじさ。どうやったって、人間、いや万物は、死ぬようにできているんだから」

「ああ、そうですね。今夜もまた、ありがとうございました」

そのあたりで、ノドがかわいて、ぼくもようやく目が覚めた。（詩人・エッセイスト）

主要参考文献

乗鞍山上の氷雨

＊『文庫』（明治三十八年九月及び十一月号）小島烏水「本年の登山」、「登山凍死学生伝」――ことに後者は本邦山岳遭難文献のもっとも初期的なものといえる。

＊『山岳第一号』（明治三十九年四月、日本山岳会発行）――川崎義令「乗鞍採集行」、高頭式「飛信界の乗鞍岳」及び口絵写真。

＊春日俊吉『日本山岳遭難史』（昭和八年五月十日、三省堂刊）――同書中の「第二章乗鞍岳暴風雨篇」。

この他、府立一中発行『校友会雑誌』に本遭難の記事が掲載されてある由であるが、筆者は未見で、他に文献はきわめて乏しい。

北尾根に死す

大島亮吉関係文献としては著書『山　研究と随想』、『先蹤者』。雑誌、会報類として慶応義塾山岳部々誌『登高行』、札幌山とスキーの会発行『山とスキー』、前記『山岳』などに多数の原稿が掲載されているが、本稿に関係ある文献のみを左記に掲げる。

＊『登高行第七年』（昭和四年七月発行）年報欄「蝶ヶ岳、南岳、前穂高岳北尾根」が遭難及び捜索、発見の正式報告となっており、執筆は本郷常幸、国分貫一、斎藤長寿郎が分担している。松方三郎「追憶」、豊辺国臣「記念として」、西宮元之助「大島亮吉君を悼む」、片山弘「雪中露営の一経験」、鹿子木員信、三田幸夫の外地よりの追悼書簡などの文章がのっている。

＊『山とスキー八十号』所載――伊藤秀五郎「大島君を憶ふ」のちに『北の山』に収録。

＊『山岳二十七年三号』所載――「秩父の山村と山路の山小屋」の前文として木暮理太郎の追悼文あり。

＊『登高行第九年』所載――八木橋豊吉「想ひ出」
＊『山と溪谷十三号』（昭和七年五月所載）――春日俊吉「日本山岳遭難史6」、その他。
＊『登高行第十一年』（昭和十二年十二月刊）――「中村邦之助宛大島亮吉書簡」。本郷常幸「大島さんの手紙のこと」。
＊『登高会々報七号』（昭和十六年五月刊）――八木橋豊吉「山の夜の語らひ」、本郷常幸編「大島亮吉書簡」、早川義郎「豊辺君の輪郭」。
＊『山』（昭和十年八月号、梓書房刊）所載――三田幸夫「大島亮吉の片貌」。
＊『三高山岳部報告五号』（昭和元年十二月刊）井上金蔵追悼号。

アルプスの暗い夏

＊『追憶』（昭和六年十月二十五日発行）は中野克明遭難の百日忌として克明会より非売品として刊行された。A五判一五〇頁。
＊『憧れの山へ』（昭和六年十月三十日発行）は「山田博二追想録」としてB6判箱入三四四頁で口絵も多い。背文字は槇有恒氏の筆になるもの、非売品。
＊『中央公論九月号』（昭和六年）――中野正剛「シッカリシロ・チチ」。

雪山に逝ける人びと

＊『登山とスキー九号』（昭和七年六月号）、田中敏雄「大槍小舎遭難事件に就て」。水野祥太郎「常念岳一ノ沢遭難報告」。青山澄「塚田清治の思ひ出」。
＊会報『ペデスツリヤン一四〇号』（関西徒歩会発行、昭和七年五月五日）三谷慶三遭難報告号。
＊『ペデスツリヤン二十五周年記念号』（関西徒歩会、昭和十五年十一月発行）非売品。
＊『山岳二十七年』（昭和七年刊）の二、三号に掲載された津田周二「常念岳遭難報告」。水野祥太郎「常念

一ノ沢遭難に就て」。

*『山と溪谷十三号』(前出)、口絵として「遺影――乗鞍岳山頂における故三谷慶三及び故中山彦一氏」(柳健三撮影)が巻頭にある。

*『R・C・C報告5』(昭和七年十二月発行)の「記録」欄。

大いなる墓標

*『単独行』(昭和十一年八月、加藤文太郎遺稿刊行会、非売品)のちに朋文堂より公刊されて現在では山岳書の古典となっている。

*『ケルン三十五号』(前出)――藤木九三「生れながらの単独登山者」。

*会報『ペデスツリヤン』(昭和十一年四月号)――「吉田、加藤両氏遭難報告号」として特集され詳細な報告がなされている。

*『ペデスツリヤン二十五周年記念号』(前出)――吉田登美久「三月の北尾根」その他「記録」欄。

*『わらじ四号』(昭和十三年十月、松本高校山岳部、非売品)の「記録」欄。

*藤木九三『単独登攀考想』その他。

*『ケルン三十七号』(昭和十一年六月号)――春日俊吉「千丈沢に眠る二つの霊」があるが、発見地点は「千丈沢」ではなく、「天上沢」であった。「未定稿」とあり発見前に書かれたもの。

微笑むデスマスク

*『残雪』(昭和十二年十月十五日、同志社大学山岳部発行、非売品)――「故福田源五郎君追悼録」として、西岡一雄氏他九氏の文章によって編集されてあり、口絵には遭難前撮影した写真や「微笑めるデスマスク」など収載されてある。

*『ケルン四十一号』(昭和十一年十月号)。――福田源五郎「奥又白」。

＊『ケルン三十五号』（昭和十一年四月号）――巻田外茂三「スノーホールの報告」。

「松高山岳部」の栄光と悲劇

＊『わらじ四号』（昭和十三年十月、松高山岳部）「奥又白について」、その他。
＊『わらし五号』（昭和十四年十月）各記録。
＊『わらじ六号』（昭和十六年一月）――「過去三年間に於ける吾が部の奥又白に関する行動」。「積雪期奥又白に於ける行動」。「遭難報告」。「追悼」。
＊『山散花』（昭和十五年、非売品）――折井寛追悼遺稿集として刊行された。
＊『山と溪谷六十二号』（昭和十五年十月号）――甲賀一郎「長男山に死す」。

ある山岳画家の生涯

＊『ケルン三十五号』（前出）――茨木猪之吉「初めて山岳画を世に出した頃」。
＊著書『山旅の素描』（昭和十五年十二月、三省堂刊）
＊小島烏水『アルピニストの手記』――「セガンテイニー」。
＊『山岳四十三年一号』（昭和二十三年十一月）「追悼記」（中村清太郎、交野武一）。
＊『山と溪谷九十一号』（昭和二十一年七月号）――小林伊三郎「涸沢小屋での茨木画伯」。
＊『山と溪谷一〇〇号』――斎藤茂「茨木猪之吉君の憶ひ出」。
＊『山小屋一四二号』（昭和二十二年十一月号）――伊藤洋平「二つの捜索行」。
＊『山』（日本山岳会々報一三三号）――「茨木猪之吉氏遭難報告書」。
＊著書『山の画帖』（昭和三十四年三月、朋文堂発行）年譜（小野寺編）が巻末にある。
＊『山岳五十五年』（昭和三十七年三月刊）――高野鷹蔵「茨木猪之吉の追憶」。

一登山家の遺書

＊『風雪のビヴァーク』（昭和二十五年一月六日、登歩渓流会発行）――松濤、有元両氏の遭難報告書で限定非売品。
＊『風雪のビバーク』（昭和三十五年七月、朋文堂発行）――松濤明氏の遺稿集で、杉本光作、安川茂雄の手で編集された。
＊『岩と雪一号』（昭和三十三年七月発行）――杉本光作「評伝〝松濤明〟」。
＊『山と高原三三七号』（昭和四十年一月号）――芳田美枝子「風雪の槍ガ岳・松濤明氏の想い出」。

「ナイロン・ザイル事件」前後

＊『山と溪谷一八九号』（昭和三十年三月号）――立教大学山岳部「戸山高校生の西穂高遭難」。石岡繁雄「二つの遭難とナイロンザイル」。平木靖「西穂高の遭難」（口絵ページ）。
＊『山と溪谷一九一号』――県ガ丘高校山岳部「前穂高雪崩遭難記」。
＊『岩と雪一号』（前出）――石岡繁雄「ナイロンザイル切断事件の真相」。
＊『ナイロンザイル事件』（岩稜会発行謄写版、非売品）その他のレポート。
＊『ケルンに生きる3』（昭和三十七年六月、二玄社刊）――碓井徳蔵「クリスマスの穂高に逝く」。

滝谷への挽歌

＊『滝谷一九五九年一〇月六日』（昭和三十五年六月四日、東大スキー山岳部発行、非売品）

〔追記〕　以上は筆者の参考した主要な文献であるが、その他春日俊吉著『山岳遭難記六巻』、藤木九三・三田幸夫監修『ケルンに生きる五巻』など出版されており、三十年以降は新聞、週刊誌類の記事など多くなっているが省略した。また、各山岳雑誌のニュース程度のものも記さなかった。

穂高に死す

二〇一五年七月五日　初版第一刷発行
二〇二二年十二月一日　初版第三刷発行

著　者　安川茂雄
発行人　川崎深雪
発行所　株式会社　山と溪谷社
郵便番号　一〇一－〇〇五一
東京都千代田区神田神保町一丁目一〇五番地
https://www.yamakei.co.jp/

■乱丁・落丁、及び内容に関するお問合せ先
山と溪谷社自動応答サービス　電話〇三－六七四四－一九〇〇
受付時間／十一時～十六時（土日、祝日を除く）
メールもご利用ください。
【乱丁・落丁】service@yamakei.co.jp　【内容】info@yamakei.co.jp
■書店・取次様からのご注文先
山と溪谷社受注センター　電話〇四八－四五八－三四五五
ファクス〇四八－四二一－〇五一三
■書店・取次様からのご注文以外のお問合せ先　eigyo@yamakei.co.jp

デザイン　岡本一宣デザイン事務所
印刷・製本　大日本印刷株式会社
定価はカバーに表示してあります

Printed in Japan　ISBN 978-4-635-04783-8

ヤマケイ文庫の山の本

新編 単独行
新編 風雪のビヴァーク
ミニヤコンカ奇跡の生還
垂直の記憶
残された山靴
梅里雪山 十七人の友を探して
ナンガ・パルバート単独行
わが愛する山々
空飛ぶ山岳救助隊
山と溪谷 田部重治選集
タベイさん、頂上だよ
ドキュメント 生還
ソロ 単独登攀者・山野井泰史
単独行者《アラインゲンガー》 新・加藤文太郎伝 上／下
山のパンセ
山の眼玉
山からの絵本

穂高に死す
長野県警レスキュー最前線
深田久弥選集 百名山紀行 上／下
穂高の月
ドキュメント 雪崩遭難
ドキュメント 単独行遭難
生と死のミニャ・コンガ
若き日の山
紀行とエッセーで読む 作家の山旅
白神山地マタギ伝
山 大島亮吉紀行集
黄色いテント
安曇野のナチュラリスト 田淵行男
名作で楽しむ 上高地
どくとるマンボウ 青春の山
不屈 山岳小説傑作選
山の朝霧 里の湯煙

新田次郎 続・山の歳時記
植村直己冒険の軌跡
山の独奏曲
原野から見た山
人を襲うクマ
新編増補 俺は沢ヤだ!
K
瀟洒なる自然 わが山旅の記
高山の美を語る
山・原野・牧場
山びとの記 木の国 果無山脈
八甲田山 消された真実
ヒマラヤの高峰
深田久弥編 峠
穂高に生きる 五十年の回想記
穂高を愛して二十年
足よ手よ、僕はまた登る